本书是国家自然科学基金项目"矿产资源开发区生态安全评价及预警研究：以河南省义马煤矿为例"（71103213）、教育部人文社会科学基金项目（10YJC790237）和河南省青年骨干教育资助计划项目（11060987）的阶段性成果，受中原工学院系统与工业工程技术研究中心学术专著出版及联合资助。

资源枯竭城市与
富集城市产业对接问题研究
——以河南省焦作市与平顶山市为例

Ziyuan Kujie Chengshi Yu Fuji Chengshi Chanye Duijie Wenti Yanjiu

陶晓燕 著

中国社会科学出版社

图书在版编目（CIP）数据

资源枯竭城市与富集城市产业对接问题研究：以河南省焦作市与平顶山市为例/陶晓燕著 . —北京：中国社会科学出版社，2014.9

ISBN 978 - 7 - 5161 - 4773 - 3

Ⅰ . ①资… Ⅱ . ①陶… Ⅲ . ①城市经济—产业经济学—研究—中国 Ⅳ . ①F299.2

中国版本图书馆 CIP 数据核字（2014）第 206333 号

出 版 人	赵剑英
责任编辑	侯苗苗
责任校对	季 静
责任印制	戴 宽

出 版	中国社会科学出版社
社 址	北京鼓楼西大街甲 158 号（邮编 100720）
网 址	http：//www.csspw.cn
	中文域名：中国社科网 010 - 64070619
发 行 部	010 - 84083635
门 市 部	010 - 84029450
经 销	新华书店及其他书店

印 装	北京君升印刷有限公司
版 次	2014 年 9 月第 1 版
印 次	2014 年 9 月第 1 次印刷

开 本	710 × 1000 1/16
印 张	13.75
插 页	2
字 数	232 千字
定 价	46.00 元

凡购买中国社会科学出版社图书，如有质量问题请与本社发行部联系调换

电话：010 - 84083683

特别致谢

　　本专著是国家自然科学基金项目"矿产资源开发区生态安全评价及预警研究：以河南省义马煤矿为例"（71103213）、中国博士后基金项目（20110491713）、教育部人文社科基金项目（10YJC790237）、河南省青年骨干教师资助计划项目（11060987）的阶段性研究成果，受中原工学院学术专著出版基金和中原工学院系统与工业工程技术研究中心学术专著出版基金的联合资助。特此感谢！

前　　言

　　资源型城市是在我国经济发展中起着重要作用的城市类型，我国现有绝大多数资源型城市是在新中国成立后随着当地资源的快速开发而形成和发展起来的。经过多年的高强度开发，尤其是进入 20 世纪 90 年代后，我国主要资源型城市的资源开发相继进入成熟期和衰退期，面临着诸如资源储备逐渐枯竭、开采成本急剧上升、竞争力严重削弱、富余下岗人员大幅增加等一系列问题，并因主导产业的衰退随之出现了一系列经济和社会问题。在这种形势下，如何实现资源型城市由矿区经济向城市经济转变，实现资源型城市产业的可持续发展问题开始逐步引起重视，这是本书研究的根本出发点。

　　在我国众多的资源型城市中，相当一部分资源型城市已经变为或正在变为资源枯竭型城市，有些甚至由于资源日趋枯竭而面临衰亡。为帮助资源枯竭型城市走出困境，继 2007 年 12 月 24 日出台《国务院关于促进资源型城市可持续发展的若干意见》后，国务院先后于 2008 年 3 月和 2009 年 3 月两次共批准确定了 44 个资源枯竭城市，并将给予 44 个城市财力性转移支付资金支持。同时，在我国众多的资源型城市中，还存在大量的资源富集城市，由于资源产业与资源型城市发展的规律，资源型城市必然要经历"建设—繁荣—衰退—转型—振兴或消亡"的过程。为了避免走上资源枯竭城市的老路，资源富集城市应该提前做好规划，及早调整城市的产业结构，避免产业结构的单一性。

　　产业对接为资源富集城市和资源枯竭城市的共同发展提供了一个契机。所谓产业对接，是指以市场为导向，以企业为主体，为实现某种共同利益和利益互补为目的的跨地区产业合作的总称。产业对接的实现包括产业转移和产业承接两个相互联系的双向环节，是产业转出区"推力"和产业转入区"拉力"共同牵引、共同作用的结果。主导产业相同或类似的资源富集城市与资源枯竭城市的产业具有差异性和互补性，这为产业对接提供了基础。通过实施产业对接，资源富集城市可以迅速调整产业结构，促进产业升级，把更多的精力放在新兴产业上，从而提升城市产业竞争优势；资源枯竭城市可以通过移入新的产业以及发展关联产业，为城市经济的发展注入新的活力，从而为实现经济起飞奠定基础。因此，从长远看，产业对接有利于资源富集城市和资源枯竭城市发挥比较优势，促进生产要素合理流动，优化资源配置，促进城市整体竞争力的提高和经济发展，进而实现"多方共赢、利益共享"的目标。

本书是国家自然科学基金项目"矿产资源开发区生态安全评价及预警研究：以河南省义马煤矿为例（71103213）"、中国博士后基金项目（20110491713）、教育部人文社科基金项目（10YJC790237）的部分研究成果，由中原工学院学术专著出版基金和中原工学院系统与工业工程技术研究中心出版基金联合资助出版。

本研究在国际国内关于资源富集城市与资源枯竭城市产业对接案例实践与理论研究进展回顾的基础上，通过采用问卷调查、结构式访谈、小型会议及专家咨询和政府领导汇报等方式相结合的调查方法，对资源枯竭城市和富集城市的产业现状进行深入调查。以平顶山市和焦作市为例，分析资源富集城市和枯竭城市实施产业对接的路径和模式选择。首先，将从分析平顶山市和焦作市的产业发展现状入手，采用 SWOT 方法分析两个城市实施对接的可能性和可行性；其次，将从需求和供给的微观视角深入剖析资源富集城市和资源枯竭城市的产业对接的需求和供给的角色与行为；再次，从政府层面和企业层面出发，阐释政府和企业在实施产业对接的过程中的不同角色和行为；最后，结合两类城市的不同特点，分析不同产业对接模式的特点及其适用性。本研究试图为构建和推动我国资源枯竭城市与资源富集城市产业对接政策提供动力和理论参考作用。

本书由七章内容构成，各章主要研究内容包括以下几个方面：

第一章绪论部分介绍研究背景和意义、国内外相关研究现状、主要的研究内容以及研究重点和难点。

第二章阐述产业对接的相关理论。首先阐述相关概念及内在机理，包括产业对接、产业转移以及产业承接的概念和内在机理；然后阐述产业对接的相关理论，主要包括区域分工与合作理论、产业分工与合作理论、协议分工理论、产品生命周期理论、产业梯度转移理论、雁行发展理论、重合产业理论、梯度双赢理论、产业开放政策理论、"中心—外围理论"、新经济地理学理论。

第三章介绍我国煤炭城市的发展概况。首先，对煤炭城市的概念和分类进行界定。其次，在阐述产业结构演变的理论和一般规律、资源型城市产业结构演进的一般规律和分析模型的基础上，分析煤炭产业和煤炭城市的发展规律，煤炭产业的发展规律主要包括产业生命周期规律、产业收益递减规律、产业衰亡不可逆转规律；煤炭城市的发展规律主要包括煤炭城市经济的生命周期规律、城市建设与资源开发的同步演进规律、环境问题的递增规律、综合效益递减规律。再次，分析煤炭城市产业结构的形成机制、特征及成因，煤炭城市的产业结构特征包括：产业结构单一、经济效益低下，产业结构的二元性突出，产业关联度低、产业结构转换能力差，产业部门呈分割型，产业组织结构单一；成因包括：区位因素的影响，政府宏观调控的误导，经济体制改革滞后，煤炭价格机制客观上不利于产业的可持续发展，煤炭开采的补偿机制严重缺失，煤炭企业经营机制存在缺陷。

第四章分析平顶山市与焦作市实施产业对接的现实基础。首先，介绍平顶山市与焦作市的基本情况。其次，分析平顶山市与焦作市的产业现状，平顶山市的产业发展现状主要从平顶山市三次产业结构现状、三次产业产值结构与年增长率状况、三次产业对 GDP 增长的贡献率、资源型产业发展现状、产业增加值结构状况、劳动力结构状况等方面分析；焦作市的产业发展现状主要从焦作市三次产业结构现状、三次产业发展情况的动态分析、三次产业对 GDP 增长的贡献率、产业增加值结构状况、劳动力结构状况等方面分析。再次，从产业合理分工的现实需要、产业对接的客观需要两个方面阐述两市实施产业对接的必要性。最后，通过定量的方式来分析两个城市经济增长的差异性，从而探究两个城市之间的产业对接是否可行。

第五章从需求、供给和背景三个方面阐述平顶山市与焦作市进行产业对接的潜力。首先，从需求的角度分析两市分别作为产业转出方和承接方的需求；其次，从供给的角度分析两市分别作为产业转出方和承接方的供给动机；最后，从国家和地方两个层面来分析两市实施产业对接的背景因素。这些因素共同作用，决定了两市产业对接的走向和发展程度。

第六章确定平顶山市与焦作市产业对接的布局。首先，引入产业结构有序度模型，以便进一步分析平顶山市与焦作市的产业发展差距；其次，采用基于产业梯度理论的产业梯度系数和基于产业生命周期理论的产业成长系数，建立一个二维坐标体系模型，具体确定焦作市作为转出区、平顶山市作为承接区的产业和平顶山市作为转出区、焦作市作为承接区的产业。

第七章是促进平顶山市与焦作市顺利实施产业对接的政策建议。主要包括三个方面：一是加强两市地方政府的对接，包括加强两市组织机制对接、战略对接和制度环境对接。二是建立区域利益协调和补偿机制，弱化利益冲突。三是创造两市进行产业转移和承接产业转移的有利条件，主要包括：创建承接产业转移的优势条件；创新招商引资机制和方式；发挥集聚效应，引导产业相对集中；坚持走环保和可持续发展道路。四是促进两市经济结构的调整和优化，主要从两个方面着手：以接续替代产业发展为重点、不断优化经济结构；二是优化、提升产业结构，使产业链不断向高端延伸。五是加强各类人才的培养，主要包括加强创新型企业家的培养；加强专业科技人才的培养；保障普通劳动力权益，加强高素质劳动力的培养。

研究得出以下几点结论和建议：

第一，在我国煤炭资源型城市的演变过程中，生态环境问题日益突出。由于煤炭资源型城市的开采工艺和资源管理机制等不健全，导致我国煤炭资源的开采方式为粗放型、掠夺型。煤炭资源开采过程中造成土地资源、水资源的破坏和污染，使得原本紧张的土地资源、水资源显得更加匮乏和短缺。据统计，全国每年因采矿损毁土地累计达 40 万公顷；因采空或超采引发地面沉降、塌陷、滑坡、裂缝及泥石流等地质灾害达千余处；全国每年工业固体废弃物排放量中 85% 以上来自矿山开采，现有固体废矿渣积存量高达 60 亿—70 亿吨，其中仅煤矸石就超过 34 亿吨，形成煤矸石山 1500 余座，占地 5000 公顷；矿山生产过程中排放大量废水和废气，仅煤矿排放的废水每年就达 26 亿吨，废气达 1700 亿立方米，对环境造成严重污染。

第二，我国煤炭资源型城市产业总体特征表现为主导产业单一、产业结构畸形。在我国煤炭资源型城市的产业结构中，第一产业、第三产业比重低，第二产业比重高，违背了产业结构的发展规律，其产业以初加工为主，科技含量较低。生产以劳动密集型和资源密集型为主，技术知识密集型产业少，产业结构层次偏低。单一的产业结构导致城市对煤炭资源的高度依赖，一旦煤炭资源枯竭，将使其陷入困境，发展困难重重。

第三，资源枯竭城市与资源富集城市之间的产业对接具有现实基础。目前，我国关于资源富集城市与枯竭城市之间的产业对接还没有全国性的政策文件，所以需要两种城市之间建立具体的产业协调模式和利益分享与补偿机制，并进行一系列的制度创新，这样才能提高产业政策的有效性，实现产业结构调整与优化的目标。对于资源富集城市而言，通过与枯竭城市进行产业对接，可以充分发挥其在资源开发过程中的后发优势，充分吸收枯竭城市在资源开发过程中的经验和教训，实现其生产要素的整合和生产能力的转移，为其产业结构升级和实现专业化、现代化服务；同时，资源枯竭城市可以借助与富集城市间的产业对接，成功实现产业转型，促进区域经济的可持续发展。总之，通过产业对接可以实现两个城市产业的合理布局，从而促进两个城市经济的可持续发展。同时，资源枯竭城市与富集城市间的产业对接可以使得两种类型的城市充分发挥各自的产业优势，将两种类型城市统一看待，加强相互间的产业分工与合作，突出各自的特色产业，承接自己所需要的产业，发挥比较优势和后发优势。

第四，河南省焦作市与平顶山市的实施产业对接的潜力巨大。在河南省"十二五"规划中，明确提出要更加主动地推动东中西协调互动发展，加快经济发展方式的转变、加快经济结构的调整，更加主动地持续走一条不以牺牲农业和粮食为代价、不以牺牲环境和生态为代价的"三化"协调科学发展的路子，更好地发挥河南的优势，特别是发挥河南的后发优势。积极承接产业转移，是加快中原经济区建设的必然要求，同时，中原经济区上升为国家战略、有望获得更多国家的政策支持，又为河南承接产业转移提供了历史机遇。焦作市本身既是中原经济区重要的老成员，同时也凭借"距离郑州一小时车程"成为中原城市群的重要角色。平顶山市紧邻郑州，两个城市之间的距离只有142公里，郑石高速、京珠高速直接连接两个城市，只有一小时车程。这两个城市在这两个区域范围不同的经济发展体中，基本的定位都是资源的提供者和产品的制造者，都以"接轨中原城市群、融入中原经济区"为发展方针，有着产业结构优化调整的要求。借助中原经济区这个跨省平台和中原城市群这个省内的经济平台，平顶山市和焦作市的产业对接潜力巨大，而且两个城市之间的产业对接必将得到更多的支持和更好的发展。

第五，焦作市和平顶山市分别作为转出区与承接区，转出的产业和承接产业应该有的放矢。本书通过分别对焦作市和平顶山市两个城市的产业成长系数进行测算，根据全国相应产业的成长系数，确定了焦作市的转出与承接产业，以及平顶山市的转出与承接产业。（1）焦作市作为转出区、平顶山市作为承接区的产业分别是煤炭开采和洗选业、木材加工业、非金属矿物制品业、专用设备制造业、交通运输设备制造业、通信设备、计算机及其他电子设备制造业、工艺品及其他制造业、皮革、毛皮、羽毛制品业；（2）平顶山市作为转出区、焦作市作为承接区的产业分别是化学原料及化学制品业、橡胶制品业。

第六，为了使焦作市与平顶山市间的产业对接更加顺利，应该从以下五个方面着手：（1）加强两市地方政府的对接，包括加强两市组织机制对接、战略对接和制度环境对接；（2）建立区域利益协调和补偿机制，弱化利益冲突；（3）创造两市进行产业转移和承接产业转移的有利条件，主要包括：创建承接产业转移的优势条件；创新招商引资机制和方式；发挥集聚效应，引导产业相对集中；坚持走环保和可持续发展道路；（4）以接续替代产业发展为重点、不断优化经济结构，提升产业结构，使产业链不断向高端延伸；（5）加强创新型企业家、专业科技人才的培养，保障普通劳动力权益，加强高素质劳动力的培养。

总之，资源枯竭城市与富集城市之间的产业对接已经在不同层次、不同行业中开始实施，不同的资源型城市之间的产业对接方式、途径均不相同，所以应该针对不同的资源型城市，实施不同的产业对接策略和政策。

本书可以作为大中专院校和科研部门从事产业经济、资源型城市可持续发展管理等领域研究的参考，也可以作为地方政府和决策部门在决策过程中的参考资料。限于作者水平，本书难免出现一些问题甚至错误，敬祈读者批评指正。

目　　录

第一章　绪论

第一节　研究背景和意义

产业对接是一种基于地区经济的差异性和互补性、以比较优势为基础而进行的区域之间深度的二次分工与合作。具体的产业对接活动以政府之间的非制度安排为主导，以企业为行为主体，通过相同产业内部的资源整合和不同产业的有效分工，共同实现两个地区的产业结构优化调整和可持续发展目标。

资源枯竭与资源富集是一对相对概念。资源枯竭城市由于已经经历产业发展的成长期和成熟期，在产业发展的技术、设备、人才甚至相关的制度安排方面都已有相当丰富的经验积累，而资源富集城市由于还处在产业发展的初级阶段，在要素投入、技术和管理经验方面往往存在明显的需求和不足。资源枯竭城市与资源富集城市分别处于产业生命周期的不同阶段，前者由于资源衰竭处于瓶颈期，后者则在主导产业的带动下经济快速发展。这种资源上的互补性和发展阶段上的差异性是两种城市实施产业对接的前提和基础。通过对资源枯竭城市和资源富集城市之间进行有效的产业对接的制度安排，能够纵深扩展产业对接，使矿产资源、相关技术人员、行业资金乃至行业信息在地区之间高效流动，一方面优化各自的产业结构，另一方面为衰退期的产业找到新的增长点，延续产业的生命周期，同时为成长期的产业延伸产业链条，最终达到双方经济可持续发展的目的。

自新中国成立至20世纪70年代初，我国工业的发展围绕资源的开发利用而展开，资源型城市尤其是煤炭资源型城市在国家财政的大力扶持下取得长足发展，相应地，煤炭资源型城市为经济发展作出了巨大贡献。改革开放后，我国工业发展有了质的提高，经济以增长极为带动呈现出不平衡发展格局，地区之间、城市之间经济梯度的差异越来越清晰地显现出来，资源型城市及其主导产业的发展则进入缓滞期。2002 年国家发改委的调查结果显示，截至 2001 年年底，我国共有近 120 座资源型城市，但是其中越来越多的城市逐步进入枯竭期。一般认为，资源枯竭是指主导产业依托的矿产资源的开采进入边际收益递减阶段，而资源富集则指矿产资源产业还处于边际收益递增或不变阶段。从 2008 年开始，我国已三次公布了资源枯竭型城市的名单，所列城市数量从最初的 44 个增加至第三次的 69 个。我国目前已有的 8000 多座矿山中，绝大多数开始步入资源的"中老年期"，有 400 多座已面临资源枯竭。这些城市以资源型产业为主导，其他支柱产业也往往与资源相关。由于矿产资源不可再生的特点，矿业发展必然经历由盛到衰的过程，资源型城市也必然从资源富集阶段走向资源枯竭阶段，并面临由此引发的长期可持续发展问题。资源型城市的经济发展往往伴生有内生缺陷，例如产业结构单一、城市发展对资源的依赖性强。对于这些城市，一旦矿产资源进入枯竭期，经济就陷入严重的困境。主导产业发展的停滞乃至倒退，以及由此引致的高失业、低增长、环境污染等问题进一步成为制约资源型城市经济发展的障碍。国家也开始越来越关注这一问题。十六大、十七大都明确提出改变资源型城市发展路径的方针。

资源型城市之间的产业对接是一种不同于传统、单向产业转移的经济结构调整方式，更有助于资源型城市从粗放式经营向集约式经营的结构调整，它使地区之间的产业合作更加广泛和深入，对双方经济、社会、生态的发展都具有重大的现实意义。本书对平顶山市和焦作市产业对接的探索，提供了对接产业的量化选择方法，项目提出的两个城市产业对接的政策建议对资源型城市尤其是煤炭资源城市经济的可持续发展也具有启发和借鉴意义。

第二节　国内外研究综述

产业对接的实现包括产业转移和产业承接两个相互联系的双向环节。目前，对产业对接的研究较少，大部分研究集中在产业转移方面（有部分学者认为，产业对接实际上是产业转移）。国际间的产业转移是自 19

世纪后期以来世界经济发展中出现的一种经济现象，这种现象引起了国外学者的广泛关注，并出现了众多较为著名的产业转移理论。随着我国改革开放的深入，我国也越来越融入到了国际产业转移的浪潮中，这就引起了国内学者的关注。根据笔者所收集的资料来看，国内外的这些学者和专家从经济动因、客体深化、转移模式、转移效应、战略选择等不同的角度研究了产业转移的问题。

一 产业转移的动因研究

(一) 国际产业转移的动因研究

国外学者在 20 世纪中后期对于国际或区际产业转移的动因有较多研究，且大部分研究集中于欧美学者和日本学者。阿瑟·刘易斯（Arthur Lewis，1984）认为，20 世纪 60 年代劳动密集型产业由发达国家转移至发展中国家的主要原因，是第二次世界大战后发达国家人口的增长几乎为零，轻工业的增长速度又前所未有，导致非熟练劳动力的严重不足，他仅仅从劳动力成本的角度分析了劳动密集型产业转移的经济动因，对其他如资本密集型产业、技术密集型产业的转移问题没有作出解释。赤松要（K Akamatus，1943）从产业发展的角度来分析区际产业转移。弗农（Raymond Vemon，1996）用产品生命周期理论解释国与国之间的产业转移现象。小岛清（Kiyoshi Kojima，1991）从比较优势角度来分析国际产业转移，认为转移国向海外转移的应是自己国内已经失去比较优势的产业，而这些产业在承接国却又具有比较优势，这样发生的产业转移对转移国和承接国都具有好处。邓宁（John Dunning，1988）从企业发展的角度，利用 O－L－I 模型来分析区际产业转移问题，认为产业组织决定的所有权优势、交易成本决定的内部化优势和区域要素禀赋结构决定的区位优势是决定企业对外直接投资和跨国经营的主要原因。克鲁格曼（Paul Kurgman，1990）从地理区位差异的角度来分析区际产业转移，主要考察了运输成本对制造业区域转移的影响。此外，威尔斯（Wells，1983）、拉奥（Lall，1983）、坎特威尔和托伦惕诺（Cantwell，Tolention，1990）等研究了落后国家产业向外转移的动因问题。

我国学者卢根鑫（1994）认为国际产业转移的原因在于不同国家间存在的产品技术构成相似与价值构成相似的重合产业，使产业从高成本国家和地区转移到低成本国家和地区。

谭介辉（1998）认为，发达国家与发展中国家之间存在的技术差距导致了产业级差,进而推动产业由发达国家向发展中国家进行转移。

陈建军(1998)认为发展上的差距和文化上的相近是东亚地区产业转移相对活跃的主要原因。

汪斌(2001)从国际区域间产业结构的互动机制(包括国际贸易、国际直接投资、国际金融、技术与信息的跨国传递、跨国公司和经济周期)对东亚区域内产业转移进行分析,并认为世界的产业结构调整是战后四次国际产业转移的主要动力。

徐向红等(2004)分析了山东省承接美国中小企业产业转移的优势与制约因素,认为造成美国中小企业产业之间转移的动因包括:生产管理成本不断上涨,正常生产经营难以为继;市场竞争日趋激烈,生存空间受到挤压;与转移出去的大公司有较强的依赖性;美国经济进入加快转型期,许多中小企业面对"自然淘汰"的形势。

李国平、杨开忠(2000)分析了外商对华直接投资的资料与数据,认为外商进行产业的区位选择主要受劳动力等生产要素成本的影响,要素成本在不同区域之间的相对变化是决定外来企业在华空间转移的主要因素之一,同时认为投资国和地区的产业结构转移以及中国国内的地区间产业与地域政策的变化也是其产业和空间转移的重要因素。

余慧倩(2007)认为产业势差(又称"产业势能差",是指同一产业的发展程度在不同国家之间存在的差异)的变化是国际产业转移的重要条件,科技进步是产业势能变化的物质基础,企业的逐利性是推动产业在国际之间转移最直接的动力和诱发因素。

杨丹辉(2006)认为,国际产业转移是产业升级的必然要求和结果,也是企业战略性扩张的内在需要,国际产业转移的特点包括:第一,国际产业转移是单向而有梯度的;第二,国际产业转移一般由劳动密集型产业开始,逐步向资本、技术密集型产业推进;第三,国际产业转移主要发生在发达国家与发展中国家之间;第四,国际转移的通常是已标准化的技术和产品,或是在转移国已经成熟或趋于衰退的产业;第五,国际产业转移的最终结果是完成转移国与承接国的产业升级。

陈琦(2010)认为国际产业转移的根本动因是获取竞争优势,是跨国公司在要素市场不完全和不同国家制度安排差异的条件下,根据各国要素丰裕度和制度供给状况,将价值创造环节选择在要素成本和交易成本低的国家或地区完成,以实现竞争优势最大化的战略行为。

郑华章、徐晨阳（2012）认为，国际产业转移的主要动因有五个方面：企业具有的从高成本地区向低成本地区转移的利益最大化动机是国际产业转移发生的根本原因；产业转出国产业结构的升级产生了对外转移产业的需求；产业移入国发展本国经济的内在需要；国际经济大环境为国际产业转移提供了条件；政策因素是国际产业转移的重要推手。

傅强、魏琪（2013）研究了全球价值链视角下新一轮国际产业转移的动因与特征，认为技术进步和制度变迁推动了全球价值链的持续深化，而全球价值链的持续深化主导了新一轮的国际产业转移，其发生的推动力包括：第一，国家产业传略调整为新一轮国际产业转移营造了良好的制度环境；第二，跨国企业生产组织方式的变革为新一轮国际产业转移创造了硬件条件。

（二）国内产业转移的动因研究

王先庆（1998）认为，产业转移是衰退产业实现退出的一种重要方式。发生产业转移的动因有两个：一是不同地区间存在的成长差；二是不同区域产业主体之间的相关利益差。成长差的存在使得区域间的产业升级持续；利益差的存在，使得各类产业总是向着能获取最大利益的区域转移；成长差和利益差共同构成产业差并成为产业转移的基础。他还认为，产业转移的实质是资本转移，但主轴是技术转移。

邹篮（2000）指出，由于东西部区域差距所造成的势差，给区域间产业转移创造了条件，由于在工资、房租、地租、原材料价格、公用事业费用等方面存在着很大的区域差，产业主动或被迫向低成本地区流动以控制成本上升。

陈刚、陈解放（2001）认为，在撤退产业转移中，发达区域的衰退性产业是主体，而区域产业竞争优势的消长转换则是衰退性产业空间移动的内在根源和基本动机。

陈建军（2002）认为，地区之间发生产业转移最基本的条件是两地区之间具有较为密切的经济联系，这种经济联系的主要纽带是产品和要素的流动。

魏后凯（2003）从产业转移的微观主体企业角度，认为企业是否决定迁移不仅取决于来自现有区位的推力和来自目标市场区位的拉力的大小，还取决于一些促使企业在现有区位的阻力因素，这些因素主要涉及企业迁移所造成的固定资本和可变资本的损失，维持现有劳动就业关系，来自地方政府的压力以及管理者旅行成本增加等。

李小建、覃成林、高建华（2004）认为，我国经济发展水平从东部沿海地区向西部内陆地区逐步降低，存在梯度差异，而东部地区产业结构的高级化将导致一些传统产业向其他欠发达地区转移。

郦瞻、谭福河、沈肖媛（2004）认为，引起浙江省三大产业转移的因素是产业结构的调整、追求经营资源的边际效益最大化、企业成长的需要。

马子红（2006）从生产成本、运输成本和制度成本等方面研究了国际和区际产业转移的动因。

李泽民（2007）分析了产业转移的宏观动力机制（技术进步因素、国家竞争因素、人文发展要求）和微观动力机制（追逐利润、应对竞争、扩张市场、规避关税），研究了我国社会主义市场经济条件下产业转移动力机制的特殊性。

戴宏伟（2008）认为，由于生产要素禀赋的不同，不同地区在产业结构方面具有极大的差异性，这种产业梯度与要素禀赋的差异带动了要素的跨区域流动与组合以及区域间的经济合作，推动产业在区际的转移。

陈明生、康琪雪、赵磊（2008）也利用要素禀赋论导致的比较优势来解释我国城乡产业转移的动因，认为城市聚集经济的作用及其发展导致不同生产要素供给量及相对价格的变化，使某些产业在城市的竞争优势丧失，这是城乡产业转移的根本原因。

陈林、朱卫平（2010）认为，产业转移的动因包括两个：第一是企业层面的主动产业转移，即企业出于生产经营的需要、为追求利润最大化而进行的主动转移，是经济发展的自发表现；第二是政府政策的有力辅助，即地方政府为统筹实施地区产业调整升级战略而主导的产业转移。

吴汉贤、邝国良（2010）对广东省产业转移的动因进行了分析，认为珠三角地区处于产业结构调整关键时期，形成产业转移推力；同时，东西两翼和山区为加快产业发展，促进经济起飞，形成产业转移的拉力。

徐洪水（2011）认为，东部地区产业发生转移的动因包括：较强的资本实力激发了产业转移；由土地资源缺乏、劳动力资源不足、能源相对匮乏导致的较高的生产成本促进了产业转移；行业的过度竞争导致了产业转移；政府部门的政策推动了产业转移。

二 产业转移的模式研究

（一）国际产业转移的模式研究

国际上众多学者对产业转移的模式进行了研究，这些模式主要包括：（1）雁行模式。该模式由日本经济学家赤松要于1943年提出，用来比喻日本国内的产业成长的四个阶段；后来，山泽逸平对该理论进行了扩展，将四个阶段扩展为五个阶段；小岛清又将该理论推向了一个新的高度。（2）产品生命周期模式。该模式来源于美国经济学家雷蒙德·弗农提出的产品生命周期理论，该理论为产品的生产从具有技术密集优势的国家转移到具有资本密集优势的国家再转移到具有劳动力密集优势的国家的产业转移路径提供了理论依据。（3）梯度转移模式。该模式由美国经济学家汤姆森、胡佛等人提出，并由威尔斯和赫希哲等进行了充实和发展。该理论认为，区域间经济发展水平的差异构成了不同的经济梯度，区域经济的盛衰主要取决于它的产业结构优劣，而产业结构的优劣又取决于地区经济部门，特别是其主导专业化部门在工业生命循环中所处的阶段。换句话说，某地区的主导产业在工业生命周期中所处的阶段决定了该地区是属于高梯度区域还是低梯度区域，在一般情况下，生产活动会由高梯度地区向低梯度地区转移，但也存在生产活动由低梯度地区向高梯度地区转移的现象。（4）边际产业扩张模式。该模式由日本经济学家小岛清提出，认为本国可以将边际产业（即已经处于或即将陷于比较劣势的产业）转移出去，从而回避其产业劣势，该理论揭示了产业按照比较优势进行国际转移的规律。

（二）国内产业转移的模式研究

1. 基于产业转移方向的模式

我国众多学者对基于产业转移方向的模式进行了研究，并取得了较为丰富的成果，他们认为基于产业转移方向的模式主要包括梯度转移模式、逆梯度转移模式、边际渗透转移模式、垂直型转移模式和水平型转移模式。

夏禹农、冯文浚（1982）首次将弗农的产品生命周期理论引入区域经济发展研究，创立了区域经济梯度推移理论，又称梯度转移理论，该理论属于非均衡发展理论。该理论认为，我国东、中、西三大经济地带在生产力发展水平、经济技术水平和社会发展基础等方面差异较大，由于经济技术优势往往是由高梯度地区向低梯度地区流动，因此，东部沿海地区等高梯度地区应该将其先进技术及所形成的产业逐渐向中西部等低梯度地区转移。

郭凡生（1989）提出了反梯度转移理论，认为不同地区之间存在经济技术发展梯度，技术按梯度转移是一种较好的转移方式，但是技术的跨梯度（超越）转移是客观存在的，也就是说，在具备条件的情况下，低梯度地区可以凭借其自然资源优势、通过直接引进先进技术实现加速发展，甚至可能将这些技术向高梯度地区转移；同时，他认为梯度转移和跨梯度转移互相对立、互相排斥，反梯度转移理论仅仅是针对国内技术转移的梯度推移规律而言，与生产力布局中的梯度理论无关。

谭介辉（1998）把产业转移模式分为"顺梯度"转移模式与"逆梯度"转移模式，在"顺梯度"转移模式中，发展中国家一般是被动接受发达国家的落后产业，但发展中国家始终不能摆脱其落后地位；发展中国家要想真正实现赶超发展，必须大力发展"逆梯度"型对外直接投资，充分发挥其后发优势，发展高级产业，实现从被动接受到主动争取的转变。

陈建军、叶炜宇（2002）从产业转移的市场导向目标和自然资源、综合资源、政策资源的利用等方面，对浙江省内欠发达地区和中西部地区进行了比较，认为相比较中西部地区，浙江省内欠发达地区在地理位置、自然环境和生活习俗等方面具有相对优势，但在其他方面处于相对弱势。这些欠发达地区可以通过"边际渗透"策略，利用其相对优势，在邻近发达地区的地域建立工业区，促使省内发达地区的产业向本地区进行转移。

赵张耀、汪斌（2005）将产业转移模式划分为垂直型和水平型价值链转移模式、垂直顺梯度工序型转移模式、水平工序型转移模式、逆梯度工序型转移模式。

马海霞（2001）提出区域传递的两种空间模式为梯度推进模式和中心辐射模式，其中，区域传递的梯度推进模式强调传递的梯度指向，作用方式包括等级极化、等级扩散以及跳跃式扩散；区域传递的中心辐射模式强调传递的空间邻近性，作用方式包括点状、线状和面状辐射；两种传递模式各有其优点和局限性，我国当前传递模式的现实选择方向是多元中心辐射模式，即将中心辐射模式中的"点—轴"模式与梯度推进模式相结合，通过较小区域内的中心辐射实现较大区域内的梯度推进。

2. 基于产业转移规模的模式

曹荣庆（2001）在《浅谈区域产业转移和结构优化的模式》中提出

整体迁移模式和部分迁移模式，其中整体迁移模式是指产业转移到新的地区重新开始发展；部分迁移模式包括商品输出型（是指通过对邻近市场不断进行渗透，提高企业的市场占有率，形成大规模的商品输出，从而优化本地区的产业结构）、市场拓展型（是指通过扩大市场范围来拓展产业的发展空间）、资本输出型（是指较发达的地区将工厂转移到商品输入地，实现就地生产、就地销售，既可以弱化贸易壁垒和地方的经济封锁，又可以通过产业扩张实现产业结构的升级和优化）、产业关联型（指通过产业间的横向渗透、纵向渗透、内向渗透和外向渗透，实现产业转移）、人才联合型（指通过人力资本的引进、积累，以及与不同地区间人才的培育和联合交流实现产业结构的优化和升级）。

蒋文军、孙宏军（2001）提出产业转移模式主要包括整体移入式（是指发达地区将全部生产要素整体转移到欠发达地区，重新开始发展）、要素嫁接式（是指发达地区将某些生产要素转移到欠发达地区，增强其竞争力）和存量激活式（是指发达地区将某些生产要素注入欠发达地区中一些失去活力或面临倒闭的企业，使其重新发展）。

赵张耀、汪斌（2002）在《网络型国界产业转移模式研究》中提出完整的价值链转移模式和工序型转移模式，其中，价值链转移模式（是指跨国公司将核心部件生产、研发等工序安排在本国或其他发达国家，将零部件的生产安排在新兴工业化国家）包括垂直型转移和水平型转移；工序型产业转移模式包括垂直顺梯度工序型转移模式（主要发生在发达国家和落后国家之间，其资源禀赋差异较大）、水平工序型转移模式（主要发生在资源禀赋较相似的发达国家之间）、逆梯度工序型转移模式（是指落后国家的某些幼稚产业向发达国家进行"逆"梯度转移）。

3. 基于产业转移途径的模式

关于产业转移途径的模式主要是以企业在专业过程中采取的转移方式为对象，众多学者对此进行了研究，并提出了较多模式，主要包括：横向兼并或横向一体化、区际直接投资转移模式、委托生产或生产外包转移模式等。

陈刚、张解放（2001）提出，产业转移模式主要包括区际直接投资转移模式、直接设厂转移模式、委托—代理生产加工或生产、服务外包型的转移模式。

陈刚、刘姗姗（2006）根据产业转移的具体途径认为产业转移模式可分为区际直接投资转移模式、直接设厂转移模式、收购兼并转移模式、委托生产或生产外包转移模式、OEM 转移模式、对外建立销售网点等。

黄钟仪（2009）研究了重庆承接东部产业转移的优势，推出重庆承接东部产业转移的主要模式包括：要素注入式——直接投资（通过直接投资的要素注入方式产生要素注入效应）、"企业内部一体化"模式（通过要素嫁接实现存量激活）、企业虚拟一体化模式（通过来料加工、来样加工、转包等形式与东部地区的知名企业形成虚拟的一体化）、"新雁行模式"（仿照东亚模式，以东部五省一市为"雁头"、以中西部地区为"雁尾"，推动重庆市的产业升级）、产业集群转移模式（即发展配套产业、建立产业集群，吸引东部发达地区将整条产业链搬迁到重庆）和"产业转移园区"模式。

马子红、胡洪斌（2009）研究了要素禀赋的差异性、区位优势与市场供求因素、制度和政策因素对产业转移的影响，认为中国区际产业转移的模式主要包括成本导向型转移模式（以降低成本为主要目标）、追求规模经济型转移模式（以获得产业技术外溢效益为目标）、市场开拓型转移模式（以拓展邻近市场为目标）、多元化经营型转移模式（为实现空间或市场多元化为目标）、竞争跟进型转移模式（为了保持原来的竞争状态将产业转移到新的地区）、供应链衔接型转移模式（产品的供应链随着产业转移到目标区位）和政策导向型转移模式（通过政府的制度和政策安排进行的产业转移）。

陶良虎（2010）考察了中部地区产业承接的背景和现实基础，分析了中部地区承接国内外产业转移的优势与劣势，认为中部地区承接产业转移的模式包括低成本型产业转移模式（是指利用其劳动力价格、原材料价格等方面的比较优势，承接国内外发展潜力较大、产业链较长的生产型产业）、资源型产业转移模式（是指选择转移部分对资源利用较高的产业）、市场开拓型产业转移模式（是指将某一地区拓展为某种产品的生产基地，从而将产业转移出去）、产业链集群型产业转移模式（是指对某些产业链较长的产业，通过引进龙头企业，吸引配套的产业链企业落户发展）。

徐鹏、孙继琼（2010）分析了四川省承接东部地区产业转移的经济基础、产业基础、资源优势和环境，认为四川承接产业转移的模式主要有品牌生产扩张型模式（是指部分拥有名牌产品的东部企业将生产基地扩展到中西部地区，重新组建企业集团）、零部件生产基地转移型模式（是指部分拥有技术优势的东部企业把零部件生产基地转移到中西部地区）、"销地产"型对接模式（是指在同一个地区进行产品的生产和销售，此种模式适用于具有一定技术含量的制造加工业）、委托加工型对接模式（是指东部地区可以通过委托加工的方式，将劳动密集型产业委托给中西部地区发展）。

郭元晞、常晓鸣（2010）依据产业动态演进特征的不同，将产业转移分为淘汰型转移、产能型转移、扩张型转移、配套型转移和延伸型转移五种类型。

（三）国内外产业转移模式研究述评

从以上分析可以看出，国外学者对产业转移模式的理论研究比较深入，国内学者主要从转移方向、转移规模和转移途径等方面研究了产业转移的模式。总体来看，目前关于产业转移模式的研究还存在以下不足：

1. 产业转移模式的研究没有引起足够重视，还没有形成一个比较统一、清晰的分析框架。目前已有的理论中，只有雁行模式理论和梯度转移模式理论性较强，其他理论研究都较弱。已有的研究还没有从影响产业转移的因素、企业行为方式、地域空间角度等方面来探讨产业区域转移模式，既缺乏这方面的实证研究，更是缺少理论分析上的构建。

2. 对于如何选择合适的产业转移模式缺乏研究。产业转移的模式有很多种，但不同地区所处的经济发展阶段不同，选择转移出去或者承接转入的产业也不同，因此产业转移采取的模式也不同。目前关于这个方面的研究有待深入。

3. 对不同的产业转移模式产生的效应缺乏分析和比较。已有研究中关注产业转移效应的较多，但关于产业转移模式产生的效应的研究较少，这个方面的研究有待深入。

三　产业转移的效应研究

（一）国际产业转移的效应研究

国外关于产业转移经济效应问题的研究是从 20 世纪 60 年代开始的。Mac Dougall（1960）首次把溢出效应作为对外直接投资的一个重要现象进行分析。德尔蒙特和陆赞伯格根据意大利 1951—1981 年的数据对意大利企业从其他地区向意大利南部的移动对当地企业的影响进行了研究，结果表明，意大利南部新的企业形成，只与新的企业进入有正相关性，且区域经济政策刺激企业和各种生产设备向南迁移。Haddad 和 Harrison (1989) 分析了摩洛哥公司的横断面数据，证明更高水平的国际产业转移，并不一定会带来国内企业的生产率的增长。James R. Markusen (1997) 认为产业转移到另一地以后，会通过前向联系和后向联系带动对于相关产业的需求，从而对产业结构产生影响。Aitken 和 Harrison (1999) 研究发现国际产业转移对国内企业的生产率实际上有负面影响，这些回归结果与对具体国家的案例研究一致。国际产业转移可以使国内生产总值提高很快，但是，会出现与国民生产总值的负相关。Rodriguez - Clare (1996) 指出当跨国公司与本地企业之间的联系比较微弱时，产业转移与本国经济增长之间是负相关的。Baktwin 和 Forslid (2000)、Fujita 和 Thisse (2002；2003) 等研究发现，产业向中心区域集聚可以加速知识 (技术) 溢出促进整体经济增长，使中心与外围区域居民的收入水平普遍提高，即实现帕累托改进。Magnus Blomstrom (2005) 用数据验证了产业海外转移对于日本产业结构调整和升级的作用，他认为向外转移那些衰老的产业可以帮助日本维持其在海外的市场份额及有助于日本的产业结构升级。在研究方法上，国外学者对产业转移效应的实证研究主要采用的是计量模型法。1974 年 Caves 利用澳大利亚 1962 年和 1966 年 23 个制造业的行业层面的数据，以 FDI 作为解释变量，LP（东道国企业的人均劳动生产率）为被解释变量构建了产业转移的溢出效应模型。通过计量分析，证明了产业转移对东道国具有溢出效应，并且把技术溢出效应归纳为分配效率、技术效率和技术转让三种形式。Feder (1982) 认为，产业转移效应受到多个变量的影响，表现在模型中的解释变量就有多个，可以用单方程多元线性回归模型来分析。KoKoo (1996) 从承接地原有企业与转移企业相互作用的角度出发，构造了用于检验产业转移效应的联立方程模型。

我国学者卢根鑫 (1994) 认为，国际产业转移会促进发展中国家生产要素转移、产业结构成长、就业结构变化、社会平均资本有机构成提高和国民生产总值的提高，但是会加剧原有的产业级差，加剧不平等收入分配现象。罗建华 (2005) 分析了国际产业转移对中国区域经济发展的影响，认为国际产业转移对中国产业集群形成起着推动作用，带动了国内企业技术创新和制度变革，促进了产业结构的调整。余慧倩 (2007) 认为，国际产业转移能够为承接国带来投资转移效应、结构成长效应、就业扩大效应等积极影响，但也会强化转移国与承接国之间技术水平上的差距。严薇、赵宏宇、夏恩君（2009）认为，国际产业转移会在产业结构、资源配置、技术转移、企业竞争力、就业等方面推动发展中国家经济的发展，但也有消极影响。陈景华（2010）采用实证分析的方法，通过对修正的柯布—道格拉斯生产函数逐步分解，得出承接服务业跨国转移能够为承接国带来技术效应、优化效应、资本效应和就业效应等。

（二）国内产业转移的效应研究

国内的研究学者从不同角度、不同方面对产业转移的效应进行了研究，总结起来主要包括如下方面：

1. 按照作用的内容，产业转移效应可以分为经济效应、社会效应与政治效应

产业转移本身是一项经济行为，但同时却会带来深远的社会效应与政治影响。经济效应主要体现在产业结构、技术、市场、经济增长等方面；社会效应主要体现在就业、城市化、环境等方面；政治效应则一般体现在国际地位、一体化等方面。从目前已有的研究看，大部分学者都是针对产业转移的经济效应展开分析，针对产业转移的社会效应和环境效应的研究比较少。关于产业转移的结构升级效应，大部分学者认为主要体现在两个方面：一是产业转移往往是移出地产业结构升级的有效途径；二是移入地通过承接产业转移实现产业结构的调整和升级。例如，陈刚（2001）以 C—D 生产函数为基础，构建了一个区域间产业转移效应的计量模型，利用该模型对产业转移效应的内部结构及影响因素做了分析，验证了产业转移的三个效应，分别是优化效应、扩大效应和发展效应。俞国琴（2006）对中国的区域间产业转移进行了研究，认为东部地区必须实施产业结构升级换代，通过产业转移将高耗能、低附加值的工业转移到能源、原材料富集，土地、劳动力成本低廉的区域，以此来实现东部沿海地区产业结构的升级；同时，产业转移也为移入地产业结构提供了升级的契机。关于产业转移的技术效应，大部分学者认为产业转移不仅可以带来结构升级效应，而且还会给承接地带来外部经济，即技术溢出效应。关严兵（2006）认为技术溢出效应会促进当地企业生产率的提高，进而促进当地长期的经济增长。祝波（2007）认为在产业转移的过程中，转移企业有意识或无意识地转让或传播先进的生产技术，能够促进移入地相关企业技术进步，从而能从整体上带动移入地的技术水平；而承接地技术水平的提升又可以反向刺激转移企业改进生产工艺，迫使转移地加强研发，推动转移地劳动生

产率的提高。

2. 按照作用的主体，产业转移效应可以分为转出地效应和承接地效应

不论对转出地，还是对承接地，其效应都体现在三个层面：微观层面的企业效应；中观层面的区域效应；宏观层面的国家效应。

3. 按照传导的机制，产业转移效应可以分为直接效应与引致效应（也称为间接效应）

直接效应体现为资本、技术等要素流动的直接作用，一般来说属于短期效应；引致效应体现为经济效应中的竞争力、经济增长、社会效应中的城市化以及政治效应中的一体化等，一般来说，属于长期效应。

4. 按照效应发生作用的方向，产业转移效应可以分为正面效应和负面效应

许多学者把正面、负面效应与转出地、承接地效应结合起来进行分析，即分析产业转移对转出地的正面与负面影响、分析产业转移对承接地的正面与负面影响。

（1）产业转移对转出地的正面与负面影响

有的学者认为，产业转移是转出方根据自身发展的客观需要而做出的决定，是实现资源优化配置和产业升级的必然途径，其效应主要有成本效应、结构效应、出口效应，总结起来就是整合升级效应，即通过获得大量利润和利息提高资本收益率，扩大产品的市场空间，这是产业转移对转出地的正面影响。但是，产业转出方在产业转移出去后，会留出空间，而没有及时被新增资本和新发展产业填补，在一定程度上会导致转出地出现产业空心化现象，同时必然带来资金和人才空心化，也有可能产生产业级差、产业陷阱等负面效应。

（2）产业转移对承接地的正面与负面影响

产业转移对承接地的积极促进作用主要包括要素注入效应、关联带动效应、技术溢出效应、结构优化效应、竞争引致效应、优势升级效应和观念更新效应。对承接地来说可以引进先进技术，扩大生产规模，提高产业的技术集约程度，有利于提升移入地的产业结构。其负面影响主要是投资无效益，以及环境污染和产业结构失衡问题，如果不进行有效监管，反而会制约移入地的产业结构升级。例如，陈刚、陈红儿（2001）认为，产业转移对承接地的积极效应主要表现为要素注入效应、技术溢出效应、关联带动效应、优势升级效应、结构优化效应、竞争引致效应和观念更新效

应。但余慧倩（2004）提出承接地要审慎对待产业转移，产业转移使产业承接地处于产业链和价值链的低端，会产生拉大转出国与承接地之间技术差距的威胁；同时各地区为争夺产业转移会产生内耗，限制了技术的开发等消极影响。

（3）产业转移对承接地与转出地的正面或负面影响

有的学者将产业转移对承接地与转出地产生的正面影响或负面影响结合起来进行分析。王先庆（1998）认为，产业转移是一种"双赢"而非"单赢"，产业转移的效应主要是整合升级效应，不仅会使转移方自身的结构优化和内部空间联系有机化，而且会优化被转移方的产业结构。陈计旺（1999）探讨了产业转移和要素流动对发达地区和落后地区在收入水平和经济发展上所产生的不同影响，认为发达地区把已经丧失比较优势和竞争优势的产业不断向欠发达地区转移，并伴随着先进的管理经验和企业家精神的资本流动对缩小区际发展差距是有很大帮助的，而劳动力的流动则趋向于扩大区际发展的差距。聂华林（2000）专门研究了我国东部向中西部产业转移的效应问题，他认为，东部向中西部的产业转移为中西部产业结构调整和升级提供了契机，有利于提高中西部产业的科技总水平和形成产业规模经济，有利于缓解西部产业趋同现象；同时会造成产业级差和技术级差的进一步拉大并固定化，还会带来污染等问题。魏后凯（2003）从竞争力的视角，从企业和区域两个层面探讨了产业转移的效应，结论如下：从企业层面看，产业转移对转出地和承接地都是有利的，有助于提高企业的整体竞争力；从中观和宏观的角度看，产业转移对转出地和承接地竞争力的影响是不同的，产业转移会降低转出地的产业竞争力，减少就业机会，但是，产业转移会提高承接地的产业竞争力，增加就业机会和产业配套能力，形成集聚经济效应。朱华友（2008）从集群效应的角度分别阐述了产业转移对转出地和承接地的影响，产业转移对转出地的积极影响包括：能够规避集群的结构性风险、促进集群的产业升级、延长夕阳产业的寿命，为本地创造利润；消极的影响是直接影响到当地的GDP水平，随着产业的外移，当地的GDP会出现短期的下降趋势。对承接地的积极影响有：要素注入效应，增加投资需求，增加就业，技术溢出效应，产业关联效应，产业结构优化升级效应；消极影响首先是产业转移可能出现非集群化现象，其次是环境污染问题，再次是产业结构失衡。杨国才（2009）认为东部地区将那些已经失去比较优势的产业转移出去，可缓解东部地区日益加剧的人口、资源、环境压力，为产业转型升级腾出空间；对于作为承接方的中西部地区来说，产业转移能够加快推进中西部地区工业化和城市化进程，快速提升地区经济实力和财力。

四　国内外产业转移研究述评

（一）国际产业转移研究述评

1. 大部分国外学者从国家层面对产业转移进行研究，对一国之内的区域层次产业转移的研究比较少

大部分国外学者主要从国家的角度或从国与国之间来研究产业转移，但对一国之内的区域产业转移研究比较少，尚未构建以此为背景的理论，更多是从区域非均衡理论探讨区域发展问题。

2. 对影响产业转移的经济因素研究比较多，而其他因素考虑相对少

产业转移是一种经济现象，大部分国外学者从经济发展水平、市场、规模经济、产业集聚、比较优势、综合成本、经济政策等因素研究较多，而从制度创新、行为决策、企业行为、体制、社会网络、社会文化、决策主体偏好等因素研究的成果不多见。所建立的产业转移理论或理论模型绝大多数也只是从经济因素的角度出发，对其他的因素考虑较少。尤其对产业转移的机理、模式的差异性研究比较薄弱，从综合因素考虑的不多。

3. 基于欠发达国家中相对发达区域的产业转移的实证与理论研究相对薄弱

国际上目前已有的研究大多围绕后发工业国和发达国家与其经济关系紧密的国家或地区之间的产业发展及其产业结构演变而展开，而对发展中国家的产业转移的理论与实证研究基本没有。产业转移理论的深化，必须以更加广泛和深入的案例研究为基础，以主动转移地与承接地国家或区域为研究的对象。

（二）国内产业转移研究述评

1. 国内大部分研究都是从区域经济学的角度对产业转移现象进行研究，产业转移研究没有得到应有的重视

目前已有的研究对区域内或区域之间的产业扩张或迁移研究，无论是从宏观层面、中观层面，还是微观层面研究的成果不多，对产业转移的内涵、形成机理、模式、效应等研究重视不够。而产业经济学、社会学等学科，侧重于从产业转移现象的描述及更多从经济发展上寻找转移的动力机制，在空间地域维度的作用没有得到足够的体现和重视。

2. 产业转移机理及模式的研究还没有形成一个比较清晰的分析框架

国内目前还处在学习和借鉴国外产业转移的研究方法和理论阶段，分析的角度仍然是从沿海发达地区如何通过产业转移促使产业结构升级，达到优化的目标。还没有从影响产业转移的因素、企业行为方式、地域空间角度等方面进行来探讨产业区域转移的机理及模式，既缺乏这方面的实证研究，更缺少理论分析上的构建。

五 我国煤炭城市产业研究

（一）关于煤炭城市产业结构特点的研究

国内对煤炭城市产业结构方面的研究起步于 20 世纪 80 年代之后相关学者的相关问题探讨。朱铁臻、程鑫（1987）通过 1984 年的相关数据对我国当时 30 多个煤炭城市的产业结构特进行相关归纳总结，认为我国煤炭城市具有四个方面的特征，即产业布局呈分散型、产业结构较多呈超重型、产业结构普遍呈单一型和产业结构一般呈稳态型，并指出由于上述产业问题的存在，将会使得煤炭城市经济效益低下，城市生态环境破坏较为严重以及城市基础建设跟不上城市发展的需要等。赵宇空（1992）认为城市经济发展中既要有基本部门又要有非基本部门、既要部门优化也要区域优化，而我国的矿业城市在发展历程过程中，长期以来仅重视基本煤炭产业部门，仅强调部门优化而不重视区域产业结构优化，致使一大批矿业城市，尤其是那些关系到国计民生的主要能源、原材料基地，片面强调专业化，除矿业及其矿产品初级加工外，其他工业部门以及第三产业长期得不到发展，城市产业结构也不能得到及时地调整，导致我国矿业城市的产业结构呈现出产业结构单一、专门化程度高、产业之间缺乏整体性和系统性、产业缺乏先进性等特征。郁钟铭、刘俊、况礼澄（1997）应用系统动力学的思路与方法对矿区煤炭产业结构进行了分析和研究，建立了矿区煤炭产业结构的系统动力学模型，并用实例进行了相关模拟检验，结果表明需求弹性、直辖市均衡、经济效益、技术进步、资源限制、运输等因素会影响到对矿区煤炭产业结构的调整，矿区煤炭产业结构是由许多的正负反馈环相互耦合而成，系统所呈现的总的行为是这些正负反馈环相互作用的总的结果。赵卓（2003）从煤炭城市的发展困境出发，结合鸡西市产业发展的实际，运用产业偏离度等方法，剖析了鸡西市改革开放以来产业结构的变动特征，结果发现鸡西市第一产业比例过大，传统农业向现代化农业的过渡过程缓慢；第二产业中煤炭主导产业在衰退，效益低下；第三产业增加值占 GDP 比重较低，总体规模不大，新兴第三产业比重过小。同时，产业结构的偏离度显示鸡西市各次产业的劳动力结构和产值结构之间存在差距，产业结构效益较低。郭承龙、张承廉、郭慧（2004）通过从定性认为目前我国资源型城市产业结构布局分散、产业结构次序低下、产业结构较多地呈超重型、产业结构一般呈稳态型、产业关联度低、产业技术结构的二元性和产业组织结构、科技结构、人才结构呈单一性，并以淮南市为例通过选取相关指标进行了相关检验。杨同庆、郑爱、石琦（2004）总结了煤城大同市当前产业结构的总体特征，表现为第一产业偏离度较高，农业劳动生产率与工业劳动力生产率相关太大，就业结构中第一产业比重过高，第三产业的就业比重过低，产业结构层次处于低水平状态；工业规模不经济问题非常突出，工业产品最终产品率较低；第三产业发展相对滞后，新型服务业比重较低且发展缓慢。吴诗荣（2006）认为，我国资源枯竭型城市除了产业结构布局分散化、产业结构呈超重型外，还表现出产业结构低度化、产业次序低、产业关联度低、产业结构二元突出等特点。李晔、刘斌、党耀国（2006）采用灰色关联分析和 GDP 就业弹性系数分析方法，从增加值结构和劳动力结构两个方面，对河南省资源型城市产业结构进行了分析。增加值结构分析反映资源型城市经济第二产业的依赖性非常严重，第二产业比重偏大；灰色关联度分析反映资源型城市的经济增长对第二产业的依赖度非常大，第三产业与经济增长的关联度是三次产业中最高的，而第三产业关联度与经济增长的关联度不高；GDP 就业弹性反映第三产业就业弹性系数不高，第三产业吸纳劳动力就业的能力未体现出来。武俊智、上官铁梁、许念（2007）认为，山西省古交市产业结构配置不合理，煤焦业发展快速，煤化工发展缓慢，第三产业对第二产业的依赖性过高；同时，我国中小煤炭城市的产业结构多以煤炭及其相关产业为支柱，第二产业所占比重较大，第三产业发展对第二产业的依赖性较强，从而导致中小煤炭城市生态环境问题比之其他城市更为严重。张绪清（2007）以六盘水市为例，对我国矿业城市的产业结构特征进行了总结，认为在以资源为导向的发展战略下，地方经济在经历了以资源开发为先导、以加工为纽带、追求产量而忽视效益的粗放型发展过程，从而使六盘水市的产业结构错位，农业比重偏低，第三产业滞后；工业企业总体赢利水平较低，重工业化特征明显；城乡二元结构、"三农"、"四矿"问题突出，经济与社会发展不协调。

（二）关于煤炭城市产业结构演变规律的研究

煤炭城市是资源耗竭性城市，煤炭资源的开采及煤炭产业的兴衰对其所依托的煤炭城镇的经济产生深刻影响，因此，对煤炭城市产业结构变动规律的研究具有重要意义，国内相关学者对此进行了一些探讨。

朱铁臻、程鑫（1987）认为，我国煤炭城市产业结构的变动规律包括：首先，随着生产力的发展，煤炭城市产业结构发展的趋势同一般城市产业结构的发展趋势是一致的，第一产业的比重首先逐步下降而第二产业的比重则先增加后减少，同时第三产业的比重会越来越大；其次，受煤炭可采储量的制约，一个煤矿必然要经历开发—建设—兴盛—萎缩—报废的发展过程，而一个城市的基本特征是由城市经济结构中的主导产业的经济性质决定，煤炭工业占主导地位的城市在发展过程中，必然会出现不同于其他城市的一系列特殊问题。唐立峰、李乃文（2000）认为资源耗竭性煤炭城市有其特殊产业运行规律：①产业结构表现为低级循环，即资源耗竭性煤炭城市产业处于产业链上游，产品附加值低，因此煤炭城市长期存在着利润向外转移的现象；②产业升级存在缺口；③产业结构自发选择与市场机制失效，资源耗竭性城市产业难以充分做出产业结构调整，这主要是因为市场分工会强化这一产业自身的区位优势使其产业结构单一，同时市场无法在短期内对这样的产业做出选择。孙康（2008）以阜新市为例，分析了资源枯竭型城市产业结构与就业结构的变动规律：产业结构并未按照产业结构优化方向调整，而是根据资源枯竭型城市就业结构的特点，向以农产品加工业及现代农业为主导产业的方向调整，具有一定的路径依赖性，而就业结构是由产业结构决定的，就业结构的演变应随产业结构的调整联动发展；产业转型中就业结构的调整受到资金和就业压力的制约，往往逆向于产业高级化方向，具体路径为第一、二、三产业向第二、三、一产业或向第三、二、一产业转化，这两条路径的特点都是优先解决就业问题，兼顾经济发展。

（三）关于煤炭城市产业结构调整的研究

经济结构调整是资源型城镇研究的传统内容，西方学者对此已进行了长期的研究。德国鲁尔区煤矿城镇的经济振兴是资源型城镇经济结构转型的成功案例。20世纪50年代，鲁尔区陷入了结构性危机之中，出现了主导产业衰退、就业岗位减少、居民点结构的发展缺乏有机性、生态环境恶化、基础设施短缺、人口外流等问题。有关专家及时地提出了新的发展战略，促进了经济的振兴。调整的指导思想是对煤炭工业采取价格补贴，发展新兴产业，改组传统产业，促进产业结构的多样化，完善基础设施，进行企业组织结构调整，关闭亏损严重的煤矿，把采煤集中到赢利多和机械化水平高的大矿井，实行集约化经营。J. H. Bradbury（1983）根据对加拿大和澳大利亚资源型城镇的实证研究，提出了解决问题的对策，如：建立早期预警系统；制定财政援助、转岗培训、搬迁和工作分享策略；建立社区赔偿基金和专项保险机制；促进地区经济基础的多样化；实行地方购买策略；进行区域规划，建立结构联系等。J. E. Randall 和 R. G. Ironside（1996）对传统的资源型城镇研究理论进行了全面评述，并提出了一些新的观点，他们将经济结构调整和劳动力市场分割理论应用于矿业城市的研究中，开了利用产业结构调整来研究矿业城市发展的先河。Wieslaw Blaschke（1999）对波兰 7 年时间里在努力提高地区煤炭产业的赢利能力方面所做的研究表明，波兰煤炭产业需要减少现在的矿区数量，波兰的煤炭产量将减少，煤炭将不再是较为便宜的能源，波兰的煤炭产业将会改变波兰能源的平衡和波兰煤炭在国际市场上的地位。Dong Suocheng 等（2007）认为资源依赖型城市在产业结构调整方面面临严重的经济、社会与环境问题，传统的城市产业结构技术落后和缺乏效率，他们面临着失业与社会安全方面的压力，煤炭城市在产业调整过程中有必要进行战略创新，同时也可以发挥后来者的优势，建立生态工业系统，改变传统的经济增长方式，实行资源与产业替代与互补战略，进行科学与技术创新，建立起一个高新科技生态城市及机制与体系创新系统。

20 世纪 90 年代以来，随着市场经济体制改革进程的不断推进，经济结构单一的煤炭城镇资源依赖性强的弊端逐渐暴露出来，实现产业结构调整和煤炭城市转型，走可持续发展道路已成为国内学者的共识。朱铁臻、程鑫（1987）提出了调整煤炭城市产业结构的思路，认为煤炭城市在优先发展煤炭深度加工和高价值、高耗能、低耗水、低污染产品的基础上，必须积极发展与人民生活密切相关的轻纺、日用消费品工业以及为生产和生活提供服务的各项社会服务事业。刘洪、杨伟民（1992）认为煤炭资源是不可再生的一次性能源，每个煤矿或矿区都要经历开发—兴盛—衰竭—报废的发展过程，因此煤炭城市产业结构的调整必须随着煤炭资源的变化，逐步调整产业结构，实现产业结构的多样化。樊杰（1993）认为煤炭城市应尽早提出并研究结构转换问题，产业结构调整的方向应以更大区域的背景条件为依据,重点发展煤炭的直接加工系列、高载能或煤炭间接利用加工系列和面向煤矿建设服务的生产系列。胡玉才、泮水、王厚伟(1995)分析了煤炭城市产业结构调整与发展的原则,包括效益优化原则、技术进步原则、产业协调原则、战略选择原则;同时,作者指出,煤炭产业结构调整与发展要处理好主导产业与关联产业的关系、资源开采与综合利用的关系、多极开发与规模经营的关系以及煤炭产业与非煤产业的关系。何丽超(1999)针对无锡煤炭产业结构调整过程中出现的问题,提出了煤炭产业在调整过程中必须提高科技含量。焦华富(2001)认为制约煤炭城市产业结构调整的因素主要有体制性和非体制性两大类,提出了产业结构调整的原则:加强产业结构调整的统筹规划,优先发展主导产业,打破条块分割,增量与存量调整并举,实行国有企业的产权制度改革等。赵静、焦华富、宣国富(2006)分析了煤炭城市产业转型中的集群效应,认为立足于传统产业优势,发展煤炭产业集群是煤炭城市实现依托式产业的有效途径。高源(2006)运用层次分析法对抚顺市的接续产业进行了选取,并从各资源要素的层次总排序中各个部门的权重得出,今后抚顺市重工业的发展应以石油和冶金工业为主,其次为机械和电力工业,而煤炭工业排在最后。樊艳萍、牛冲槐(2006)指出,山西煤炭资源型城市要想顺利实现煤炭主导产业转型,就必须用系统工程理念建立煤炭产业转型系统,该系统主要包括煤炭产业转型的动力系统、支持系统、创新系统和转换系统。王著、吴栋(2007)认为,煤炭资源型城市在选择主导产业时,要综合考虑其技术水平、思想观念、宏观经济、人才资源等诸多因素,优先发展传统产业,重视产业链的整合,凸显比较优势,产业规划和产业集群的规划要充分考虑到产业结构、资源效益、人才素质和资本流量的关联,更好地实现产业梯度转型和可持续发展。

(四)关于煤炭城市产业转型模式的研究

煤炭城市产业转型的模式是国内外学者关注的重点,尤其是我国学者在此方面进行了大量的研究,取得了丰富的成果。学者们从不同的视角审视煤炭城市的产业转型,提出了众多的产业转型模式。目前学者们对于煤炭城市产业转型模式的研究主要集中在产业转型模式的识别和产业转型模式的选择上。郑国志(2002)在考察国外单一煤炭城市产业转轨经验的基础上,提出了我国单一煤炭城市产业转轨的三种模式:新型植入模式、产业链扩展模式和新主导产业扶持模式。周民良(2002)进一步对我国煤炭城市产业结构调整的不同模式进行了探讨，介绍了我国目前煤炭城市转型的四种典型模式：阳泉模式、平顶山模式、铜川模式和兖州模式。张米尔、孔令伟（2003）认为，资源型城市产业转型的模式主要有三种：产业延伸模式、产业更新模式、复合模式，影响产业转型模式选择的关键因素包括资源开发阶段、资源开发规模、产业政策和区位因素。王德鲁、张米尔（2003）通过分析国内外衰退产业转型的实例，将衰退产业转型划分为企业能力再造、产业区位转移、产业延伸和产业创新四种模式，并确定影响模式选择的关键因素：产业衰退机理、城市经济区位、技术机会、产业退出壁垒。李连济（2004）在分析山西省煤炭城市的基础上，提出产业转型的两种模式：纵向延长产业链条模式和横向选择替代产业模式。吴奇修（2005）认为资源型城市产业转型有三种模式：产业链延伸模式、产业演变模式和"两条腿模式"，进行产业转型模式选择时需要考虑以下因素：产业生命周期、技术机会、产业退出壁垒、资源开发阶段、资源开发规模、国家产业政策和区位因素。王志宏（2005）指出煤炭城市经济转型应该以项目开发、培育和壮大骨干企业和全民创业为切入点，并提出三种转型模式：矿竭城衰——急转模式、矿兴城荣——中转模式、矿立城新——起转模式。Wang（2009）认为资源型城市在转型过程中要做出一些决策，其中非常关键的就是转型模式的选择决策，即产业更新模式和产业延伸模式的选择。

也有很多学者对国外资源型城市产业转型模式进行了总结，比如马洪云（2006）指出，政府主导型和市场主导型是发达国家矿业城市经济转型的两种基本模式。李平（2007）分析了国外资源型城市产业转型的几种典型模式：以市场为主导的转型模式、以政府为主导的转型模式、自由放任式转型模式。从国内外城市产业转型模式对比的角度，孙雅静（2004）对美国、欧盟、苏联等国矿业城市产业转型进行了比较研究，提出了我国资源枯竭型城市转型模式选择原则：阶段性原则，操作、务实的原则，市场机制与政府干预并存原则。任勇（2008）总结了国外矿业城市产业转型的模式：美国休斯敦模式、日本九州模式、德国鲁尔工业区模式、法国洛林模式和委内瑞拉模式，将矿业城市产业转型划分为企业能力再造、产业区位转移、产业延伸和产业创新四种模式，认为影响产业转型模式选择的主要因素有资源开发的阶段因素、资源开发规模因素、产业政策因素、企业战略因素和区位因素。Liang（2011）介绍了白山这一资源型城市产业转型的模式与经验教训，认为白山采用产业替代与产业延伸相结合模式获得转型成功的做法，值得其他类似的资源型城市借鉴。

（五）关于煤炭城市发展接续产业的研究

接续产业是指在一次性开采过程中，为保持资源型城市经济长期发展繁荣而兴办的对开采工业起接续替代作用的产业。唐立峰、张凤武、张晓天（1999）论述了煤炭城市发展非煤产业应采用的投资政策、税收政策、社会保险政策、退休政策、转产基金政策、主导产业政策、国有矿保护政策、科技进步政策、环境保护政策、人才政策、新项目政策等。王在华（2003）针对矿业城市发展中存在的问题，提出了矿业城市发展的新理论，即接续产业跟进式持续发展原理。张凤武（1998；2003；2004）根据产业经济学原理和煤炭城市实际发展情况及国际经验，认为煤炭城市发展接续产业的模式为"依托资源、科技先导、深度转化、综合发展"，即依托资源优势，以煤炭等矿产资源的深加工转化型为主，以节能综合利用型为辅，相关产业配套非相关产业适当发展的模式，并将其具体分为煤炭加工转化型、节能综合利用型、自我服务型和与煤非相关四种类型；在此基础上提出了发展模式：以煤炭加工转化型为主的模式、以综合利用型为主的模式、以自我服务型为主的模式以及以非相关型为主的模式。任瑞晨、王福志（2005）以阜新市为例，对发展煤炭深加工，开发利用共伴生矿以及非金属矿等资源，延长产业链，拓宽产业群等方面的发展战略和措施进行了探讨。李秀春、高超杰（2006）指出煤炭城市发展接续产业的途径选择包括：继续依靠煤炭资源优势，拉长产业链条，大力扶植煤炭深加工产业和其他相关产业；大力发展高新技术产业，发掘与地域相关的优势特色产业，增强经济竞争力；扶植龙头接续产业；借助外力发展自身；大力发展服务业，培育新的经济增长点。冯云廷（2009）认为，产业链网络的形成是资源型产业转型成功的标志，产业链网络的衍生过程应该包括七种基本的路径：转包、剥离、延伸、吸附、移植、嫁接和裂变。

（六）我国煤炭城市产业研究述评

1. 关于煤炭城市相关产业的研究起步晚，但发展速度较快

国内学者对我国煤炭城市的研究是在改革开放之后，从目前研究成果看，尽管国内这方面的研究起步较晚，但发展速度较快。随着计划经济向市场经济的转变，研究者更加关注煤城经济发展中暴露的实际问题，特别是在 20 世纪 90 年代，一部分煤炭城市因煤衰城竭而面临着产业转型和可

持续发展问题，相关学者对产业结构、产业变动的规律、产业转型和可持续发展等展开研究并已积累很多成果。

2. 研究内容紧跟煤城实际问题需要，着眼于提升城市的综合竞争力和经济的持续增长

新中国成立之初，国家为了满足工业化对能源的战略需求，以煤炭工业为主导的煤炭城市不断涌现，煤炭产业基本上成为煤炭城市的支柱产业，煤炭城市如何发展受国家计划经济支配。而在改革开放后，仍受计划经济体制左右的煤炭城市在发展市场经济的过程中面临着如何发展的问题，此时产业布局松散、产业结构单一、产出效益低下、城市生态环境遭到严重破坏等成为我国煤炭城市产业发展的障碍。随着经济体制的改革，研究者的视角经历了从研究煤炭城市产业结构到产业变动规律，从产业结构调整与转型到煤炭城市产业的接续及可持续发展问题，研究视角呈现多样化。

3. 研究方法更趋于规范化、系统化和科学化

由于受当时的科技水平条件制约，20 世纪 80 年代末 90 年代初，国内对煤炭城市产业的研究大多停留在感性认识层面，而随着区域、产业和计量经济学等相关学科的发展以及 SAS、SPSS、EVIEWS 等统计软件的不断引进，国内学者对于煤炭城市产业等相关研究也向着科学化、规范化、系统化方向发展，得出的结果更趋准确且具有可操作性。

4. 研究中还存在着视角不充分、规范多于实证、内容不专一、方法论不成体系等缺陷

我国大多数煤炭城市诞生于 20 世纪 50 年代，历经计划控制和市场经济浪潮，到今天经济全球化的背景，煤炭城市半个多世纪的发展过程中出现的各种问题，使得国内对煤炭城市等相关产业的研究还存在以下四个方面的不足：第一，研究视角基本上停留在国内，没有着眼于整个国际区域的大视角范围内，得出的结论具有一定局限性；第二，基本上是定性分析，或是原始数据的表层分析，实证研究不足，定量实证研究严重缺乏，尤其在方法论架构上不成体系；第三，大多将煤炭城市统一纳入资源型城市的研究范畴，研究领域过于宽泛，追求大而全，使得研究缺乏针对性；第四，研究深度不够，更多着眼于全国范围，而针对特定地区煤炭城市煤炭产业的相关研究则相对不足。

第三节　研究内容和方法

一　研究内容

本书共包括七章内容：

第一章绪论部分介绍研究背景和意义、国内外相关研究现状、主要的研究内容以及研究重点和难点。

第二章阐述产业对接的相关理论。首先阐述相关概念及内在机理，包括产业对接、产业转移以及产业承接的概念和内在机理；然后阐述产业对接的相关理论，主要包括区域分工与合作理论、产业分工与合作理论、协议分工理论、产品生命周期理论、产业梯度转移理论、雁行发展理论、重合产业理论、梯度双赢理论、产业开放政策理论、"中心—外围理论"、新经济地理学理论。

第三章介绍我国煤炭城市的发展概况。首先，对煤炭城市的概念和分类进行界定。其次，在阐述产业结构演变的理论和一般规律、资源型城市产业结构演进的一般规律和分析模型的基础上，分析煤炭产业和煤炭城市的发展规律，煤炭产业的发展规律主要包括产业生命周期规律、产业收益递减规律、产业衰亡不可逆转规律；煤炭城市的发展规律主要包括煤炭城市经济的生命周期规律、城市建设与资源开发的同步演进规律、环境问题的递增规律、综合效益递减规律。最后，分析煤炭城市产业结构的形成机制、特征及成因，煤炭城市的产业结构特征包括：产业结构单一、经济效益低下，产业结构的二元性突出，产业关联度低、产业结构转换能力差，产业部门呈分割型，产业组织结构单一；成因包括：区位因素的影响，政府宏观调控的误导，经济体制改革滞后，煤炭价格机制客观上不利于产业的可持续发展，煤炭开采的补偿机制严重缺失，煤炭企业经营机制存在缺陷。

第四章分析平顶山市与焦作市实施产业对接的现实基础。首先，介绍平顶山市与焦作市的基本情况。其次，分析平顶山市与焦作市的产业现状，平顶山市的产业发展现状主要从平顶山市三次产业结构现状、三次产业产值结构与年增长率状况、三次产业对 GDP 增长的贡献率、资源型产业发展现状、产业增加值结构状况、劳动力结构状况等方面分析；焦作市的产业发展现状主要从焦作市三次产业结构现状、三次产业发展情况的动态分析、三次产业对 GDP 增长的贡献率、产业增加值结构状况、劳动力结构状况等方面分析。再次，从产业合理分工的现实需要、产业对接的客观需要两个方面阐述两市实施产业对接的必要性。最后，通过定量的方式来分析两个城市经济增长的差异性，从而探究两个城市之间的产业对接是否可行。

第五章从需求、供给和背景三个方面阐述平顶山市与焦作市进行产业对接的潜力。首先，从需求的角度分析两市分别作为产业转出方和承接方的需求；其次，从供给的角度分析两市分别作为产业转出方和承接方的供给动机；最后，从国家和地方两个层面来分析两市实施产业对接的背景因素。这些因素共同作用，决定了两市产业对接的走向和发展程度。

第六章确定平顶山市与焦作市产业对接的布局。首先，引入产业结构有序度模型，以便进一步分析平顶山市与焦作市的产业发展差距；其次，采用基于产业梯度理论的产业梯度系数和基于产业生命周期理论的产业成长系数，建立一个二维坐标体系模型，具体确定焦作市作为转出区、平顶山市作为承接区的产业和平顶山市作为转出区、焦作市作为承接区的产业。

第七章是促进平顶山市与焦作市顺利实施产业对接的政策建议。主要包括三个方面：一是加强两市地方政府的对接，包括加强两市组织机制对接、战略对接和制度环境对接。二是建立区域利益协调和补偿机制，弱化利益冲突。三是创造两市进行产业转移和承接产业转移的有利条件，主要包括：创建承接产业转移的优势条件；创新招商引资机制和方式；发挥集聚效应，引导产业相对集中；坚持走环保和可持续发展道路。四是促进两市经济结构的调整和优化，主要从两个方面着手：以接续替代产业发展为重点、不断优化经济结构；二是优化、提升产业结构，使产业链不断向高端延伸。五是加强各类人才的培养，主要包括加强创新型企业家的培养；加强专业科技人才的培养；保障普通劳动力权益，加强高素质劳动力的培养。

二　研究方法

本书立足于区域经济学、产业经济学以及可持续发展等相关理论，将研究视角放在资源富集城市与资源枯竭城市的产业对接上，并以平顶山市和焦作市为例进行实证分析。在对接产业的选择上采用定量分析方法，在产业对接的潜力分析上采用定性分析方法，在产业对接的政策建议上则采用演绎法和归纳法相结合的分析方法。

第四节　研究重点和难点

本书的研究重点和难点在于：

首先，国内外理论界鲜有直接提出产业对接概念的，基本概念的混淆导致学术界对于产业对接及其研究颇有争议。本书将努力对产业对接的内涵进行界定和阐释，从而为产业对接理论体系的后续发展奠定基础。

其次，资源富集城市和资源枯竭城市都是产业对接的需求者；同时，两类城市在某种程度上又是供给者。本书将从经济学中需求和供给的微观视角剖析资源富集城市和资源枯竭城市对产业对接的诉求，并揭示两类城市在产业对接中的需求和供给的角色和行为。这些研究在国内外还比较鲜见，也具有比较重要的理论创新。

最后，对于实施产业对接中目标产业的确定，国内外的研究还较少，已有研究大多数停留在规范研究层面，量化分析方法很少，且指标单一、缺乏说服力，本书采用基于产业梯度系数和产业成长度系数的二维坐标系模型的定量分析方法，确定平顶山市和焦作市实施对接的目标产业，这一方面可以丰富产业对接的量化分析方法，另一方面也可以为相似产业或城市的对接提供参考和借鉴。

第二章　产业对接相关理论概述

第一节　相关概念的内在机理概述

一　产业对接及内在机理概述

（一）产业对接的含义

近几年，在跨区域的经济合作中，"产业对接"这个概念出现的频率越来越高，同时又有较多地方政府对此提出了一定的夙愿。当前国内关于产业对接无论从理论还是实践的角度来说，宣传力度较大的有长三角与上海地区的产业对接、珠三角与泛珠三角其他地区的产业对接、京津唐等地区的产业对接等；国内与国内以外地区的产业对接主要有闽台地区的产业对接、粤港地区的产业对接等。在国际上关于产业对接的热门地区主要有中国与东盟地区的产业对接、山东与日韩两国的产业对接等。从产业对接的现实状况来看，经济发展相对落后的地区，往往表现出对产业对接的渴望，因此他们往往会大力宣传产业对接、发动产业对接、支持产业对接，并且会积极营造良好的合作环境，建设良好的合作平台等，来促使产业对接的良性发展。相对而言，经济发达地区对产业对接的反应却恰恰相反，实际行动往往不积极，但会有一定程度的响应。

产业对接最本质的表现就是不同区域间的产业既竞争又合作。在经济全球化的同时，区域经济合作扮演着越来越重要的角色，无论何种形式的经济合作，都是以分工利益和专业化利益作为基础。大量事实表明，产业分工合作逐渐成为区域合作的重点并且合作方式趋于多样化。产业对接作为一种新的合作模式，还没有形成统一的概念、完整的理论基础，也没有经过严密的论证。

现有关于产业对接的研究多侧重于区域产业对接的实例分析，理论分析较少,所以大多数研究者往往对于产业对接的概念也是一笔带过,几乎没有学者提出比较完整的产业对接概念。为此,我国一些政府官员、学者给出了不同的解释。比如,徐远征(2007)通过研究得出的结论是:产业对接就是以市场为导向,以企业为主体,以政府各项相关措施为推动手段,以互利共赢为目的,在不同地区之间的产业合作关系。李欣广(2006)在对中国—东盟经济互动关系的研究中,根据相互依赖、互动共存、产业对接的思路,对产业对接的含义作出界定,他指出:产业对接就是在区域经济一体化背景下,主要通过区域间政府的有效引导,以实现互利双赢为主要原则,适度离开市场经济中竞争规律的原则,体现国际间经济协调的精神,以特定的国际贸易与投资方式来推进产业对接的行为。

基于以上基本情况的分析,综合考虑本书的有关研究思路,认为,产业对接就是在区域经济一体化的前提下,以市场经济发展程度为对接基础,以市场的"优胜劣汰"为对接原则,以各个对接区域的产业开放政策为合作平台,以对接各方利益最大化为目的的区域分工与合作或者产业分工与合作。

对于此概念,可从以下三方面作进一步解释:

1. 产业对接的最初表现是地方政府对本地区经济发展的引导行为

政府作为宏观经济的调控主体,通过实施科学、合理、全面、严谨的产业政策与措施,引导企业进行合理的投资,从而使企业的投资合理分布,并使企业协调发展。

2. 产业对接的最终行为是企业行为,并不是政府行为

政府只是为产业对接搭建一个合理的平台,此平台只是一个基础性的工作;产业对接的效果如何,主要取决于产业对接的主体——企业,企业的主体作用能充分发挥,产业对接的效果就好,反之亦然。

3. 产业对接的目的是政府互动带动企业互动、以良性互动来实现产业的合作与共赢

产业对接要求地方政府之间根据经济发展水平、资源分布状况、比较优势实际达成协议性分工。

(二)产业对接的进一步解释

1. 区域产业合作是区域产业互动的结果

首先,企业对利益的无限追求是要遵循市场发展规律的,是要以市场经济发展为导向的,然而市场却不是万能的,例如会出现市场失灵的情

况，达不到帕累托最优；其次，地方政府在地区发展观念上往往以自身利益为中心，忽视整体利益，使得合作存在风险。因此，针对上述情况，各地方政府为了能达到互利互惠、合作共赢、统筹规划等目标，避免出现零和博弈的情形，就迫切需要进行产业对接。产业对接就是建立在区域经济相互依赖和经济互动基础之上的。中国区域经济发展的实践也可证明，没有产业间的对接、实现经济互动，就不能完成区域合作和产业整合。经济互动为产业对接提供环境、构建平台，而产业对接则是将区域内的分工推向深化、增强经济互动的纽带。

2. 产业对接是一个系统的工程

具体到某一产业的对接，这只是产业对接的子集，我们所见的区域间单个企业的合作，只能叫企业对接或者项目对接。项目对接与产业对接既有区别又有联系，二者的联系是相辅相成、互为因果、相互促进，项目对接是产业对接的有效载体，产业对接是项目对接的基础；区别是产业对接的范围远远大于项目对接。国家产业政策是项目对接的依据，而产业对接的落脚点和归宿点也是项目对接。项目对接必须符合国家产业政策，符合当地现有产业发展的实际情况，符合延伸产业链、提高产品技术含量与附加值等要求。这里强调的产业对接是整体对接，是区域之间产业互动发展的动态耦合过程。

3. 产业对接是区域经济合作新的实现方式

区域经济协作和融合一般有三种形式，即产业转移、商品贸易和生产要素流动。这三种形式是一个合作深化的过程，从商品到要素再到产业的整体转移，无疑是分工和专业化的重要成果。相应地，为了实现这三种形式的合作，便有了区域间的关税减让、要素流动便利、投资和服务便利等合作措施，由此形成互动，并在此基础上通过产业政策协调和有效的产业对接实现区域经济一体化。从本质上讲，产业对接实现了市场基础性作用与区域经济管理职能的结合。所以，产业对接是区域经济合作形式的深化，是一种崭新的区域经济合作方式。

4. 产业对接与产业转移的关系

在市场经济条件下，产业转移通常是由于产品需求或资源供给等有关条件发生变化后，某些产业从某一地区（或国家）转移到另一地区（或国家）的经济过程。这个过程是微观主体在市场规律的作用下进行理性选择的结果。产业转移集中表现为企业行为。产业转移中不排除区域政府各自的转出策略和创造承接条件等措施，但是，区域政府之间的产业政策协调和协议分工还没有形成。因此，一般的市场主导型的产业转移行为，不是产业对接；当产业对接建立在区域协调分工的基础上时，我们才把它归入实现产业对接的一种方式。而且，产业对接的方式不仅限于产业转移，不同产业之间的对接、相同产业的价值链对接，也是产业对接的重要内容。

5. 产业对接中的竞争与合作关系

产业对接本身是竞争与合作共同作用的结果。作为独立的经济利益主体，不同的区域其利益追求也相对独立。各区域为了实现利益最大化的目标，往往在区域合作中采取不同的政策选择。在一定程度上，区域间的产业政策协调是在不断的竞争和合作中重复博弈得出的结果。产业对接中要实现资源的有效配置，必须根据比较优势原则，在竞争与合作中实现优势互补、共同发展。

（三）产业对接的效果与影响因素

随着区域经济一体化的不断发展，各个国家和地区都在积极发展同周边国家和地区的经济贸易，以促进本国家和地区各种产业的发展。在中央政府的有力支持下，各地方政府尤其是沿海省份、东北地区等，纷纷采取各种对内、对外发展措施来推动产业对接，减少或消除生产要素流动的障碍，加强与国内外市场的融合，为本区域产业的发展创造各种有利的条件，从而使贸易双方的投资额或贸易额比以往得到较大的提高。

在区域经济一体化不断发展的背景下，影响产业对接效果的因素是多种多样的，究其实质主要包括以下因素：（1）生产要素流动的限制因素；（2）生产扩大前后的变化；（3）产业对接各方政府的态度与支持程度；（4）产业对接环节；（5）产业投资的连续与循环性。

（四）产业对接的类型

产业对接在中国与周边国家的区域经济合作中，日益成为流行的词语，有学者将产业对接分为三种类型：

1. 扩大贸易型的产业对接

此种类型通过抓住贸易伙伴国的市场需求、扩大出口贸易，也就是根据本地的比较优势，充分发展有竞争力的优势产业，在贸易伙伴的市场上抢占产品的有利商机，从而占领对方市场。这是一种以自己的优势产业去对接对方市场的类型。

2. 招商引资型的产业对接

此种类型就是积极扩大利用外资，往往是根据本地区具有较大发展潜力和前景的产业，采取各种措施招商引资，利用外国的技术、资金等资源来加强本地区产业的发展。这是一种以自己有潜力的产业去对接对方市场的类型。

3. 跨国经营型的产业对接

该种类型就是根据本地区具有比较优势的产业，制定科学、合理、有效的战略决策，到相应的国外市场上去开拓市场，投资经营。这实际上也是一种以自己的优势产业去对接对方市场的类型。

二 产业转移的内在机理概述

(一) 产业转移的定义

1. 已有的代表性定义

目前，在学术界中还没有形成明确、统一的关于产业转移的概念。代表性观点主要有以下几种：

(1) 关于衰退型产业转移的定义

王先庆 (1997) 认为产业转移是某一地区衰退产业退出该地区的一种重要形式。陈计旺 (2003) 认为，产业转移是经济发展过程中，由于区域间存在比较优势而产生的必然结果，是发达地区将已经丧失优势的产业向落后地区不断转移的过程。郑燕伟 (2000) 指出产业转移是指在市场经济条件下，发达区域丧失竞争优势的部分企业，为了适应区域比较优势的不断变化，以跨区域直接投资的方式，将已丧失竞争优势的产业转移到具有比较优势的区域进行生产，其具体表现是该产业在空间分布上由比较劣势区域向比较优势区域转移。

(2) 其他各种观点的代表性定义

陈建军 (2005)、朱宜林 (2005) 通过对产业转移的研究，认为产业转移在时间和空间上都具有动态特征，是一个国与国 (或地区与地区) 之间贸易与投资相交织的过程，是描述产业各构成要素在不同区域间移动的过程。其研究重点关注产业要素层面，使产业转移由"衰退型"渐渐扩展为"扩张型"，还提出产业分工的主要因素是产业转移，产业转移的相关区域中产业结构优化的重要途径也是产业转移。顾朝林 (2000) 从生产要素的空间移动和不同产业部门的历史演进两方面进行深入研究后，也认为产业转移是一个时空相结合的动态过程，更能体现历时与共时并存的经济现象。

王文成等人（2006）进行研究后认为，产业转移是一个资源流动和资源优化配置并存的过程，并且提出产业转移的实质是资本转移、主轴是技术转移。李松志（2008）从资源供给或产品需求发生变化的角度进行研究后，提出产业转移的主体是企业，是一个区域间生产要素流动的动态过程，是一个区域进行产业结构优化的关键。同时他还从广义的角度认为，同一产业内部的有关变动、企业不同阶段的生产、销售、服务、研发等的变化，也可以叫产业转移。

2. 已有定义的评价

以上学者对于产业转移的定义，主要是从以下两方面进行定义的。一是宏观角度，强调产业转移是通过相关区域间产业竞争优势此消彼长的转换，从而导致产业所在区位进行重新选择的结果，是产业的不断变化过程在时间和空间上的重要表现形式之一，它是一个动态过程。二是微观角度，强调产业转移的实质是企业空间的扩张，企业区位的调整，企业转移的关键、主轴和本质等。不管从哪方面定义，他们的研究成果都给国家经济的发展提供了一定的理论参考。当然在研究具体问题时，还应具体问题具体分析。

3. 本书的定义

综上所述，本书将产业转移界定为：在市场经济环境中，随着经济的发展，不同区域间生产要素的比较优势在不断发生变化，从而使生产要素的区域分工和产业结构也不断发生变化，其重要表现就是不同地域间产业不断进行选择和转移。

对于这个定义做以下几点解释：

第一，产业转移是某一个经济地域在时空运动相结合过程中的一项重要表现。随着产业转移的不断发展演变，各种生产力布局也会相继发生变化，而经济区域结构也会随之得到优化调整，在上述变化过程中，时间和空间上的兼并、扩张、迁移等是其主要的表现。

第二，产业转移的基础和前提是比较优势的不断演进，它往往是由于各种生产要素的流动而产生的，生产要素既是各种经济现象产生的前提和基础，又是影响区域经济发展的重要因素，因此，产业转移是一个动态概念。在当今区域经济发展中，生产要素的区域性和流动性是必须面对和亟待解决的重大问题之一。生产要素与其他要素相结合并且流动，就可以形成各产业并能创造出社会价值，在此过程中往往伴随着产业转移。

第三，产业转移是劳动在不同地域分工中不断发展变化的表现。地域分工程度的不断细化以及分工形式的不断复杂化，会导致产业在不同区域之间转出、对接、承接、集聚或扩散，从而使产业转移的形式各种各样。

第四，产业结构的优化调整过程往往也是产业转移的过程。在实践中产业转移主要表现为，某些丧失竞争优势的产业从经济发达地区转移到经济落后地区，转移的主要途径是发达地区企业的直接投资或间接投资。发达地区的产业结构和落后地区的产业结构也随着这些产业的转移不断优化和升级，最终使生产要素不断得到优化配置和有效利用，继而促使相关地域经济不断发展。

（二）产业转移的原因与条件

1. 产业转移的原因

产业转移的客观基础是不同区域在经济发展水平、技术水平和产业结构方面存在阶梯状差距。这种阶梯状差距出现的原因，是因为各地域在生产要素禀赋、产业发展基础及产业分工方面的不同。产业转移的原因是区域经济发展水平的不均衡直接导致了生产要素价格的差异，正是由于生产要素价格的差异才推动了产业的转移。产业在高低梯度之间的转移，会使各区域自身的产业类型、产业发展水平从总体上进一步适应于当地的资源禀赋、生产要素价格和地区发展总水平与总规模。

具体来讲，高梯度且经济发展水平较高地区产业的集聚和经济的发展，会促使本地区的生产要素如土地、环保、劳动力等成本的上涨，产品市场接近饱和，投资报酬率呈现下降趋势。这种趋势再加上来自低梯度欠发达地区相类似产业的较强竞争力的影响，就会使高梯度地区一些产品的竞争优势慢慢甚至完全丧失，最终迫使高梯度地区不得不进行产业结构的调整。从反面看，低梯度且经济发展落后地区一般会成为高梯度经济发达地区某些传统产业新的生产区域。这种相对优势来源于本地区较低廉的生产要素价格、某些具备基本发展条件的产业、前景广阔的市场、较高的市场投资回报率，以及本地政府的政策性支持等。

这种新的具有相对优势的生产区域的广泛存在，使低梯度经济欠发达地区具备了吸纳并承接产业转移的无形吸引力。因此，在高梯度地区进行内部产业结构调整的巨大压力和低梯度地区对产业吸引力的共同作用下，高梯度地区会把渐渐丧失优势的产业与技术进行空间的移动，或者出于占领外部市场、扩大生产规模等目的，也会进行产业移动，从而带动本地区的经济发展。

简单来说，产业转移的原因要么是宏观经济发展的"成长差"，要么是企业经济行为的"利益差"。

2. 产业转移的条件

（1）产业梯度的存在

产业梯度性差距在不同地区的客观存在，一定程度上增加了高低梯度地区间产业转移的可能性。换句话说，产业梯度差距就是产业转移的客观条件。

（2）经济发展到一定阶段的产物

产业转移不是随时都可以发生的，它只有当经济发展到一定的阶段，也就是经济的发展出现了高低梯度地区时才有可能发生。产业在高低梯度地区间得以转移的条件是高梯度经济发达地区为了调整产业结构或者扩张产业规模而转出有关产业的同时，低梯度经济欠发达地区恰好具备了发展这些产业的相关条件。

（3）市场机制作用的结果

产业在高低梯度地区间转移是市场经济发展到一定程度、企业进行产业结构调整的一种必然行为。因为价格机制只有在市场经济比较发达的条件下，才能真正发挥作用，从而推动产业转移得以推进。

（4）劳动力不能自由流动的结果

陈计旺（1999）、罗浩（2003）等学者在研究中指出，在产业发生转移的过程中，资本、技术等生产要素的流动对缩小不同地区间的差距有利好作用，但是劳动力和其他生产要素在流动过程中出现的替代关系，即劳动力不能在区域间自由流动，在某种程度上给产业转移带来了不好的影响。

（三）产业转移的特点

1. 产业转移具有系统性

此特点主要有两方面的体现：第一，产业在高低梯度区域间的转移不是某一种生产要素的流动，而是直接投资或间接投资方式下包括资本、技术、劳动力等整体生产要素的综合、系统性流动。第二，产业转移不仅是整个产业的转移，而且有可能是某一产业内部的不同生产层次、不同生产阶段、不同生产方式、不同生产规模的流动。另外，处于不同流动时期的产业转移的特点也往往各不相同，当然生产技术和生产工艺相似的产业其转移的特征有许多相似之处。因此产业转移具有综合性、复杂性的特性。

2. 产业转移具有阶段性

国内外的产业转移实践证明，时间不同，产业转移的类型也不同。例如 20 世纪 70 年代发达国家主要是技术密集型产业，以及钢铁、化工等资本密集型产业向外转出；20 世纪 80 年代主要是高新技术产业，以及汽车、家电等产业向外转出，等等。由此可以看出，区域产业结构的阶段性使产业转移也具有阶段性，它是一个随着区域经济的发展而不断变化的动态过程。

3. 产业转移具有阶梯性

相关研究指出，产业转移往往是从经济发达地区转移到欠发达地区，与之相伴随的是资本、技术、劳动力等生产要素的流动。因此被转移的生产要素往往是在发达地区已经发展到一定水平，随着其赖以生存条件的变化，不得不转移到其他地区去进行生产。由于地区间经济发展水平的不平衡，导致经济的发展出现了梯度差，从而导致产业由发达地区既可以向次发达地区转移，也可以向发展中地区转移。

4. 产业转移与产业结构变化的方向具有同一性

伴随着地区产业结构的不断复杂化，产业转移逐渐从以资源、劳动力密集型产业发生转移为主转向以资本、技术密集型产业发生转移为主，产业转移的形式也逐步从点状的企业形式转变为面状的开发区形式。

5. 产业转移具有双向性

产业转移中资源、资本、技术、劳动力等生产要素既可以由发达地区转向次发达地区，也可由次发达地区转向发达地区，是一种典型的生产要素的双向流动过程。

（四）产业转移的分类

目前对产业转移类型的划分标准不同，学者们从各自学科的研究视角出发，划分出不同的产业转移类型，主要观点有如下几种（见表 2－1）：

1. 根据转移主体的性质、转移内在机理的差别，产业转移划分为市场扩展型与成本节约型

市场扩展型产业转移是指产业在原区域仍然属于成长型产业，主要出于占领外部市场、扩大产业规模的动机而主动进行的空间移动；成本节约型产业转移是指区域内的产业主要由于外部竞争和内部调整压力围绕成本

节约目的而进行的战略性迁移。一般认为，成本节约型产业转移是区域间产业竞争优势消长转换而导致的产业区位重新选择的结果，是产业生命周期过程在空间上的表现形式，即产业演变的空间形态。

2. 按照转出地与承接地之间发展水平的差异，产业转移分为水平转移和垂直转移

水平转移主要发生在同质型、发达地区之间，目的是减少分散，获得规模经济效益。垂直转移是指异质区域间按互补性分工原则，将区域内丧失比较优势的产业迁往具有比较优势的区域，按照空间流动方向的差异，又可分为顺梯度产业转移与逆梯度产业转移，前者是由高梯度区域向低梯度区域的产业转移，后者是由低梯度区域向高梯度区域的产业转移，逆梯度产业转移由于存在产业技术级差，难以形成高梯度区域的主导产业。

3. 按照涉及地域范围不同，产业转移分为国际产业转移、区际产业转移和城乡产业转移

国际产业转移是指产业由某些国家或地区转移到另一些国家或地区，是一种产业在空间上移动的现象。区际产业转移是指在一个国家内某些产业由一个地区转移到另一个地区，它完全发生在一国之内，没有突破国界线的地域限制。城乡产业转移是指某些产业由城市中心区向周围农村地区转移，它通常发生在一个地域范围内，是伴随着城市郊区化而产生的。

4. 按照投资性质不同，产业转移分为存量转移和增量转移

存量转移是指把现有的机构搬迁至一个新地区；增量转移是通过新建与并购等途径，将投资建设的重点转移到新的地区。

5. 按照转移的程度，从一个产业的产业链角度分为局部转移和整体转移

局部转移是指一个产业的部分产业链从一个区域转移到另一个区域，是企业内贸易和产业内贸易迅速发展的根本原因。整体转移是指一个产业的全部产业链从一个区域转移到另一个区域，主要是由于生产成本、市场和结构调整等原因，某一产业在原有地区已失去生存空间，或从提高竞争优势出发，某些产业更适应于其他区域的发展和扩张。随着社会分工和经济全球化的发展，产业整体转移也越来越多。

6. 按照产业转移的出发点，产业转移分为要素导向型转移、市场导向型转移和战略导向型转移

要素导向型产业转移是根据要素禀赋原则，以寻求廉价的生产要素、降低成本为目的而进行的产业转移，进一步分为自然资源导向型和劳动力

导向型两种类型。市场导向型产业转移是指企业为了克服某些地区市场准入壁垒，扩大产品在市场上的销售规模而将某些环节转移到目标市场，就地进行加工组装，就地销售。战略导向型产业转移是指企业以提高市场竞争力为目标，着眼于全球范围或全国范围资源的优化配置对产业进行合理布局，是一种综合性的战略布局，既包括要素导向型和市场导向型的产业转移，也可能出于企业本身价值链的战略性调整。

表 2－1　　　　　　　　　　产业转移的分类

分类标准	类别	内容
转移主体的性质、转移内在机理的差别	市场扩展型产业转移	占领外部市场、扩大产业规模
	成本节约型产业转移	区域间产业竞争优势消长转换而导致的产业区位重新选择
转移的客体差异	劳动密集型产业转移	指以劳动力为主要劳动要素的农业、林业及纺织、服装、玩具、皮革、家具等制造业
	资源密集型（原料指向型）产业转移	生产过程中需要消耗大量原材料及燃料，其布局要求以接近原材料（或燃料）产地的工业部门为主
	资本密集型（资金密集型）产业转移	以冶金、石油业、机械制造业等重工业部门为主，需要较多资本投入，一般拥有大量的资金
	技术密集型（知识密集型）产业转移	以复杂先进而又尖端的科学技术为主要劳动要素的高科技生产部门和服务部门，一般拥有少量的资金和少量的人员
涉及的地域范围不同	城乡产业转移	在一个地域范围内，伴随着城市郊区化，某些产业由城市中心区向周围农村地区转移
	区域产业转移	指在一个国家内某些产业由一个地区转移到另一个地区
	国际产业转移	产业由某些国家或地区转移到另一些国家或地区，是一种产业在空间上突破国界线地域限制的移动现象
承接地与转出地之间的发展水平差异	水平产业转移（产业非梯度转移）	同质型区域间，产业组织和生产要素的迁移，以减少分散，获得规模经济效益，通常发生在经济发展水平差距不大或相当的国家或地区间
	垂直产业转移（产业梯度转移）	异质型区域间，按互补性分工原则，将区域内丧失比较优势的产业迁往具有比较优势的区域，通常发生在经济发展水平差距大的国家或地区之间

分类标准	类别	内容
转移部门差异	农业产业转移	逐步从高经济梯度地区向低经济梯度地区转移
	工业（制造业）产业转移	当前产业转移的主要内容，发达国家或地区把各种不具比较优势的工业产业向欠发达国家或地区转移，如制衣业
	服务业产业转移	发达国家或地区把各种低附加值、劳动力成本高的服务产业向欠发达地区转移，如转移到印度等地的电信客户服务
转移程度	局部产业转移	一个产业的部分产业链从一个区域转移到另一个区域
	整体产业转移	一个产业的全部产业链从一个区域转移到另一个区域
转移出发点	要素导向型产业转移	寻求廉价的生产要素、降低成本为目的
	市场导向型产业转移	克服某些地区市场准入壁垒，扩大产品在市场上的销售规模
	战略导向型产业转移	综合性的战略布局
投资性质	存量转移	把现有的机构搬迁至一个新地区
	增量转移	通过新建与并购等途径，将投资建设的重点转移到新的地区
产业转移结果	相对产业转移	转出地、转出地产业规模同时同向变化，但变动幅度不同，导致地区间相对产业规模变化
	绝对产业转移	转出地绝对产业规模减小，承接地绝对产业规模增加

三 产业承接的内在机理概述

（一）产业承接的定义

所谓产业承接，指产业从某一个国家或区域转出，由另一个国家或区域主动或被动接纳所转入的产业，是和产业转移前后相继发生的一种重要经济现象。在进行产业承接过程中，要特别注意两个梯度：一是地区经济发展水平梯度；二是产业梯度，因为有一些比较成熟的产业由于其所需生产要素比较特殊，往往会位于欠发达地区。因此在进行产业承接时，应根据当地的实际情况，积极主动地承接一些对口性强又比较成熟的产业，不应该只看该产业是否位于发达地区。也可以这样说，不管是发达区域之间、欠发达区域间，还是发达与欠发达区域之间，均可发生产业承接的地域选择问题。产业承接的发生往往取决于承接地的各种比较优势和发达地区的相关经济战略。低层次阶段的产业承接主要取决于承接地丰富的自然资源和大量廉价的劳动力，高层次阶段的产业承接主要取决于承接地资本投入所形成的创造性比较优势。

（二）地区承接产业转移的动因

1. 吸引大量的直接投资

在现实经济发展中，各国家或地区一直将引进外资作为本地区经济发展的重要战略规划。由于从发达地区转出的产业往往已发展得相当成熟，因此，对于承接产业转移的区域来说有以下几点好处：一是可以带来大量的直接投资；二是可以引进先进的技术；三是带来成熟的管理理念；四是承接地面临的各种风险相对较小。

2. 促使本地区的产业结构升级

产业从高梯度地区转移到低梯度地区，会给低梯度地区带来技术溢出效应，会促使低梯度地区的产业结构升级并提升本地区的产业层次。对于从零开始的产业承接，可以使欠发达地区很快赶上发达地区的技术水平并能紧跟技术发展的时代步伐，也可以缩小与发达地区之间的差距。

3. 促进经济发展和解决就业

产业承接后会给承接地带多方面的需求，会在无形中促进当地经济的发展，增强当地的经济活力，扩大当地的劳动就业。究其原因，主要是承接产业后，由于要新建厂房、招募大批员工、发生各种生产经营支出等，不仅带来了大量的工作机遇，还可以促进该产业关联产业的发展，从而促进该地区经济的发展。

4. 活跃本地的经济

欠发达地区往往会存在各种各样的经营缺陷，如生产效率低下、管理水平较低、生产经营意识淡薄等，这些都会导致欠发达地区无法形成自己的比较优势。而转入的企业往往恰恰相反，它除了能克服这些转入地的经营缺陷外，还能促进转入地的经济繁荣和提高该地的文化生活水平，最终增强当地企业的竞争力。

（三）地区产业承接能力分析

产业转移承接能力是指一个国家或地区在接受产业转移时所具有的诸如吸引产业、接纳产业、发展产业等各种各样的能力。它是一个国家和地区在承接转移产业时所表现出来的区位比较优势与竞争优势的集中体现。承接产业转移的地区应具备以下四个方面的能力：产业吸引能力、产业发展能力、产业支撑能力和产业接纳能力。

1. 产业吸引能力

产业吸引能力是指在产业发生转移时，一个国家或地区所具备的吸引该产业的能力，主要包括政府的相关优惠政策、产业集聚状况、生产要素的优势、生产发展的潜力等。产业转出地在选择产业承接地时，往往会评价各个承接地的市场潜力、基础设施、原料资源、劳动力成本、产业集聚、政府的政策支持力度等因素的综合状况。如果综合评价状况不佳，就不会发生相关产业的转入，也就是说拟转入地不具备产业吸引力或者没有充分挖掘吸引力。因此产业吸引力往往是产业承接地的一个重要建设项目和宣传重点。当然最重要的吸引力应该是市场潜力吸引力、产业集聚吸引力和优惠政策吸引力等。

2. 产业支撑能力

所谓产业支撑能力，是指一个国家或地区承接产业转移所具有的产业承载能力和支持能力的总括，诸如自然资源、基础设施、技术、环境等方面的产业承接能力。一个国家或地区如果没有较强的产业承载力，就不能保证转入企业得到较好的发展，同样也不能保证此机遇能促进本地区经济的发展。不同的产业对支撑力度的要求也不相同，如钢铁企业需要发达的铁路运输能力的支撑，高科技企业需要科研机构和科技人员的支撑等。因此在进行该能力的建设时，应根据本地区的特点进行有针对性的、有重点的建设，面面俱到的建设是不可能实现的。

3. 产业发展能力

产业发展能力是指一个国家或地区使转入的产业在长期发展中，所表现出来的规模不断扩张、优势地位不断提高、产业结构不断优化的能力，主要包括技术创新能力、产业发展能力、产业扩散能力等。产业发展能力是产业转移能力构建的核心内容，如果该能力不足，产业又要重新选择承接地，就会产生较大的成本和经济损失。同样，如果转入的产业没有扩张、壮大的机会，就不能推进当地产业结构的优化升级，承接产业转移也就失去了现实意义。一个国家或地区在进行该能力的建设时，应大力培育和提升产业发展能力。

4. 产业接纳能力

产业接纳能力是指一个国家或地区已具备的能够顺利接纳转入产业的能力，它是使转入的产业得以生存并为今后发展奠定一定基础的能力。该能力的大小主要取决于承接载体和承接基地的建设状况。产业接纳能力大小是地区承接产业转移的核心内容。较强的产业接纳能力是转入产业进一步发展的客观条件和前提。一个国家或地区若该能力较强,就能顺利承接转入产业并能保证转入产业正常发展,也能保证转入产业与当地产业相互融通、共同发展。

在产业发展到一定阶段后,这四个方面的能力都从不同的角度对产业转移起渐进作用,只有某一国家或地区的产业吸引能力足够,产业支撑力也足够,转入的产业才能融入该地区有的经济发展中;也只有具有一定产业发展能力的产业才可能实现可持续发展,最终实现产业结构优化升级与调整。

(四) 产业承接能力的影响因素分析

从上面对产业承接能力的有关分析可以看出,地区产业承接能力的影响因素主要包括:

1. 成本因素

在选择产业承接地时,成本的高低是评价产业承接地能力的一个主要方面。在发达地区,由于工资、土地、房屋、自然资源和原材料等生产要素价格的持续上涨,给产业主体企业的相关生产带来了非常大的压力,同时这些要素价格的上涨也是导致产业转移的主要原因,当然交通便利也对成本因素的作用起一定的抵消作用。为了使成本降低,转出产业在选择转入地时,往往会考虑产业集群规模因素的影响,因为这样做不仅可以从供应商那里获得低价格的原材料,而且能更好地获得所需的有关人才和完善的配套设施,从而易于形成自己的品牌和竞争力,最终使自己的产品以较低成本快速地融入市场。例如劳动密集型产业在选择产业转入地时,应重点考虑那些劳动力丰富、经济相对欠发达的地区,技术密集型产业应考虑人才比较集中、有较低的保留成本的地区,资源依赖性较强的产业应考虑资源地的远近、运输成本的高低和经济成本等。由于市场竞争的日益激烈,发达地区往往营销成本较高,而欠发达地区由于市场活跃程度不够,其在营销方面的投入产出利差比较大。

2. 市场因素

由于市场竞争的激烈、产品需求的饱和、利润率的降低等因素的限制,迫使发达地区向欠发达地区进行产业转移,原因是欠发达地区的需求需要提高档次、市场竞争力小、利润率较高等。产业转移至转入区域,就会离目标市场更近，易于进行营销活动，易于了解市场和进行新产品的开发。因此产业转移能促进转入区域相关产业的发展和当地经济的繁荣，使当地经济的发展进入一个良性循环。此外，产业发生转入时需要考虑的另一个重要因素是现存的市场规模和潜在的市场规模。涉及具体行业转移时还应具体问题具体分析，例如服装行业的转移应考虑当地居民的收入水平、消费结构、人口构成等，化妆行业的转移则应更多地关注收入水平、年龄结构、性别比例等。

3. 基础设施

由于现代企业的原材料和消费市场与生产企业往往有一定的距离，因此就有各种财产物资的输入输出、各种信息的交流、日常水电的使用问题等相对应的基础设施。这些基础设施的不断完善是企业进行日常活动必不可少的基础，也是产业转移时必须考虑且不容忽视的一个非常重要的方面。

4. 技术水平

开发技术和应用技术的能力叫技术水平，往往和一个地区的科研教育、工人的技术水平、研发支出等都有直接的关系。一个企业是否拥有数量足够、技术比较熟练的人力资本是企业竞争成败的关键。如果工人的技术水平不高，即使其他要素的优势相当突出，也不能保证转入企业的生产经营活动正常进行，而且一个地区文化教育水平的高低同当地产业的发展有相互促进的关系。在评价产业承接地的能力时，应考虑到不同产业对科技和员工技能的依赖和要求不相同，因此相同变量在不同产业的评价中其权重也应不同。例如纺织行业对技术工人的技术水平要求比较高，所以地区工人的技术水平和职业技术学校数量的多少是必须考虑的关键因素之一；软件开发行业应以研发费用投入的多少、高校数量的多少、研究所数量的多少作为主要的考察因素。

5. 产业集聚

产业集聚是建设产业承接能力时应重点关注的要素之一。因为在国际化不断发展的过程中，规模生产是企业节约成本的一种比较重要的方式，这种规模化生产主要就是指产业集聚或者产业集群。产业集聚可以用来解决企业之间相互配套、相互协调等问题，在评价时不仅需要评价转出产业的生存和发展能力，还应考虑产业承接区域相关产业的生存和发展能力。如纺织行业一直没有大规模地转入中西部地区，其中一个主要原因就是在西部没有形成产业的集聚效应。因此，产业集聚应作为一个非常重要而且具有一定复杂程度的因素来考察和评价。

6. 资源因素

资源要素内容涵盖了自然资源和人力资源，常见的自然资源如矿产资源、水资源等。不同的产业对资源的依赖程度不同。例如，冶炼业应转入矿产资源比较丰富的区域，因为这样能够节约大量的采购成本；劳动密集型产业应转入劳动力比较充裕的地区；相反，对资源依赖程度不高或通过交通运输可以以较低运输成本获取资源的产业，就不需对资源因素考虑过多。

7. 投资环境因素

投资环境因素主要是指政府的服务水平和政策支持力度这两个因素。政府在产业转移中主要有两个作用：一是维护市场秩序；二是社会公共物品的提供者。这二者关系到整个市场运行的效果和效率。较好的政府服务能保证转入地市场的正常运行，为转入产业提供一个稳定的市场环境；一定的优惠政策和政策支持有利于转入产业的长期发展。所以，经济落后地区更应该注重政府服务水平的提高，为转入企业提供一个更加舒适的投资环境，从而发挥转入产业的引致效应，促进当地经济的发展。

第二节 有关产业对接的理论依据

一 区域分工与合作理论

区域间的分工与合作是产业对接的基础。区域分工与合作理论主张根据各区域间经济发展的差异，实现区域性分工与合作。部分研究认为，当生产力发展到一定阶段，人类经济活动按区域空间的不同进行合作与分工时，劳动地域分工就自然产生。

分工与合作相互依存、相互促进、相互保障，共同促进经济的发展，提高经济效益。劳动地域分工与合作理论的主要原理是"比较优势理论"，其主旨是生产要素禀赋在各个地域间存在差异，即经济发展条件和发展水平在不同地域间是不同的，不同地域可以发挥各自的经济优势，从而促进本地经济长效快速发展。

1. 国外区域分工合作理论

地域分工是地域经济合作的前提，地域分工又必然导致不同地域间建立经济合作关系。在古典经济学时代，就可以找到有关区域分工合作的理论，其中最主要的是亚当·斯密（Adam Smith）提出的国际地域分工和外贸自由理论。在此理论中，他认为一个国家或地区只有通过充分的自由贸易，使有用的生产要素能够充分流动到需要的地方，才能保证该地区的生产要素得到充分利用，使该地区的产出与其他地区相比，该地区的成本最低、生产效率最高。上述理论说明了地域经济发展的基本原则之一是发挥地域内的比较优势资源，同时，由技术差异引起的生产成本和劳动生产率上的绝对差异，是产业分工的主要原因，也是各国或地区选择低成本产业生产、放弃高成本产业生产的重要依据。另一位杰出的古典经济学代表大卫·李嘉图（David Ricardo），在亚当·斯密的理论基础之上提出了另一个重要的理论，即比较成本理论。大卫·李嘉图的比较成本理论主要揭示了不同国家或地区都会充分发掘本国或本地区的优势资源，用来生产相对于别国或地区生产成本低且效率高的产品，用这些产品同别国或地区进行交换，以得到自己需要的产品，在此过程中不同国家或地区都会从中获益。

此外，穆勒又在李嘉图理论的基础上，将比较优势理论进一步深化。20世纪40年代，受凯恩斯主义理论的影响，国家宏观调控思想在区域分工与合作理论中有了应用。20世纪70年代以后，随着西方经济自由主义的不断兴起，出现了许多以经济自由主义理念为基础，并带有政府干预思想的区域经济合作理论。

这些理论的诞生，说明区域经济合作理论的有关研究进入了一个崭新的历史阶段。从他们的研究成果可以看出，区域分工的基础是要素禀赋和比较优势理论，同时各区域的产业选择原则也是比较优势理论。但由于"比较优势陷阱"的存在，相对落后的地区在获取分工利益的同时也会带来分工条件的渐渐恶化。因此相对落后的地区在产业对接的过程中应特别注意对接策略、对接方式的选择。

2. 国内区域分工合作理论

国内对于区域分工与合作理论的研究比较晚，从改革开放以后才算真正开始。近年来许多学者对东西部分工与合作进行了充分论证。汪宇明（2000）的研究表明，三次产业结构转型程度的高低与经济发展水平的高低具有极强的关联性，发展水平较低地区的产业结构的转型明显滞后于发展水平较高的地区，从而呈现出一定程度的惰性，所以各区域间有必要开展经济合作。孟庆红（2003）指出，我国东部和西部地区之间的经济合作实质上是地域优势资源互补的变现，区际经济合作方式的选择在利益目标的导向下表现出多样化。钟昌标（2003）认为，由于生产要素在各区域间的流动不充分，导致产品市场的扩大受阻，所以只要完善经济环境、使生产要素充分流动、加强区域经济合作，就会对产品市场的扩大有推动作用。孟祥林等（2002）通过研究我国现阶段东部和西部地区的经济差异，认为中部和西部地区收入水平将不断提高，东西部地区之间的经济合作要经历一个内外相互转化的过程，因此区域间经济合作能达到的效果是单要素作用下所不能实现的。同时，区域经济合作是改善经济发展状况、提高产业竞争力的有效手段。杨亚琴（2003）认为，受中国加入 WTO 的影响，政府对于市场的监管发生了一定的变化，这些都将对区域经济合作起到促进作用，为区域内经济的发展提供支持。刘汉蓉（2004）认为，借助于经济合作，不仅可以实现我国东部和西部地区优势资源的充分利用，还能实现生产要素在不同区域间的转移，从而有利于调整优化产业结构，实现资源的更合理配置。杨敏（2005）通过比较分析我国东部、中部和西部地区在生态环境和可持续发展能力、经济发展水平和适应能力、城市现代化水平、人力和智力资源，以及社会财富和社会资源拥有等方面的差异，认为我国现阶段中部、西部的经济发展水平存在显著落差并呈现不断加大的趋势。

　　从理论上讲，区域经济分工与合作的意义在于最大限度地提高资源的利用效率。如要达到上述目的，要做到两点：第一，保证商品贸易与生产要素的充分流动不受到阻碍；第二，充分使用各种市场信息，充分利用资源配置中起基础性作用的价格机制。区域经济合作与分工实际上就是区域间成立共同产品市场和生产要素市场，让市场机制在区域资源配置中充分发挥作用，促使产业在区域间的分工与协作，从而实现经济快速发展。

　　二　产业分工与合作理论

　　随着区域经济一体化的高度发展，各个国家和各个地区之间的经济联系日益增强。在经济利益的驱动下，他们为了实现自己的利益，往往会降低本国或本地区投资的标准以及贸易门槛，从而确保资源、资本和科学技术在区域间的充分自由流动。在上述经济环境下，产业分工与合作逐渐成为区域间实现经济合作的重要方式。比较成本理论与生产要素禀赋理论的综合是当前研究产业分工与合作的基础。各国和各地区因为要素禀赋不同而产生比较优势，最终形成产业分工。由于自然资源、科技、资本、劳动力等生产要素的数量和质量不同，各国或地区必须在产业分工中作出最有利于自己的选择。各国或地区之间由于技术水平差异（也就是技术梯度）而产生了产业分工上的梯度，也就是产业梯度。产业分工与专业化生产带来的后果有两个：一是带来了生产上的专业化与生产的高效率；二是加速了规模经济与集聚经济的形成。因而，进一步催生了各国或各地区间的产业梯度。

目前有诸多学者对我国东西部地区之间的产业分工与合作进行了研究。

在产业分工方面，闫志英（2004）认为，梯度推移理论是推动我国东西部经济发展的重要力量，在西部地区的经济发展中，要结合西部自身的条件，引进东部的比较优势产业，调整产业结构，合理分工，统筹规划，优势互补，发挥中西部产业梯度的作用，实现中西部经济的共同发展，从而促进我国经济的整体发展。陈建军（2002）从对外投资角度分析了目前我国东部沿海经济发达地区产业转移的有关情况。伍贤旭（2004）从地域空间的相互作用出发，研究了产业结构的变迁，认为不同区域的产业结构会对经济空间结构有一定的影响，同时二者之间存在一定程度的对应关系，且这种对应关系呈现阶段性。

在产业合作方面，陈栋生（2008）认为，东西部的经济发展水平不同，所处的产业梯度不一样，处于高梯度的东部发达地区通过其生产要素特别是资金、技术、品牌、经营管理等方面的优势，与处于低梯度的西部不发达地区的生产要素特别是自然资源、相对廉价的劳动力市场以及大量闲置的存量资产等相结合，促进经济的共同发展。孟昌（2000）认为，随着中国经济的高速发展，东部地区的经济已经处于相当高的水平；然而从目前的情况来看，东部发达地区技术层次较低的加工类工业企业依旧占据一定的比例，根据工业化国家的发展经验和我国经济发展的战略要求，今后东部地区的产业结构要进行调整，把高科技、新型技术及节约资源型的产业留在东部，而把技术水平低、产业链条短、高耗能耗料及劳动密集型产业放在西部，这就是东部发达地区与中西部不发达地区要进行产业结构调整的内在要求。为实现这一调整，东部经济发达地区将技术层次低的产业转移到中西部经济不发达的地区，中西部地区在接纳这些转移产业的同时，还可以与东部地区进行其他各种形式的经济合作，从而促进产业链条的延伸，提高各种产品的附加值，共同发展经济，形成一种和谐共处的局面。

三 协议分工理论

协议分工是当前区域经济一体化背景下的一项重要措施。目前，对协议分工理论的相关研究还处于基础阶段，没有形成统一、确定的理论。国内当前在协议分工方面的研究主要还是沿袭国际上有关的理论框架，缺少有关区域间协议分工理论的研究。另外，当前的研究仅仅是一些理论阐释，没有具体运用到实践中。此外，当前的研究大多集中在东西部地区，这样导致的结果是区域跨度大，不够细致，不能体现国内重点经济区域之间的协议分工状况。鉴于目前对协议分工理论的研究现状，以及目前区域经济发展对协议分工的需求，基于协议性分工理论的产业对接的研究就变得十分重要。

日本学者小岛清（Kojima）提出协议性分工理论，他认为，经济一体化集团单纯凭借传统的国际分工理论不能实现规模报酬效应和经济扩张的目的。如果不同国家或地区之间通过适当的协议，提供最有利的经济效益，就会使各国家或区域间达到规模报酬递增的趋势。该理论提出政府在协议分工中的作用，主张通过政府进行协议分工来替代市场发挥作用，可以在具有大致相同生产要素和经济水平的国家之间实现国际分工的目的。这正是产业对接的理论基础，但小岛清并没有指出协议性分工实施的具体场合和具体条件。

所谓协议性国际分工，是指一个国家生产对自己最有利的产品而把自己不擅长的产品的生产提供给擅长生产的另外一个国家，即两国通过协议达成共识，实行协议性国际分工。不能单纯依靠价格机制自动实现协议分工，必须通过当事国的某种协议来实现。

综合上述研究可知，协议性分工有助于实现规模经济，而规模经济对于当事国而言都会获益。协议性分工的实现条件包括：

1. 多个国家或地区的产品生产要素和经济发展程度大体相同，作为协议分工对象的产品在每一个协议国或协议区都能进行生产。在竞争机制的作用下，各国将扩大分工和贸易，而且能产生关税同盟的贸易效应，除此之外，还容易达到协议的效果。但是，如果经济水平差别过大或生产水平过低，如果某一协议国能够进行专业化的流水线生产，那么其必将占据主导地位，就没必要再进行所谓的国际化分工。

2. 某一项产品要成为协议性分工的对象，则这种产品必须能取得规模效应。比如重工业品、化学工业品等。

3. 产生合作的国家之间实行专业化的产业和转让给对方的产业没有优劣之分，这些产业的区别取决于能否降低成本、扩大社会需求、提高经济增长率。

以上条件表明，一方面，经济一体化建立的前提是不同国家的经济发展水平相类似，如果不同国家的经济发展水平差异较大，则经济一体化很难实施；另一方面，经济发达的工业国之间进行协议性分工合作的范围较广，且合作范围越广，各国获得的利益也会越大。值得注意的是，生活水平、文化教育水平相类似的地区，更容易达成协议分工和合作，也容易保证需求的满足和经济的增长。

四　产品生命周期理论

美国经济学家雷蒙德·弗农（Vernon）是产品生命周期理论的创始人，他在著作《产品周期中的国际投资与国际贸易》中首次对区域或国家之间产品与产业的周期性发展及其影响进行了描述和总结。该理论的核心是根据产品的生命周期选择产品生产的时机和地点。

弗农将国际产品的生命周期分为三个阶段：（1）新产品引入阶段。新产品创新国家在满足本国需求基础上，将产品出口到其他国。（2）成长和成熟阶段。其他国家逐渐掌握生产技术，制造略有差别的产品，产品创新国逐渐丧失竞争优势，出口下降。（3）标准化阶段。随着技术发展和成熟，产品实现标准化，发展中国家以成本优势制造类似产品返销到产品创新国和其他市场。

弗农认为比较优势伴随产品生命周期的演进而呈现动态转移过程，在这一过程中的各阶段，贸易格局和产品流向发生颠覆性的变化。对外直接投资就是伴随产品生命周期运动而进行的。企业可以根据自己的资源条件生产某一生命周期内的、具有比较优势的产品，只要在东道国投资拥有比较优势，并获取比较利益，对外直接投资就会发生，常常替代出口贸易而成为国际化经营的主要方式。产品生命周期理论形象地描述了产品在市场上成长、成熟直至衰退的过程。在国际市场中，国际产品生命周期理论主要描述一种新产品在异国出现后如何向其他国家（地区）转移的过程。他还指出，产品特性在不同时期有很大的差异，随着产品的发展，产业对要素的需求会逐渐转变为对资本或劳动密集型要素的需求。例如，在产品的成熟阶段，国家可以视本国情况向国外输出本国的资本或技术；在产品的标准化阶段，国家可以将该产业以直接投资的形式转移到有优势的其他国家。

下面阐述产品生命周期理论在第一次国际产业转移（20 世纪 50 至 70 年代，美国之于欧日、发达国家之于新兴工业化国家和地区之间的产业转移，产业转移波及范围较小，实际上仅是产业区域化，简称产业区域化）和第二次国际产业转移（20 世纪 80 年代开始的大规模产业转移，主要是发达国家将劳动密集型、资源密集型产业和产品的生产转移到发展中国家，它是"产业结构在全球范围内的演变和升级"，是名副其实的产业全球化，简称产业全球化）中的应用。

1. 产业区域化处于国际产业转移生命周期的成熟阶段

产业区域化时期，相对于现在而言，科学技术进展比较缓慢尤其信息技术落后，导致绝大多数产品在产业区域化时期都处于从创新到成熟再到标准化的演进过程中，例如空调、冰箱、电视、洗衣机等家用电器发明于 19 世纪末 20 世纪初，但是直到 20 世纪 80 年代才进入标准化阶段；再如通信技术，早在 1947 年，美国贝尔实验室便设计了蜂窝移动通信系统，但是直到 1982 年，欧洲 ETSI 才建立 GSM 标准，1992 年诺基亚才建立第一个 GSM 网和生产第一批终端手机。这就需要研发、设计、生产、营销、售后服务所有环节，在时间和空间上的紧密联系，密切合作，很难进行产品生产链的时空分割。正因为如此，一国只有具备先进的科学技术水平、高技术素质劳动力以及雄厚的资本才能承接整个生产链的产业转移。而当时全球是一个比较典型的二元资本、技术与经济环境：西欧、日本及新兴工业化国家和地区，经济与科学技术比较发达，而除此以外的广大发展中国家，经济与科学技术比较落后，如 1977 年，法国每百万人口中的科学家、工程师为 1281 人，技术人员为 2904 人，而印度分别为 46 人和 42 人。这种二元环境导致处于成熟阶段的产业区基本上局限于少数比较发达的资本主义国家，而无法大规模向广大发展中国家扩展，符合产品生命周期成熟阶段"转移至一般发达国家生产和销售"的特点。由此可见，产业区域化处于国际产业转移生命周期的成熟阶段。

2. 产业全球化处于国际产业转移生命周期的标准化阶段

产业全球化时期，科学技术的飞速发展尤其是信息技术的突飞猛进，通过集成电路模块化技术和软件程序，革命性地简化了绝大多数产品的生产工艺、管理程序和工作方法，导致这些产品即高科技产品手机、电脑由创新到标准化的过程不断压缩，在很短的时间里变为标准化产品。以DVD标准为例，1997年初商用产品才进入市场，而到2002年，它已基本普及，再如GSM技术，自1992年商用以来，至2004年年底，GSM用户总数已经超过了12.75亿人，同时，最新的3.5G标准即将推出。产品技术的标准化，再加上现代交通通信技术的革命性的发展，导致研发、设计、生产、营销到售后服务的生产链各个环节实现了时间、空间分离，此时产品生存的关键在于成本和价格，而在全球绝大部分生产要素自由流通导致价格趋于一致的情况下，相对固定不动的工人，其工资无疑是降低成本、降低价格最重要的途径之一，而广大发展中国家经营成本尤其劳动力价格远低于发达国家。所以，此阶段标准化的产品大规模的转移至发展中国家，如2005年，发展中国家吸收的外商直接投资占总投资的57.68%，而且它主要以工业投资为主，明显区别于发达国家之间的服务业投资。再如2002年，发展中国家产量居前的10国，其家用冰箱产量便占世界的47.08%。前6国电视机产量占65.83%；又如中国，其2006年占世界钢材产量的39.1%，水泥产量的66.8%，发电量的17.2%，手机的70%左右，符合"标准化产品在发展中国家生产销售"的标准。由此可见，产业全球化处于国际产业转移生命周期的标准化阶段。

五　产业梯度转移理论

以弗农的产品生命周期理论和汤普森的区域生命周期理论为基础，诞生了产业梯度转移理论。该理论认为：无论在世界还是一国范围内，经济技术的发展都是不平衡的，客观上已形成一种经济技术梯度；只要地区技术经济势差，就存在技术经济推移的动力，就会形成生产力的空间推移。利用生产力的高梯度转移规律，要从梯度的实际情况出发，首先让有条件的高梯度地区引进和掌握先进技术，然后逐步依次向二级梯度、三级梯度地区推移；随着经济的发展，推移的速度加快，可以逐步缩小地区间的差距，实现经济分布的相对均衡，进而实现国民经济的平衡发展。

梯度转移理论的主要观点总结为以下几点：

1. 客观上存在经济发展的区域梯度差异

无论是哪个国家，即使是区域发展相对均衡的发达国家，其区域间的经济发展或技术梯度的差异总是存在着，所不同的只是梯度的差异程度而已。一般来说，发展中国家或地区内的区域梯度陡峭，而发达国家内的区域梯度相对缓和。

2. 客观上存在产业从高梯度地区向低梯度地区扩散与转移的趋势

由于产品的生命周期循环的变化，产业按顺序逐步由高梯度地区向低梯度地区转移。这种梯度转移是通过多层次城市系统扩展开来，主要有邻近扩散和等级扩散两种形式。邻近扩散指的是产业由大城市大致按距离远近向经济联系比较密切的临近城市转移。可能在开始阶段，邻近城市本身的条件并不十分具备，比如说技术力量不足，相关支持产业发展不充分等，但是邻近的城市可以依靠于大城市之间业已建立起来的密切关系，通过协作逐渐地把这种产品的生产接过来。等级扩展是指产业由大城市按全国和区域城市系统的等级顺序，跳跃式地向广大地区扩展。这时决定转移去向的就不是距离远近，而是城市所处的产业梯度水平。

3. 这种转移是必要和有序的

处在发展阶段的产品市场迅速扩张，同种工厂增多，竞争也将加剧。这时，垄断利润下降，产品的生产成本开始受到重视。因此在需要对新工厂布局做出决策时，就不仅要考虑到当地的产业水平，还要考虑劳动力、各种原料、燃料、地租等生产成本。另一方面，处在第二梯度上的城市，拥有较强的科技队伍、比较优越的信息、交通、金融与外部协作条件，完全可以把处在发展阶段的产品生产从创新发源地接受过来。相反，尽管第三、第四梯度地区拥有更低的劳动力成本和原料成本，但是尚不具有生产所需要的技术和协作条件。这样处在创新后期和成熟期的产品的生产只能从第一梯度地区转移到第二梯度某些具备条件的地区。而当产品进入到成熟阶段与衰退阶段时，生产已经完全标准化，生产由技术密集型逐步转变成了简单劳动密集型，市场竞争异常激烈。这时，落后地区完全可以凭借投入要素成本低的优势，在产品生产上获得比较优势。所以，处在成熟阶段及衰退阶段的工业部门又开始向处在经济发展最低梯度的地区转移。

产业梯度转移理论把经济效率放在区域发展和生产力布局的首位，强调效率优先，兼顾公平。该理论在制定地区发展战略时具有重要意义，应用范围较广。第一，梯度转移理论符合经济发展的一般规律，有利于提高经济发展效率。梯度转移理论从客观实际出发，以不平衡发展规律为基础，承认区域间不平衡的现实，认为条件好的地方应较快地发展起来，并通过产业和要素从高梯度到低梯度的转移，带动条件差的地方发展。第二，梯度转移理论有较强的适应性。无论发达地区还是不发达地区，经济发展条件和经济发展水平都具有一定的差异性，特别是不发达地区，经济发展水平和条件往往呈现出梯度性，按梯度推进依次发展能取得较好效果。第三，在实践中梯度转移理论取得了较好的效果。在该理论的指导下，我国制订了"七五"、"八五"计划，实行沿海地区率先开放战略，鼓励部分地区率先富起来，并通过先富带后富，最后达到共同富裕。由于该战略成功实施，我国经济保持了20多年连续高速增长，被认为是世界经济发展史上的奇迹。"九五"后期，特别是"十五"期间，国家重视中西部地区发展，实施西部大开发战略。这实际上也是梯度转移理论的延伸应用。

六　雁行发展理论

雁行发展理论起源于20世纪30年代日本经济学家赤松要（Akamatsu）的"雁行产业发展形态论"。在这一理论模式中，赤松要研究了明治维新以来日本产业结构发展的过程，用雁行模式来解释日本产业发展的四个阶段，即首先，进口商品在国内市场形成；其次，引进技术进口替代产业；再次，国内市场转向国际市场，主要向后进国出口；最后，向发达国出口增加，协调国际分工。因为这四个阶段呈倒"V"形，在图表上像依次展飞的大雁而得此名。赤松要将雁行形态分为原形和两个引申形。如图2-1所示，（1）原形表现的是：在后进国工业发展的过程中，工业品呈现出进口→国内生产（进口替代）→出口三个环节的继起的图形。（2）引申形态A表现的是：国内消费品进口、生产和出口→资本品进口、生产和出口，或从低附加价值制品进口、生产和出口到高附加价值制品进口、生产和出口依次继起的图形。（3）引申形态B表现的是：某一种产品的进口→生产→出口的这组动态演化，依次在国与国之间逐个传导的图像（为更加直观，这里将进口、生产、出口三条曲线，简化为生产一条曲线），小岛清分别称上述原形、引申形态A和引申形态B为"生产的效率化"、"生产的多样化、高度化"和"生产的国际传导"。

雁行发展理论的内涵主要包括：

1. 雁行形态理论所主张的是一种建立在动态比较优势原则基础上的追赶型经济发展模式

所谓"动态比较优势原则"，强调的是从生产要素开发的角度进行国际比较，它谋求一国产业结构的高级化和以此为基础的生产力的跳跃性发展。后发国为改变自身的不利地位，有必要暂时放弃静态比较利益，实施

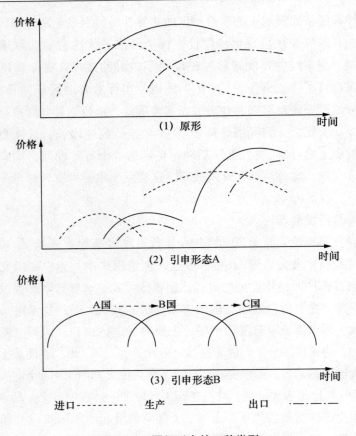

图 2-1 雁行形态的三种类型

非均衡的发展方式。静态比较优势原则注重短期经济利益，强调通过"出口导向"而尽快地增加财富。动态比较优势原则注重远期利益，强调通过进口替代，实现产业结构及由此决定的贸易结构的高级化。从雁行形态理论中的进口—进口替代—出口的具体内容看，后发国首先实行"进口替代"，然后不失时机地向"出口导向"转换。从这个意义上说，雁行形态理论体现着既发挥动态比较优势又发挥静态比较优势的两方面的有机结合。因此小岛清称雁行形态理论是从后发国方面看到的"追赶型的产品生命周期理论"。

2. 雁行形态理论主张在投资国与被投资国之间实施动态的产业转移

所谓"动态产业转移"，是指投资国将本国按生产成本的排序已处于比较劣势的边际产业依次进行转移。与被投资国相比，这些边际产业有两种情况，一是处于比较劣势，如日本的纺织、服装等劳动密集型产业同东亚其他国家相比已处于劣势；二是对于被投资国来说，是具有潜在优势的产业，如在 20 世纪 70 年代劳动密集型制造业对投资国日本而言是比较劣势产业，但对于被投资方 ANIES 而言却是具有潜在比较优势的产业。这样，通过转移一方面使低梯次的后发国（地区）获得了经济发展所急需的资金和技术；另一方面也为投资国（地区）内的结构调整让渡了空间，有学者将这一现象概括为"跨国支持型结构重组"。通过这种结构重组，各国（地区）产业结构得到优化的同时，生产规模、生产能力也得到扩大，相互间的贸易流量也增大了。

3. 雁行形态理论主张的国际分工主要是垂直分工

雁行形态通过 FDI 实施动态的产业梯次传递，其前提条件是投资国的生产函数先进于被投资国，如果两国生产函数相同，对外投资和贸易就可能变成替代关系。若干个不同生产函数的国家，依次建立起投资国与被投资国的关系，就会形成生产函数递减的产业梯次传递链。如果以"雁阵"比喻这种传递，那么最上层的国家可称为"雁头"，居中的国家可称为"雁身"，居后的国家可称为"雁尾"。东亚地区形成的日本—ANIES—ASEAN 的由高到低的多层次的分工梯次结构，便是这种典型的垂直分工的具体表现。

赤松要的"雁行发展理论"主要是针对发展中国家提出的，其主旨是发展中国家利用引进先进国家的技术和产品发展本国的产业，因此在贸易圈中势必存在不同发展层次产业结构的国家，这同时也是产业梯度转移的一个动力。东亚恰好具备了这个条件。日本是属于"配套完整的制造工厂型的发达国家"，属第一层次，它有先进技术，工业发达，资金雄厚，居东亚经济发展的领头雁地位；ANIES 是新兴工业化国家和地区，属第二层次，有比较先进的技术，重点发展资本密集型企业，是东亚经济发展与合作的雁身；ASEAN 各国是从农业起步向发展出口型工业方向迈进的一些国家，属第三层次，有资源、劳动，重点发展劳动密集型工业，在东亚经济发展中充当雁尾的角色。中国在东亚地区属于后期的社会主义市场经济国家，但在日本对外直接投资接受中国异军突起，不仅拥有丰富的生产要素和辽阔的市场，且迅速成为日本对东亚乃至世界投资中的主要接受国，而且与东亚经济相接轨，成为东亚地区仅次于东盟的新的经济增长区，属第四层次。因此，日本对东亚的直接投资结构亦根据不同的发展层次采取了不同阶段的产业结构，呈现出阶梯型结构。

"雁行模式"体现了梯度推移和劳动地域分工的理论思想，按照经济梯度进行劳动地域分工。区域梯度差异是进行产业转移的前提条件。通过产业转移，低梯度地区可以获得经济发展所需的资金与技术，促进本地经济发展；高梯度地区则可以为本地区发展新兴产业提供空间，推动产业结构升级，并且雁行模式已经被众多日本产业的发展路径演变所证实，如纺织、汽车、钢材行业等。后来，雁行模式被当作新兴工业化国家和地区产业发展的路径依赖的一种典型模式。

七　重合产业理论

卢根鑫于 1994 年提出了重合产业理论。所谓重合产业，是指发达国家和欠发达国家在一定时期内，使用相似的机器设备或生产线，运用相似的技术工艺，需要相似比例的生产资料和劳动力，生产相似的商品。从产业发展史来看，棉纺业、毛纺织业、化学纤维工业、制鞋业、成衣业等劳动密集型工业部门，在一段时期内，是发达国家和欠发达国家都存在的产业部门。现今，钢铁冶炼业、石油化学工业、汽车工业也正在成为它们的重合产业部门。产业贸易和产业投资越发展，这种重合产业就越会不断出现、发育、成长，持续演变。随着产业进一步发展，当产业深化不能够抵消别国相对较低的成本优势，发达国家重合产业就只有一个调整方向，即产业转移。发达国家之所以将产业转移作为产业调整的策略，是因为产业转移不仅能够摆脱重合产业绝对成本较高的不利地位，而且能够实现重合产业的再次价值增值。产业转移的基本形式是产业贸易和产业投资。通过产业贸易，发达国家可以将重合产业所采用的资本品、中间品、无形资产等销售给发展中国家，让后者扩大重合产业生产，以便保证将这些产品出口发达国家，满足后者对这些重合产业产品的需要。发达国家向发展中国家销售资本品、中间品、无形资产，有时是为重合产业的生产资料生产部门寻找新的世界市场，实现产品价值；有时是为关、停、并、转的重合产业剩余设备（二手设备）的"二次增值"，寻求新的途径。通过产业投资，发达国家可以将重合产业所采用的大部分生产要素（包括少量劳动力）转移到发展中国家，在发展中国家生产发达国家所需要的全部或大部分这类产业的产品，即部分或全部返销发达国家。不论采取上述哪种转移方式，最终都表现为某些产业（战后主要是劳动密集型产业）在发达国家逐渐显得增长乏力，逐渐萎缩疲弱，而发展中国家的重合产业才刚刚蓬勃成长，处于高速增长时期。所以，一次全球性的产业转移浪潮，往往伴随着世界范围内的产业调整以及产业在地区分布方面的变化。

八　梯度双赢理论

戴宏伟于 2003 年对产业梯度转移的规律进行探究后指出：当高梯度地区的产业处于成熟阶段时，随着生产要素的进一步扩散以及劳动成本的增大，会造成产业内部的成本压力增大；与此同时，高梯度区环境承载力的约束，也会造成产业外部的压力增大。在内部压力和外部压力的作用下，低梯度地区会自然地承载高梯度区的转移产业，但这会使高梯度地区的转移产业在市场占有率和专业化方面丧失优势。但是，高梯度地区在产业转移的过程中，必将重塑本地区的比较优势，低梯度地区的产业结构层次和水平也将得到提高。因此，在产业转移的过程中，无论低梯度地区还是高梯度地区，其产业结构都会得到优化。

九　产业开放政策理论

所谓的产业政策理论就是制定产业政策的理论，主要是通过对产业政策进行分析和总结，为产业政策的完善提供理论和方法的指导，从而为产业政策提供服务。这个理论的关键部分是产业结构政策理论，产业资源如何分配是其研究对象。该理论的主要内容是在深入探究产业结构演变规律和原因的基础上，对产业结构的现状及未来发展趋势进行研究，从而寻找产业结构中隐藏的规律，由此制定出高效而合理的产业结构政策。但是从目前的情况来看，产业政策理论尚未形成一个较完整的理论体系，同时，对实施产业政策的必要性和可行性、产业政策的适用性也存在着各种各样的看法。因此，一些现有产业政策理论的应用往往偏重于经验与实证研究，例如直接从美国、德国以及一批新兴发展中国家的一些成功范例中寻找规律，进行经验总结和理论概括。

"新"国际产业政策的创始人——日本资深学者深尾京司和细谷佑（1999）认为，应当从产业协调的角度来促进国家之间的经济合作。中国学者汪斌（2001）认为，由于各国的产业政策是相互关联的，当其中一个国家制定产业政策时，一定要考虑到其他国家可能做出的反应以及为此而采取的措施。因此，要使本国制定的产业政策与国际协调型产业政策接轨，这是其在制定产业政策时必须首先考虑的问题；同时他还指出，世界各国应考虑到本国的产业政策与其他国家产业政策的相互联系，以互惠互利的方式确保本国的产业政策有利于本国和其他国家的产业发展，这就是产业政策的国际性协调。这实际上也包含了产业对接的意思。

从普通的审视角度看，产业政策的核心理论是产业结构和产业组织理论，其中最关键的是产业结构理论，其基本观点是：国民经济的发展不仅要有量的突破还要有质的飞跃，主要原因是国民经济的增长速度不是各产业增长速度之和。受到供求结构等因素的影响，产业之间的增长速度会出现较大的差异。产业得到较快发展的原因是劳动生产率较高、产生的经济和社会效益较好；相反，不符合这些条件的产业的增长较为缓慢，有个别产业可能还会萎缩。此理论表明经济增长速度与产业结构之间存在一定的内在联系：经济增长速度为产业结构提供一定的条件，产业结构又为经济增长速度产生扩张的效果。因此，无论是发达国家还是发展中国家，都可以通过政策干预各种资源的分配，从而调整国民经济中各产业部门的比例、促进国民经济的快速发展。

十　"中心—外围"理论

1949 年，经济学家劳尔·普雷维什（Raul Prebisch）首先提出了"中心—外围"理论，而经济学家汉斯·辛格发展了这个理论。

该理论把世界分为两大类国家，一类是以西方七国集团为代表的高度工业化国家，它们的经济增长是全面的、自主性的，它们出口工业品或高附加值产品，而进口原材料或初级产品，它们是技术创新的源头，但也占有了技术进步所带来的几乎全部利益，甚至借技术进步进一步掠夺外围国家；在政治上，它们实行帝国主义政策，一旦"外围"有意无意地损害了这种经济和政治利益时，"中心"——特别是主要中心，往往会采取惩罚的措施，在极端的情况下甚至会通过军事干预的手段进行报复。另一类是没有实现工业化或畸形工业化的国家，它们的经济往往有增长而无发展，严重受制于前者的经济周期，而且常常是出口单一的原材料，换回各种工业制品。前者处于世界体系的中心，后者处于外围。中心与外围进行着严重不平等的交换，中心存在以外围的存在为前提，中心的发展以损害外围的发展为代价。普雷维什借鉴了汉密尔顿、李斯特等人的贸易保护主义理论，强调了发展中国家为迅速实现工业化而产生的被迫性产业移入需求，其关于"中心"和"外围"之间的经济关系的分析反映了发达资本主义国家和发展中国家之间产业转移的现实，同时也较早地注意到产业转移的消极影响。但是普雷维什没有认识到产业转移是区域间经济关系发展变化的必然产物，对于产业转移能够加快欠发达地区经济发展的积极影响认识不足。缪尔达尔则运用"扩散效应"和"回波效应"理论来分析现代国际经济体系对发展中国家的利益和损害，认为"回波效应"的力量超过了"扩散效应"的力量，经济发展的结果往往不是带来共同富裕，而是加剧贫富悬殊。因此建议发展中国家必须实行进口替代的工业化战略，打破旧的国际经济体系以发展中国家合作的集体力量来与"中心"国家抗衡。

十一　新经济地理学理论

产业区位的形成受历史和偶然因素的影响、循环累积的自我实现机制或与其的作用，新经济地理学主要从产业区位、产业集聚和产业扩散的角度来研究产业转移问题。该理论以产业集聚为中心，研究产业集聚演进过程中所伴随的产业转移现象（张工嵬、梁琦，2010）。工业生产具有规模经济性，不同地区间的工业品贸易带来了运输成本的增加，企业为了追求规模经济、降低运输成本，将受前向关联（靠近投入品的供应地）和后向关联（靠近产品的需求地）的驱动，从而大规模地在某一地理区位上集中，最终形成中心—外围的产业发展结构（Krugman，1991；Krugman & Venables，1999）。

Puga 和 Venables（1996）认为行业中的企业在某地的集聚是垄断竞争的市场结构、产品跨地区销售的运输成本以及产业投入产出结构联系这三大因素相互作用而决定的。产业集聚的形成过程伴随大规模的产业转移，成熟的产业集聚地凭借强大的向心力，吸引更多的产业转移到该地。当集聚发展到一定阶段，产业扩散的离心力也在不断增强。Klimenko（2003）、吴三忙（2009）注意到：产业集聚到一定程度后，集聚区内贸易品的价格居高不下、地位上升、环境污染等将造成产业扩散的离心力，离心力会促使某些相关产业脱离该产业集聚区，产业转移到新的地理区位。

新经济地理学通过对产业集聚的形成、发展和消亡过程的研究，较完整地展现和解释了相关产业从进入某地到离开从而发生转移的动态变化过程，摆脱了不同国家和地区的限制，完全是从产业地理区位的角度进行的研究，但由于国别之间产业转移的限制性因素较多，这种基于产业集聚视角的研究更适合于解释一国范围内地区之间的产业转移（王辉堂，2008）。

第三章　煤炭城市发展情况分析

第一节　煤炭城市的界定和分类

一　煤炭城市的界定

（一）资源型城市的概念

煤炭资源型城市是资源型城市中非常典型的一种，因此要界定煤炭城市的内涵，首先需要明确资源型城市的含义。到目前为止还没有统一的定义，不同学者从各自的研究角度进行了界定。

郑伯红（1999）认为，资源型城市就是专门化职能城市的一种，是指伴随资源开发而兴起的城市，或者在其发展过程中，由于资源开发促使其再度繁荣的城市，即其特征为资源群聚集并以自然资源型产品为产业支柱的城市。王元（2000）从单一产业的角度入手，把单一产业性城市分为两种基本类型：一是资源型城市，如大庆（石油）、大同（煤炭）、铜陵（铜矿）；二是产品型城市，如攀枝花（钢铁）、十堰（汽车）等。刘云刚（2000）认为，资源型城市是指由资源的开采与开发而兴起，并主要依靠资源型产业支持整个城市发展的一种特殊城市类型。张秀生、陈先勇（2001）认为资源型城市指其主要功能或重要功能是向社会提供矿产品及其初加工品等资源型产品的一类城市，矿业是其主导产业或支柱产业，资源型城市的主导产业是矿业，提供的产品主要是矿产品和矿产品的初加工品。张米尔、武春友（2001）则认为，资源型城市是依托资源开发而兴建或者发展起来的城市，其主导产业是围绕资源开发而建立的采掘业和初级加工业。王青云（2003）认为，资源型城市是因自然资源的开采而兴起或发展壮大，且资源性产业在工业中占有较大份额的城市，这里的自然资源大部分为矿产资源，也包括森林资源，资源型产业既包括矿产资源的开发，也包括矿产资源的初加工。

综合上述观点，我们可以看出基于定性的角度描述资源型城市定义的学者，主要在强调两点：一是当地资源的开采，也就是说，该城市必须是资源型产业的初级产品生产区；二是资源型产业的发展的状况对所在城市发展有重要的影响。

（二）资源型城市的界定原则

樊杰（1993）认为，以煤炭采选业在本市工业总产值中的比重大于或等于10%为煤城划分的标准，以此类推，资源型城市是指资源开采业在城市工业总产值中的比重大于或等于10%。哈里斯（C. D. Harris）认为，主导矿业职工占全部从业职工的比重大于15%时则为矿业城市。俞滨洋、赵景海（1999）认为，在资源型城市的宏观经济结构中，以资源初级开发为主的第二产业占工业总产值的50%以上，且工业产值结构中初级产品占绝对优势。王元（2000）则从劳动者数量给予定义，认为有40%以上人口以直接或间接方式从事同种资源开发、生产和经营活动的城市，可称为资源型城市。陈耀（2001）认为在确定煤炭资源型城市时，选取的标准是煤炭采选业产值超过1亿元，且其占城市工业产值的比重在7%以上。在这里，作者以明确的工业产值定义资源型城市。王青云（2003）提出我国资源型城市的界定标准：（1）采掘业产值规模，县级市应超过1亿元，地级市应超过2亿元；（2）采掘业产值占工业总产值的比例在10%以上；（3）采掘业从业人员规模，县级市应超过1万人，地级市应超过2万人；（4）采掘业从业人员占全部从业人员的比例在5%以上。上述四个原则应同时满足才可以确定为资源型城市。

国家计委宏观经济研究院2002年在《我国资源型城市经济结构转型研究》报告中，提出了我国资源型城市的界定原则和标准。确定资源型城市的原则包括：（1）发生学原则，即城市的产生和发展开发有密切关系。有两种模式：一种是"先矿后城式"，即城市完全是因为资源开采而出现的，如大庆、金昌、攀枝花、克拉玛依等；另一种为"先城后矿式"，即在资源开发之前已有城市存在，资源的开发加快了城市的发展，如大同、邯郸等。（2）动态原则，即考察资源型城市必须要关注它的全过程。有些城市曾经是资源型城市，但通过若干年的产业转型后，资源型产业在城市经济中所占比重很小，城市经济对资源型产业的依赖度很低，已不再是资源型了。（3）定性与定量相结合，以定量为主。

确定资源型城市的定量标准主要包括：（1）采掘业产值占工业总产值的比重在 10% 以上，取 10% 这一临界值是因为：第一，全国采掘业产值占工业总产值的比重一般为 6%—7%，而我国所有城市这一比值平均为 4%—5%；第二，在研究地区支柱工业时，最低要求是其产值比重大于 5%。（2）采掘业产值规模，对县级市而言应超过 1 亿元，对地级市而言应超过 2 亿元。（3）采掘业从业人员占全部从业人员的比重在 5% 以上，确定这一标准主要考虑到我国城市中采掘业从业人员占全部从业人员的比重平均为 2%—3%，如果这一数值大于 5%，则该产业对城市的就业稳定性将产生较为重要的影响。（4）采掘业从业人员规模，对县级市而言应超过 1 万人，对地级市而言应超过 2 万人。

（三）煤炭城市的概念

煤炭城市是典型的资源型城市，是指因当地煤炭资源开发而形成和发展起来的，或者是在城市发展过程中由于煤炭资源的开发促使其经济再度繁荣的城市。煤炭城市的主导产业是煤炭采掘业与加工业，是以煤炭资源为开发对象，将煤炭生产和煤炭加工业及其配套的社会劳动集中到一定规模所形成的，以消耗一定数量的煤炭资源而赖以生存发展的一种特殊城市类型。

煤炭城市的概念可以从质和量两个方面来界定。质的方面包括煤炭城市所执行的功能，及煤炭经济对城市社会经济发展的影响及所占的地位；量的方面包括煤炭产值在当地工业总产值所占的比重，以及煤炭从业人员在城市全部职工中所占的比例。就产业结构来说，煤炭工业是煤炭城市的主导产业或支柱产业。随着社会经济的发展，非煤炭产业逐步壮大，从而使煤炭丧失了支柱产业地位，煤炭城市将消失或转变为其他类型的城市。国际上通常以煤炭采选业在本市工业总产值中所占的比重大于或等于 10% 作为煤炭城市的标准。

煤炭城市与其他城市相比，其主要特点包括：（1）城市规模一般为中型城市，地理位置偏，区位条件差，产业结构单一；（2）产业结构以煤炭行业为主导，技术含量低；（3）市场经济发育程度和沿海城市差距较大，同时社会人群知识程度较低，资本与人才相对短缺，就业压力大。

（四）煤炭城市的系统结构要素

钱学森视复杂的研究对象为系统，即系统是一个有机整体。它是由相互作用和相互依赖的若干组成部分结合而成，同时具有特定的功能。

依照这一定义和系统科学的观点，煤炭城市是一个开放的复杂系统，而这个复杂系统是由众多子系统组成的，其包括了人口子系统（P）、经济子系统（E）、科技子系统（T）、环境子系统（E）和资源子系统（R）五大系统，PESET 系统是指通过它们之间的相互作用、相互影响、相互依赖和相互制约而形成的紧密联系的复杂系统（如图 3 − 1 所示）。

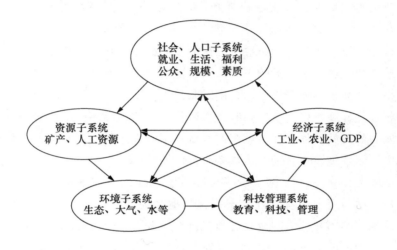

图 3 − 1　煤炭城市系统关联关系图

1. 资源子系统是煤炭城市的物质基础

在这里，煤炭资源作为不可再生的自然资源，它的可耗竭性成为煤炭城市经济可持续发展的主要制约因素。煤炭资源作为城市经济生产的主要劳动对象，一方面从量上制约经济的发展，另一方面也从质上影响经济发展的速度和质量，主要表现为对经济子系统和环境子系统的影响和作用。

2. 环境子系统是资源的载体，良好的环境是煤炭城市经济可持续发展的必要条件

资源子系统与经济子系统产生的废弃物造成环境的恶化，环境恶化反过来会限制资源子系统和经济子系统的发展，降低居民生活质量，损害居民身体健康。而高质量的环境不仅可以吸纳资源子系统和经济子系统的废弃物，还为社会和经济的发展提供足够的空间。可以说，环境质量的好坏是经济可持续发展与非可持续发展的重要区别点。

3. 经济子系统是人类利用资源子系统提供的资源进行物质资料生产、流通分配和消费活动的系统

其主要功能是保证物质产品的生产来满足居民的物质生活需要，同时也为其他子系统保持平衡或得以发展提供物质保障。经济子系统是煤炭城市可持续发展的核心和动力。目前我国煤炭城市经济发展普遍落后，生存面临威胁，只有经济发展才能脱离贫困，而且经济发展又可以为资源开发和环境保护提供资金和技术，是解决资源子系统和环境子系统问题的根本手段。

4. 社会子系统是实现社会经济可持续发展的最高目标

社会子系统是煤炭城市经济可持续发展的保证和持续条件。人是社会子系统中最积极、最活跃的因素。人口数量过多，素质太差，就会给资源子系统和环境子系统带来压力，同时制约经济子系统的发展。因此，加强科技教育，提高人口素质，控制人口数量，是实现煤炭城市社会子系统可持续发展的关键。如果煤炭城市的教育水平不高、科技创新不强，必然意味着可持续发展没有后劲，不具备持续性的基础。

在以上要素中，资源子系统与环境子系统主要体现了"人与自然"的关系，而经济子系统与社会子系统则更多地涉及"人与人"之间的关系。资源的利用和环境的消耗必须在自然承载力的允许范围内，如果超出自然承受力的许可阈值，资源子系统和环境子系统即告崩溃，城市不但达不到可持续发展的目标，就连人类自身的生存也变得无法保证了。如果资源子系统与环境子系统没有超出可持续发展总体要求的范围，但经济子系统与社会子系统上出现了问题，诸如分配不公、贫富悬殊过大、科教水平不高、管理决策能力不强等，整个可持续发展也将陷入无法实施的境地。除此之外，人是煤炭城市的主体和核心。可持续发展的目的是为了人，人又是可持续发展实现的主要因素之一。可以说，煤炭城市经济可持续发展系统是人通过调控和管理使得资源子系统、环境子系统、经济子系统和社会子系统协调、持续地发展。

5. 科技子系统

科技系统的不断发展又会促进经济子系统的进一步发展，二者都是双向交流与反馈的。科技子系统对整个煤炭城市可持续发展大系统的作用也是不可低估的，随着科技子系统的投入与发展，它会进一步优化资源子系统开发的效率与水平，促进环境子系统的合理保护与自净能力，社会子系统的发展与完善，经济子系统结构的优化升级。

二　煤炭城市的分类

（一）我国煤炭资源的分布与煤炭城市的数量

1. 我国煤炭资源的分布情况

我国煤炭资源分布面广，除上海市外，其他省、直辖市、自治区都有不同数量的煤炭资源。在全国2100多个县中，1200多个县有预测储量，已有煤矿进行开采的县就有1100多个，占60%左右。从煤炭资源的分布区域看，华北地区最多，占全国保有储量的49.25%，其次为西北地区，占全国的30.39%，其后依次为西南地区占8.64%、华东地区占5.7%、中南地区占3.06%、东北地区占2.97%。按省、直辖市、自治区计算，山西、内蒙古、陕西、新疆、贵州和宁夏6省区最多，这6省区的保有储量约占全国的81.6%。

2. 我国煤炭城市的数量

本书选取国家计委宏观经济研究院课题组2002年在《我国资源型城市的界定与分类》中对资源型城市的界定，确定我国资源型城市为118座，按照资源类别，可以把我国资源型城市分为煤炭、森工、有色冶金、石油、黑色冶金等资源型城市。在这118座资源型城市中，煤炭城市有63个，占53%，森工城市有21个，占18%，有色冶金城市有12个，石油城市有9个，黑色冶金城市有8个，其他城市5个，分别占10%、8%、7%和4%。可见，煤炭城市的数量在资源型城市中占大多数。

表 3 - 1　　　　　　　我国煤炭城市按行政级别的数量

行政级别	城市数量	城市名称
地级市	29	唐山、邯郸、邢台、大同、阳泉、长治、晋城、朔州、乌海、赤峰、抚顺、阜新、辽源、鸡西、鹤岗、双鸭山、七台河、淮南、淮北、萍乡、枣庄、平顶山、鹤壁、焦作、广元、达州、六盘水、铜川、石嘴山
县级市	34	武安、古交、霍州、孝义、介休、高平、满洲里、霍林郭勒、东胜、调兵山、北票、永安、丰城、乐平、高安、新泰、龙口、滕州、邹城、肥城、义马、汝州、登封、耒阳、资兴、涟源、合山、华蓥、绵竹、宣威、开远、韩城、哈密

从表3-1中可以看到，将煤炭城市按照城市的行政级别来统计，截至2013年3月，在我国已有的286座地级市中煤炭城市有29座，占全国地级市总数的比重约为10.1%；截至2013年2月，我国县级市共计370

座，煤炭资源型县级城市有 34 座，约占其总量的 9.2%。因此，不管按照地级市还是县级市来看，煤炭城市数量占其总量均达到 10% 左右，可见，煤炭城市的兴衰对我国的经济发展影响十分巨大。

（二）煤炭城市的分类

1. 按煤炭城市的成因分类

按照建市起因，煤炭城市可分为无依托和有依托两类。无依托的煤炭城市，是指凭借煤炭资源的天然禀赋，通过人们后天开发建设而形成的单一煤炭资源性城市，即先开矿后建城，煤炭资源的天然禀赋是导致煤炭城市的初始原因，先有煤炭资源，后有煤炭产业，先有煤炭企业，后有煤炭城市，如平顶山、抚顺、阜新、淮北、淮南等城市。有依托的煤炭城市，是指城市或城市雏形已经存在，由于煤炭资源的开发导致煤炭产业的发展速度远远超过其他产业的发展速度，是煤炭产业在城市经济中的地位逐渐上升，煤炭城市的特征逐渐凸显，如太原、重庆、郑州、唐山、邯郸、徐州、大同等城市。

2. 按煤炭城市的规模大小分类

按照我国目前的城市划分标准，100 万人口以上的为特大城市；50 万—100 万人口的为大城市；20 万—50 万人口的为中等城市；10 万—20 万人口的为小城市；5 万—10 万人口的为建制镇；2 万人口以上的为集镇。据此，煤炭城市也可以划分为特大型煤炭城市、大型煤炭城市、中型煤炭城市、小型煤炭城市和煤炭资源型城镇。

3. 按煤炭城市所处的区域位置分类

我国东部、中部和西部三大地带经济区域划分最突出的理论依据是梯度发展理论。东部沿海地区是指拥有海岸线的地区，包括辽宁、河北、天津、山东、江苏、上海、浙江、福建、广东、广西、海南等 11 个省、自治区和直辖市，外加北京市；中部地区是指没有海岸线的吉林、黑龙江、山西、内蒙古、安徽、江西、河南、湖北、湖南 9 个省、自治区；西部地区包括陕西、四川、重庆、贵州、云南、西藏、甘肃、宁夏、青海、新疆 10 个省、自治区和直辖市。

我国煤炭城市也可照此相应地分为东部、中部和西部煤炭城市。东部煤炭城市包括辽宁抚顺、阜新，江苏徐州，山东枣庄、兖州等城市；中部煤炭城市包括黑龙江鸡西、鹤岗、双鸭山、七台河，吉林辽源，安徽淮南、淮北，山西太原、大同、阳泉、长治、晋城、朔州，内蒙古赤峰、通辽，河南平顶山、鹤壁、焦作、新乡、永城，江西萍乡等城市；西部煤炭城市包括陕西铜川、韩城，宁夏石嘴山，四川攀枝花，贵州六盘水等城市。

表3-2   煤炭城市在我国的地区分布

地区	省（区）	城市名称	城市数量
东部	河北	唐山、邯郸、邢台、武安	16
	辽宁	抚顺、阜新、辽源、调兵山、北票	
	福建	永安	
	山东	枣庄、新泰、龙口、滕州、邹城、肥城	
中部	山西	大同、阳泉、长治、晋城、朔州、古交、霍州、孝义、介休、高平	36
	内蒙古	乌海、赤峰、满洲里、霍林郭勒、东胜	
	黑龙江	鸡西、鹤岗、双鸭山、七台河	
	河南	焦作、平顶山、鹤壁、义马、汝州、登封	
	江西	萍乡、丰城、乐平、高安	
	安徽	淮南、淮北	
	湖南	耒阳、资兴、涟源	
	广西	合山	
西部	四川	广元、达州、华蓥、绵竹	11
	贵州	六盘水	
	宁夏	石嘴山	
	陕西	铜川、韩城	
	云南	宣威、开远	
	新疆	哈密	

从表3-2可以看出，从地域分布来看，我国的煤炭城市主要分布在中部地区，多达36座，约占我国全部煤炭城市的57.1%，比东部和西部加在一起的总量还要多。从其具体分布的省份来看，山西省最多，多达10座；山东和河南次之，均为6座，三省共计22座，约占全国煤炭城市总量的1/3。

4. 按煤炭城市所处的发展阶段及其特点分类

按照煤炭城市所处的发展阶段及其特点（矿产资源开发程度、主体企业的发展程度及产业结构现状），无依托煤炭城市可分为幼年期、青年期、中年期和老年期四类，有依托煤炭城市可分为完全依托期、相互依托期和脱离依托期三类。

幼年期煤炭城市（镇）建市 5 - 10a，为城镇阶段，可能发展为市，也可能在相当长时间内一直保持为镇，煤炭工业是主导产业，煤炭工业值占工业总产值的 90% 以上。青年期煤炭城市建市 10 - 30a，原来的煤炭城镇已发展为市，煤炭产业支柱地位突出，矿地与城市中心地紧密相连，产业结构单一，资源保证程度高，非煤产业已有所发展，煤炭工业产值占工业总产值的 60%—90%。中年期煤炭城市建市 30 - 50a，以煤炭工业为主体的局面已有相当的基础，煤炭工业地位逐步降低，资源保证程度趋于下降，矿地与城市中心地已经或正在分离，并发展为多个支柱产业，产业结构向多样化发展，煤炭工业产值占工业总产值的 30%—60%。老年期煤炭城市建市 50a 以上，煤炭资源保证程度低，煤炭支柱地位已不明显，产业结构分化，煤炭工业产值占工业总产值的 10%—20%，城市类型将发生变化。

完全依托期煤炭城市表现为其他产业较多地支持煤炭产业，煤炭工业产值与工业总产值的比例继续上升。相互依托期煤炭城市表现为煤炭产业开始支持其他产业，煤炭工业和其他产业共同发展，煤炭工业产值占工业总产值的比例急剧攀升。在相互依托后期，煤炭产业更多地支持其他产业，其他产业加速发展，煤炭工业产值占工业总产值的比例趋于稳定。脱离依托期煤炭城市表现为其他产业较多地支持煤炭产业的调整及转移，煤炭城市功能开始减弱。

5. 按煤炭资源的变动趋势分类

按煤炭资源的变动趋势，煤炭城市可以分为煤炭资源充裕型、煤炭资源稳定型和煤炭资源枯竭型。煤炭资源充裕型指储量充裕的新建城市，处于成长期，储备量较大，人口基数较少。煤炭资源稳定型指储备量稳定的城市，处于成熟期，在产业结构中占主导产业的地位，带动其他产业发展，人口增长较快。

煤炭资源枯竭型指煤炭资源趋于萎缩的衰退型城市，产业处于衰退期，导致整个城市经济陷于停滞状态，失业率提高，社会不稳定因素增加。关于资源枯竭型城市，我国先后确定了两批城市名单。2007 年 12 月24 日，国务院制定出台《国务院关于促进资源型城市可持续发展的若干意见》后，国家发改委于 2008 年 3 月 17 日确定了国家首批资源枯竭城市，共有 12 个城市被列入，包括阜新、伊春、辽源、白山、盘锦、石嘴山、白银、个旧（县级市）、焦作、萍乡、大冶（县级市）、大兴安岭，其中中部地区典型资源枯竭城市 3 个，分别是焦作市、萍乡市、大冶市；资源型城市经济转型试点城市 5 个，分别是阜新市、伊春市、辽源市、白山市、盘锦市；西部地区典型资源枯竭城市 3 个，分别是石嘴山市、白银市、个旧市；典型资源枯竭地区 1 个，为大兴安岭。2009 年 3 月，国务院确定了第二批 32 个资源枯竭城市。中央财政将给予包括此前确定的 12 个资源枯竭城市在内的共 44 个城市财政性转移支付资金支持。这些城市主要包括：（1）地级市 9 个：山东省枣庄市、湖北省黄石市、安徽省淮北市、安徽省铜陵市、黑龙江省七台河市、重庆市万盛区（当作地级市对待）、辽宁省抚顺市、陕西省铜川市、江西省景德镇市；（2）县级市 17 个：湖南省耒阳市、湖南省冷水江市、贵州省铜仁地区万山特区、甘肃省玉门市、湖北省潜江市、河南省灵宝市、广西壮族自治区合山市、辽宁省北票市、吉林省舒兰市、四川省华蓥市、吉林省九台市、湖南省资兴市、湖北省钟祥市、山西省孝义市、黑龙江省五大连池市（森工）、内蒙古自治区阿尔山市（森工）、吉林省敦化市（森工）；（3）市辖区 6 个：辽宁省葫芦岛市杨家杖子开发区、河北省承德市鹰手营子矿区、辽宁省葫芦岛市南票区、云南省昆明市东川区、辽宁省辽阳市弓长岭区、河北省张家口市下花园区。

第二节　煤炭产业和煤炭城市的发展规律

一　产业结构演化理论和一般规律

（一）产业结构演化理论

关于产业结构演进规律的研究理论，按照发展的先后顺序有配第一克拉克定理理论、库兹涅茨的产业结构演变规律理论、霍夫曼的工业化进程发展阶段规律理论、钱纳里的产业结构演变规律理论、罗斯托的主导产业转换规律理论。

1. 配第一克拉克定理

最早对产业之间比例关系进行研究论述的，当数英国经济学家威廉·配第。配第在 17 世纪发表的《政治算术》中用产业结构的差异来解释不同国家人均国民收入的不同。此后，克拉克（C. Clark）进一步对劳动力逐渐从农业向制造业和服务业转移的现象进行研究，他收集并整理了若干国家按照年代的推移，劳动力在三次产业之间移动的统计资料并得出了著名的配第—克拉克定理。

克拉克认为，随着经济的发展、人均国民收入水平的提高，劳动力首先由第一产业向第二产业移动，当人均国民收入水平进一步提高时，劳动力便向第三次产业移动，劳动力在产业间的分布为：第一产业将减少，第二、第三产业将增加。克拉克认为，劳动力从第一产业向第二、第三产业移动的原因是由经济发展中各产业间出现收入的相对差异造成的，人们总是从低收入的产业向高收入的产业移动。根据"配第—克拉克定理"及其引论，即第一产业的就业人口比重和产值比重将不断减小，而第二、第三产业的就业人口比重和产值比重将不断上升，作为讨论的背景。

配第—克拉克定理有三个重要前提：第一，该定理对产业结构演变规律的探讨，是以若干国家在时间的推移中发生的变化为依据的。这种时间系列是与不断提高的人均国民收入水平相对应的。第二，该定理在分析产业结构演变时，首先使用了劳动力这一指标，考察了伴随经济发展，劳动力在各产业中的分布状况所发生的变化。第三，该定理是以三次产业分类法，即将全部经济活动分为第一次产业、第二次产业和第三次产业为基本框架的。配第—克拉克定理属于产业结构变动的经验总结，它不仅可以从一个国家经济发展的时间序列中得到印证，而且还可以从处于不同发展水平的国家在同一时点上的横断面比较中得到类似结论。也就是说，从处于同一时期而发展水平不同的国家的经济情况看，人均国民收入较低的国家，第一次产业劳动力所占的比重相对较大，而第二次产业、第三次产业劳动力所占的比重相对较小；反之，人均国民收入水平较高的国家，其劳动力在第一次产业中所占的比重相对较小，而第二次产业、第三次产业中劳动力所占的比重相对较大。因而可以说，配第—克拉克定理也是一条反映产业结构变动的经济规律。

在图 3 - 2 表示的产业结构的三相坐标系中，有四块"区域"是颇有特点的，这四块"区域"分别为四个等边三角形 $\triangle AB'C'$、$\triangle A'BC'$、$\triangle A'B'C$、$\triangle A'B'C'$，其中 A'、B'、C' 分别为 BC、AC、AB 的中点。这四大块分别表示四种社会经济形态。

农业区域（$\triangle A'B'C$）：第一产业产值在 GDP 中占 50% 以上，第二、第三产业产值的比重均小于 50%。在农业区域内三大产业存在的倾向为：第一产业产值比重减小（I⁻），第二产业产值比重骤增（II⁺），而第三产业变化不明显（IIIO）。第一产业 I⁻ 和第二产业 II⁺ 两种作用的"合力

（Fl)"决定了产业结构的演进方向（见图3－3（a))。这种产业结构变化过程，即为工业化过程。

工业区域（△AB′C′）：第二产业产值在GDP中的份额占50%以上，第一、第三产业产值在GDP中的份额不足50%。工业区域内第一产业产值比重继续减少（I⁻），第三产业产值比重明显增加（III⁺），第二产业产值比重变化不明显（IIO）。I⁻和III⁺两种作用的"合力（F2)"决定了产业结构的演进方向（见图3－3（b))。这种过程称为信息化（后工业化）过程。

社会服务区域（△A′BC′）：第三产业产值在GDP中的比重大于50%，其他两项产业均小于50%。这一性质的区域有两种明显趋向，即第三产业比重继续增加（III⁺），第二产业比重下降（II⁻），而第一产业比重变化不明显（IO）。III⁺和II⁻两种作用的"合力（F3)"决定了产业结构的演进方向（见图3－3（c))。这种演进过程称为后信息化过程。

混合型职能区域（△A′B′C′）：I、II、III的比重均在0%—50%之间，没有一个突出的产业，为上述三种区域的中介形态。这种区域在经济空间中并不普遍存在，或存在时期较短。

将Fl、F2、F3三个不同历史时期的三类区域的产业结构变化方向，进行衔接（见图3－3（d))即得到历史阶段的产业结构变化的总体趋势。从图3－3（d)可以看出，产业结构在三相坐标中表示的点的轨迹是呈逆时针运动的，这种运动方向，恰好与三相坐标中第一、第二、第三次产业坐标刻度的增加方向一致。这也正好表明第一、第二、第三次产业的变化规律，这对配第一克拉克定律也是一个验证。

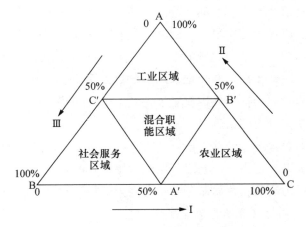

图3－2 产业结构的演进在三相坐标中的反映

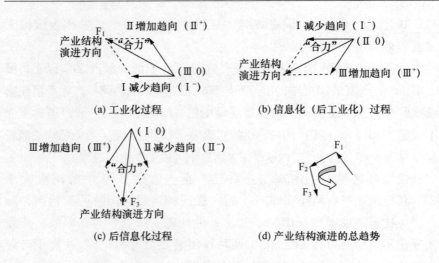

图 3-3　产业结构的演进过程分解

　　克拉克对其本人总结的规律提出了两点解释，一是需求因素，二是效率因素。关于需求因素，克拉克认为，"随着人均收入的增加，很明显，对农产品的相对需求一直在下降，而对制造品的相对需求开始上升然后下降，而让位于服务业"。他进一步指出，如果把服务业局限于对消费者的服务，那么，相对于其他产品，服务业不会表现出很高的边际需求。但是，若把服务业扩大到包括为企业提供的服务，那就可以得出肯定的结论：服务业的相对需求将是上升的。除了部门间需求差别外，部门间效率差别也是结构变化的一个重要因素。按照克拉克观点，不同部门存在不同的生产率。制造业的人时实际产品差不多总是比同一个经济中其他部门的人时实际产品以更大比例增长，因此，"制造品的一个静止的相对需求将会导致该部门就业劳动力比例的下降。甚至当制造品相对需求增加时，我们仍然可以一般地预期，在长期该部门的就业劳动力比例是下降的"。农业劳动生产率除原始社会外也显示了持续上升的趋势，虽然通常没有制造业劳动生产率上升得那么迅速。上升的生产率与持续下降的相对需求结合在一起，必然导致农业劳动力比例持续下降。当然，服务业的效率也同样得到巨大的改善，但由于社会经济生活对服务业的各个部门的需求比生产率增加来得更为迅猛，因而服务业中劳动力的相对比例相应地迅速提高。

　　2. 库兹涅茨的产业结构演变规律

　　以配第—克拉克定理为基础，美国著名经济学家西蒙·库兹涅茨

（Simon Kuznets）进一步收集整理了 20 多个国家的庞大数据，从国民收入和劳动力在三次产业之间的分布入手，进一步对产业结构随着经济增长的变化而演进的规律进行更深层次的研究。库兹涅茨把第一产业称为农业部门、第二产业称为工业部门、第三产业称为服务部门，他用时间序列方法对各部门产出比重进行了研究，发现最先是农业部门所占比重在国民生产总值中占绝对优势，随着经济的发展，工业部门比重上升为第一位，再后来服务业部门比重会逐渐开始在国民生产总值中占据主导地位，但是服务业的发展趋势并不是单向上升的趋势，会有一定波动。相应地，产业结构的变动会引发就业结构的调整，在经济发展初期，农业部门会吸纳大部分劳动力；随着生产力的发展和现代工业的兴起，工业部门开始吸纳从农业部门被挤出的劳动力到本部门内部就业；随着技术进步推动工业部门劳动生产率的不断提高，工业部门逐渐停止扩大劳动力吸纳规模，出现机器替代劳动的现象；在此基础上第三产业快速发展，吸纳大量劳动力工业部门转移到服务业部门。库兹涅茨的这一研究成果被称为"库兹涅茨法则"。

库兹涅茨的主要贡献在于揭示了国民经济中三大产业部门产值结构的变化规律：在工业化初期，三次产业的国内生产总值比重呈现"一二三"的格局；伴随技术进步与经济发展，会演变成"二一三"或者"二三一"的格局；到了工业化后期，服务业快速发展，最终演变为"三二一"的格局。

3. 霍夫曼的工业化进程发展阶段规律

德国经济学家霍夫曼（W. G. Hoffmann）通过分析近 20 个国家工业化早期和中期的经验数据，总结其工业结构的变动规律，提出了著名的霍夫曼定理。他在著作《工业化的阶段和类型》中，把全部产业分为消费资料产业、资本资料产业和其他产业，其中消费资料产业主要是纺织工业、食品工业、家具工业、皮革工业等产业，资本资料产业则包括一般机械工业、冶金及金属材料工业、化学工业、运输机械工业等产业，而将造纸工业、木材工业、橡胶工业、印刷工业等都归入其他产业。

霍夫曼定理暗含着工业结构演变中会呈现"重型化"特征，即重化工业。霍夫曼根据 20 多个国家的时间序列数据定义了所谓的"霍夫曼比例"，即消费资料工业的净产值与资本资料工业的净产值之比。"霍夫曼定理"是指在工业化进程中霍夫曼比例呈不断下降的趋势。霍夫曼根据这种比例的变化趋势，将工业化进程分成四个阶段：第一阶段，处于工业化初期，工业结构的霍夫曼比例约为 5，资本品资料工业发展落后，在工业结构中消费品资料工业占主导；第二阶段，处于工业化中期，工业结构的霍夫曼比例约为 2.5，资本品资料工业发展提速，但消费品资料工业规模仍然超过资本品资料工业规模；第三阶段，工业化加速阶段，工业结构的霍夫曼比例约为 1，资本品资料工业规模与消费品资料工业规模相当；第四阶段，基本实现工业化，霍夫曼比例小于 1，资本品资料工业规模大于消费品工业规模，占据工业部门的主导地位（如表 3 - 3 所示）。

表 3 - 3　　　　　　　　　　　**霍夫曼工业化阶段指标**

工业化	霍夫曼比例
第一阶段	5（±1）
第二阶段	2.5（±1）
第三阶段	1（±0.5）
第四阶段	1 以下

注：括号内的数字，表示前面的数字作为基准时允许存在的幅度。

4. 钱纳里的产业结构演变规律

美国哈佛大学教授、世界银行前副行长 H. B. 钱纳里（Hopis. Burley. Chenery）吸取了克拉克和库兹涅茨的研究成果，他们把研究领域进一步扩展到低收入的发展中国家，其基本思路是通过各种形式的比较研究，在对结构转变和影响结构转变的多种因素做深入而全面分析的基础上，揭示了经济发展和结构变动的"标准形式"。钱纳里在 1960 年通过对 51 个不同类型的国家经济统计数据的计算，得出有关随人均收入水平变化，制造业各部门相对比重变化的一组标准值，这可用来对照分析本国在某种经济条件下制造业内部结构，即工业结构是否偏离正常值。他发现随着人均收入的增长，产业结构会出现规律性的变化。其基本特征是：在国民生产总值中工业所占份额逐渐上升，农业份额逐渐下降，而按不变价格计算的服务业则呈缓慢上升；在劳动力就业结构中，农业所占份额下降，工业所占份额变动缓慢，而第三产业将吸引从农业中转移出来的大量劳动力。

钱纳里的"标准结构"对于揭示产业结构发展的一般变动趋向，具有更大的价值。由于他使用了统一的计量经济框架来处理资源、转移和分配的一些主要特征，从而可以对结构变化过程大量相互关联的各种类型作出连续的描述，并可以从不同国家的发展模式中识别出系统的差异。当然，任何一条逻辑曲线不管其对多少发展过程提出多么令人满意的说明，它仍然是一种简单的形式，在具体运用中要进一步修正。

5. 罗斯托的主导产业转换规律

主导产业是在产业结构中处于主体地位，发挥引导和支撑作用的产业，即一个国家在一定时期内，经济发展所依托的重点产业，这些产业在此发展阶段形成国民经济的"龙头"，并在产业结构中占有较大比重，对整个经济发展和其他产业发展具有强烈的前向拉动或后向推动作用。由若干个主导产业组成的产业体系，就称作"主导产业群"。主导产业具有以下特征：引入技术创新成果，生产率持续、迅速增长，生产成本不断下降；市场扩张能力强、需求弹性高，拥有巨大的市场潜力，发展快于其他行业，大规模产出，在 GDP 中占较大比重；产业关联度高，具有显著的关联带动和扩散效应（前向效应、后向效应和旁侧效应），对其他产业的发展具有极大的引导和带动作用；扩大就业；节约能源和资源。

美国经济史学家罗斯托（W. W. Rostow）根据技术标准把经济成长分为阶段划分为传统社会、为起飞创造前提、起飞、成熟、高额群众消费、追求生活质量六个阶段，每个阶段的演进是以主导产业部门的更替为特征的。他认为经济成长的各个阶段都存在相应的起主导作用的产业部门，主导部门通过回顾、前瞻、旁侧三重影响带动其他部门发展。与六个经济成长阶段相对应，罗斯托在《战后二十五年的经济史和国际经济组织的任务》一文中，列出了五种主导部门综合体系：作为起飞前提的主导部门综合体系，主要是食品、饮料、烟草、水泥、砖瓦等工业部门；替代进口货的消费品制造业综合体系，主要是非耐用消费品的生产；重型工业和制造业综合体系，如钢铁、煤炭、电力、通用机械、肥料等工业部门；汽车工业综合体系；生活质量部门综合体系，主要指服务业、城市和城郊建筑等部门。罗斯托认为主导部门序列不可任意改变，任何国家都要经历由低级向高级的发展过程。在不同的经济发展过程中，有特定的主导产业在支配着经济运行，主导产业的种类决定了产业结构的主要类型和产业结构演变规律。这一规律被称为"罗斯托主导产业转换规律"。

（二）产业结构演化的一般规律

产业结构演化是在自然资源和环境、社会的消费或需求水平、经济发展水平、产业政策以及技术进步等因素的推动下出现和演变，其起点可以追溯到人类最初的社会状态。这其中，生产力的发展是产业结构的不断演化的基础，而需求总量和需求结构的变化使产业的发展具有明确的方向性。

在人类最初的社会状态中，由于生产力处于较低的水平，人类的基本生活需求仍然无法满足，因此其生产活动主要集中于农业和畜牧业。所以农业一度受到广泛重视并得以不断发展，至于其他的产业则几乎没有得到关注。与此相对应的是，第一次产业基本构成了人类经济活动的全部，农业为人类的生存需求提供了保证，并且最终成为自给自足的自然经济时期发展的主要经济基础。

随着社会发展和经济水平的不断提高，生产力得到快速发展，人们的需求相应也发生了变化。一方面，人口数量的增加使得对于粮食等生活必需品的需求增加；另一方面，人们的生活随着时间的推移得到了改善，其需求从温饱问题衍生了其他的需求。生活必需品供给已经满足人们的基本需求，不再有进一步的刺激需求作用。以 18 世纪 20 年代开始的第一次科技革命为起点，钢铁、机械、造船、铁路、纺织等工业部门在新技术的推动下获得空前发展，此时工业规模迅速扩大。同时，由于机械制造业的快速发展为第一产业的不断机械化提供了重要的技术保障，从而带动了第一产业以更快的速度向前发展。在此过程中，以自给自足为核心的自然农业逐步转变为以交换为目的的商品化经济，工业逐步开始成为现代经济社会的基础，其所创造的国民生产总值占据了主要地位。

生产力的发展，使第一产业和第二产业的生产率不断提高，其提供的产品在数量上和质量上都有很大的提高，基本满足了人们的需求。在这种情况下，人们逐渐渴望新的需求。于是，以服务为特征的第三产业开始进入人们的视线并获得了空前的发展。目前，在发达国家中，第三产业以较快的速度不断发展，其所创造的财富在国民生产总值中占到了 60% 以上，已成为了国家经济活动过程中的支柱产业。

经济学家经过长期的努力和研究，发现产业结构演化和经济发展具有一定的规律性，产业结构变化呈现明显的阶段性演化过程。尽管受各国人口、自然条件、历史差异的影响，其产业结构演化呈现不同的特点，但是随着生产力的发展，各国产业结构演化都朝着相似的趋势发展。简单地说，产业结构沿着人类需求的方向不断由低水平向高水平演化即由"一二三"向"三二一"进行转化的总体趋势。

从发展的角度观察，社会经济的增长会随着生产力的提高而不断加快，人们开始提出新的需求需要。产业结构也将随着时间的推移而演化，其趋势可以归结为农业—轻工业—重化工业—高附加值的加工制造业—现代服务业—信息技术产业。

二 资源型城市产业结构演进的动因、一般规律和分析模型

产业结构研究是在产业技术结构高度不断提升的基础上实现的。产业结构演进的一般模型可以分为：替代研究模型、非均衡演进模型和扩散演进模型。

(一) 资源型城市产业结构演进的动因

1. 资源禀赋

资源型城市的发展与自然资源的生命周期关系紧密，资源禀赋自然会对资源型城市的产业结构产生影响。当资源储量大、开采成本低时，人口必然向资源型产业集中，资源型产业成为支柱产业，也就越容易形成单一的产业结构格局。当资源逐渐枯竭时，资源型产业边际效益递减，成本上升，城市经济发展停滞，也就更要求在此时有其他产业接替资源型产业成为主导产业。

2. 政策因素

政策因素是资源型城市成长的最为重要的因素之一，政策包括两个方面：其一，国家对资源型城市成长的财政、税收等政策的倾斜；其二，国家对资源型城市成长的指导政策及资源型城市本身对落实正确的经济战略而制定实施的政策。资源型城市产业发展的好坏直接受政策因素的影响，而其财政收入是由产业发展的好坏直接决定的，财政收入对城市的成长也造成直接影响。如图 3 - 4 所示，它影响了在环境治理、产业优化投入、城市建设方面政府资金的支出，劳动力素质的提高，产业优化的投入对产业的改造和调整的作用，又对产业的发展给予了反馈，这个反馈，可能使产业发展加快，趋于合理化、高度化，也可能会造成产业的发展步入困境。决定的因素有两方面：第一是当前产业对财政收入的贡献率；第二是政府对财政收入的支出方向以及政府的产业政策与经营城市的理念与战略。政策变量是指政策在资源型城市产业优化及资源型城市的成长中的作用，内外环境虽然影响了资源型城市的成长，但是最关键的变量是政策变量，其在资源型城市的成长方面起了决定性的作用。

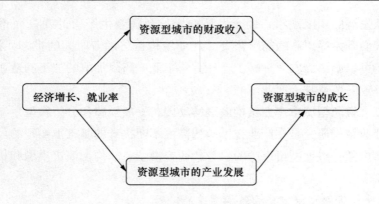

图 3 - 4　资源型城市成长的动因

3. 技术进步

随着科学技术的进步，资源型城市产业结构也会发生一定的变化。首先，科学进步使资源型企业粗放式生产向资金技术密集型生产过渡成为可能。粗放式生产使资源型产业效率低下，浪费巨大，企业主要涉及基础性上游产业，产品附加值低，技术进步使资源型企业可从事对资源加工、利用等活动，提高了产品附加值。其次，技术进步能够有效降低资源型企业的生产成本，技术进步使得资源型产业形成规模经济成为可能，有效地降低了企业成本，提高了生产效率和效益，同时使第二产业减少了劳动力需求，使其向第一和第三产业转移。最后，技术进步使得资源利用率提高，同时也就使得人们对资源耗费量降低，因此也就降低了对资源型产品的需求。

4. 环境因素

资源型城市的产业结构受多种环境因素影响，主要包括政治环境、经济环境、法律环境等多种要素。资源型产业的发展以安定的政治环境为基本前提，同时必须符合国家经济政策和法律法规的要求。国家的产业政策对城市的产业结构具有指导性，直接对其产生影响。

5. 消费需求

对资源型产品的消费需求对城市产业结构最具影响性。消费需求的变化，直接影响资源型企业的生产动力。一方面，科技进步使消费者对资源型产品的耗费降低，在一定程度上减少了消费需求。另一方面，部分资源型产品的替代品的出现，特别是环保型替代产品出现，使得消费者更加认识到可持续发展的重要性，从而对资源型产品的消费需求降低。这就使资源型产业发展减缓，必然引起城市产业结构的重新调整。

6. 投资取向

资源型城市形成和发展的一个重要条件之一就是大量资金对资源型产业的投入。投资取向必然对城市产业结构产生影响，资金的投入使得大量人口向所投资的产业转移，形成资本和劳动力向同一方向转移。如果投资取向发生变化，不再向资源型产业偏移，而转向其他产业，这必然使劳动力向该产业转移，改变城市产业间的比例和配置关系，从而使资源型城市的产业结构格局发生变化。

（二）资源型城市产业结构演进的一般规律

资源型城市的发展重心应是以大力调整产业结构并投资发展资源加工延伸产业与建设新的经济增长点。资源城市产业结构的合理化是经济增长和发展的根本因素之一，通过以"市"促矿，以"市"兴城的道路，建立深加工高附加值的矿产品市场和具有地方特色的高效产品市场，来大力发展社会主义市场经济促进矿业发展并繁荣兴旺资源城市，进而解决优化产业结构、提高经济效益、增强经济实力等资源城市发展的实际问题。

国外资源城市经济可持续发展的实践证明，资源城市经济可持续发展的产业结构演进的大致规律为"单一矿产资源的开发—支柱产业的发展—多元产业结构的建立—产生替代产业—长期繁荣"。

1. 开发单一矿产资源阶段

矿业及矿产品初加工业是这一阶段产业发展的侧重点，在发展矿业及矿产品初加工业的同时，由于矿业城市的基本部门门类、层次较少，产业结构单一常常引发很多社会问题。在这一发展过程里，资源城市应首先注重发展一批作为第三产业主导产业的服务业，使其成为该地区的生活服务部门，以此来确保矿业城市社会经济的均衡发展，这也是矿业城市本阶段产业结构调整的重点之一。对于那些产业结构依然单一的矿业城市，这个调整方向具有十分重要的意义。

2. 主导产业、矿产产品深加工兴起发展阶段

当资源城市发展进入第二个阶段时，城市经济仍依赖于本地的矿业及其矿产品初加工业，并且会形成以矿业为主导的基本部门产业群以及非基本部门和双重职能部门，促进城市经济的繁荣，功能上也得到增强。进行产业结构的重大调整是这一阶段资源城市的主要任务，并且矿产品深加工

业的建立和发展是产业调整的重点，还包括扶持发展其他可以成为基本部门的产业，特别是那些具有发展前景的产业，因为资源城市在以矿业为主导和矿产品初、深加工业组成的基本部门产业群均依赖于本地的矿产资源，如果只发展一个产业群体，城市经济最终还是要受到资源枯竭等问题的威胁，因此资源城市产业结构需要逐渐走向先进化和高级化。

3. 产业结构多元化的形成阶段

在矿产品深加工业得到充分发展，城市经济技术力量雄厚，多种区位优势因素已经培育形成的基础上，来发展其他多种产业。由于矿业城市有个体差异，因此指导其发展其他多种产业不能确定一个一致的日期。只有及时为发展多种产业做好准备，积极地创造条件并使条件成熟才能付诸行动，还要把向综合性工矿城市过渡作为基本任务。高级化和多元化且依托主导产业发展多种产业，以此来形成多样化的基本部门。这样就从根本上克服了资源城市的基本部门过度依赖于矿产资源的情况。此外，单一产业结构所产生的"矿业城市病"也是该阶段产业结构调整的主要方向。

（三）资源型城市产业结构演进的分析模型

1. 替代演进模型

荷兰经济学家范·杜因在其所著的《经济长波与创新》一书中指出，产品的生命周期存在于技术的发展过程中。一项新技术当不被人们熟悉时，发展缓慢，一旦越过最初阶段就迅速扩散，直到一定规模。然而，技术的扩散逐渐放慢，最终被效率更高的新技术取代。资源型城市可以采用这种演进模型（如图 3-5 所示）。

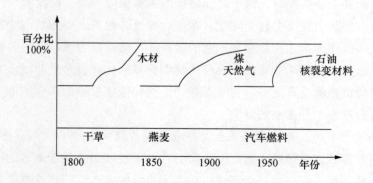

图 3-5　各种技术的前后衔接图

从图3-5中可以看出，从煤、天然气取代木材，从石油、核裂变材料取代煤、天然气，这每一项取代了前一项技术的新技术，都接近基础科学，其知识的密度更高。图3-5还表明，较低级的技术在进入生命周期的成熟阶段后，后一时期产生的新技术迅速成长，取代前项技术，成为该产业的核心技术，产业技术水平在传统技术与新技术的交替中不断上升到新的层次，更高级化和知识密集化。

库兹涅茨在考察产业结构演进的进程时发现，产业结构的演进是以一系列主导产业的交替为特征的，从轻纺工业到重化工业到机电工业再到知识产业，一个主导产业不会永远保持其强劲的增长势头，到了一定阶段会出现主导产业增长减速度现象，最终被其他产业所取代（见图3-6）。之所以会出现主导产业增长速度下降的现象，主要是由该产业技术进步放慢引起的。

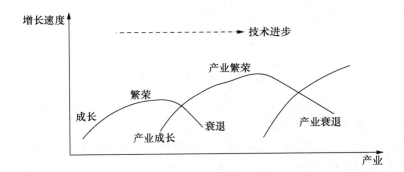

图3-6　主导产业替代图

2. 非均衡演进模型

产业经济运行建立在各产业间同比例关系均衡的基础上。但是，各种技术经济因素对个别产业或对相关产业群的影响，使产业间比例关系的不均衡成为常态。产业结构变动是为了改变不均衡状态，但是结构变动的结果又往往产生了新的不均衡。这种模型同样适合于资源城市的产业结构演进。

多西和奥尔森尼戈（1992）细致分析了产业间比例关系不协调导致的结构演进。他们认为，中观经济的重要中间环节是产业之间生产和技术的相互依存性。产业之间以投资、需求和就业为纽带，形成纵向和横向关联。技术进步机会在产业之间的配置是不均等的，有些产业是技术发展的源头，而有些产业是技术的吸纳部门。技术成果沿着技术的投入产出关联在纵向生产部门之间扩散和传输，形成动态反馈的、有差别的和相对有序的产业结构。在技术传递过程中，产业间的技术差异会转化为学习和进一步创新的动力，推动经济要素在产业间的流动，使产业间的需求或投入关系改变（如图 3 - 7 所示）。

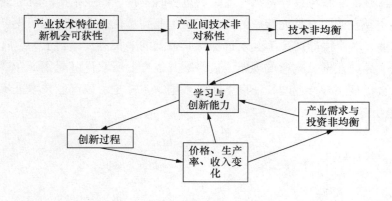

图 3 - 7　非均衡演进模型

3. 扩散演进模型

在社会经济发展的一定时期，往往存在一种或几种对产业成长和产业结构起关键作用的生产要素。这些关键要素的扩散应用，会引起相关领域的技术变革、组织变革和管理变革，进而引起产业结构向更高层次的演进。资源型城市非常适合应用这种模型。

克里斯托弗·弗里曼和卡洛塔·佩雷斯在其著作《结构调整危机：经济周期与投资行为》中，曾分析了"关键生产要素"对产业结构演进的影响。他们首先把创新活动分为四种类型，即增量创新、基本创新、技术体系变革和技术经济模式变革。在这四种类型的创新活动中，技术经济模式变革会产生"非同寻常程度的投资和赢利机会"，因而是最重要的创新。他们认为，导致技术经济模式变革的原因是"关键生产要素"的扩散应用。这些关键生产要素在经济模式变革之前已经存在，但是应用范围较小。当上个经济周期的关键要素出现边际效益递减时，新的关键要素投入使用，打破了原有技术经济模式的限制。新的关键要素在更广泛领域的应用引起了连锁变革，推动一个技术经济模式向另一个技术经济模式演变。

　　弗里曼和佩雷斯的关键要素扩散应用效应理论是用来解释经济的周期性变化的。在现实经济中"关键要素出现—扩散应用—变革—新的关键要素出现"的技术经济变革路径与产业结构的演进有密切的关联。历史上产业结构的演进都是伴随着这一路径而进行的。关键要素的出现会出现新的产业，而关键要素的扩散应用推动了相关新兴产业的成长，并引发生产组织变革和管理变革，原有的产业结构被打破，在新要素应用的基础上形成了新的产业结构，不断循环。根据任一鑫、王新华等（2008）关于产业辐射的理论，扩散演进模型如图3-8所示。

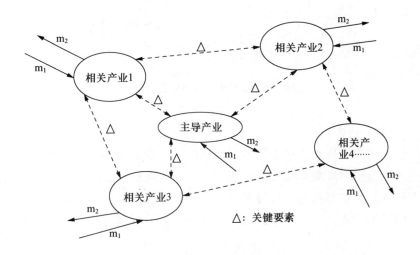

图3-8　扩散演进模型

　　图中每个节点代表一个产业，箭头代表资源输入产业，箭尾代表资源输出产业，m_1 表示输入，m_2 表示输出，就整个产业扩散体系来讲，其对外输出的总价值与对内输入的总价值差额越大，扩散体系效益越好。

三　煤炭产业的发展规律

（一）产业的系统构成

　　系统是由相互联系、相互作用的若干要素结合在一起并具有特定功能的有机整体。煤炭城市是依托煤炭资源开采而兴起和发展起来的，按照系统论的观点，煤炭城市是以矿产资源为纽带，由相互联系、相互作用的各个产业组成的有机整体。经过多年的发展，煤炭城市形成了以煤炭开采为主导的产业结构系统，该系统由主体系统、延伸系统和支撑系统构成。具体来说，煤炭城市以煤炭开采及其产品初加工为主体产业，以电力、交通运输、机械制造、化工等相关产业为延伸产业，以政府、中介组织等为支撑产业。煤炭城市的产业构成系统如图3-9所示。

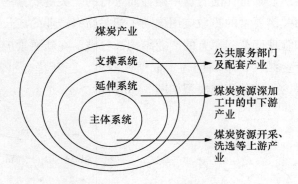

图3-9　煤炭城市的产业构成系统

1. 主体系统

煤炭城市是依托煤炭资源开采而兴起和发展起来的，其主要或重要功能是为社会提供煤炭产品及其初级加工品，煤炭产业是其主导产业。煤炭城市的主体系统是指煤炭资源开采、洗选等上游产业，是煤炭城市整个系统的前提和核心，决定着下游产业的发展规模、发展速度、发展方向等。

2. 延伸系统

煤炭城市的延伸系统是指由煤炭开采及产品初加工发展而形成的或者可能形成的相应产业，主要包括煤炭产品深加工等产业链中下游产业以及为保证其顺利生产的机械制造、交通运输业等关联产业。除此之外，随着技术的进步，煤的用途也越来越广泛，其产业链得到了很大的延伸。除传统的燃烧、电力、炼焦领域外，又延伸出煤液化、煤气化、煤制甲醇、二甲醚等化工领域，并由此以形成或即将形成新的产业（如图3-10所示）。

3. 支撑系统

支撑系统是指为主体系统和延伸系统提供生产、生活等服务的公共部门和服务部门，它主要起导向和保障作用。其中公共部门主要是以政府为主，为煤炭产业的发展提供公共设施，制定相关政策法规，引导和服务于煤炭城市的发展方向。服务部门是指为煤炭产业发展给予生产性服务的组织，一般意义上主要指金融、物流、科技、人力、商贸等从事第三产业的服务性行业及组织。

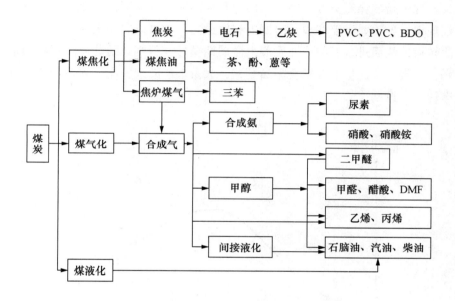

图 3 - 10　煤炭产业链

（二）产业生命周期规律

煤炭产业发展的生命周期严格地受资源储量的限制，随着煤炭资源的开发，其储量和产量将会日渐减少，而开发成本也将不断上升。按照资源消耗程度的大小，煤炭产业发展的生命周期大致分为：开发期（煤炭资源多，投产）→成长期（煤炭资源尚多，达到设计生产能力）→成熟期（煤炭资源大量减少，稳产）→衰退期（煤炭资源趋向枯竭，减产），最终被新产业所取代（如图 3 - 11 所示）。

煤炭产业的形成，是因为新发现了煤炭资源，对其进行开采从而进入开发期。由于具有资源优势，又有工业化生产的大量需求，煤炭产业迅速发展，产量实现设计生产能力，从而进入成长期。在这一时期，大量生产要素迅速投入到煤炭产业中，产业组织不断扩大，迅速成为城市的主导产业，而由于煤炭城市所处区位相对偏僻，其他产业发展非常不足。可以说，煤炭产业的成长期是煤炭城市高度单一的产业结构形成的决定阶段。在成长期之后，煤炭产业的生产规模趋于极限，同时资源也大量减少，煤炭产业进入成熟期。此时，如果没有取得技术突破或发现储量更大、质量更好的煤炭资源，那么产业的扩张就会相对停滞；当然，如果在这一阶段又发现了新的煤炭资源，则可以延长其成熟期，或者替代产业已经具有一定规模，各类要素能在较长时期内有序退出，则可以实现主导产业的无震荡转换，从而进入新的产业发展生命周期循环。否则，随着煤炭资源的枯竭，煤炭产业的生产规模会不断萎缩，大量煤矿陆续关闭，煤炭产业则逐渐转入衰退期。

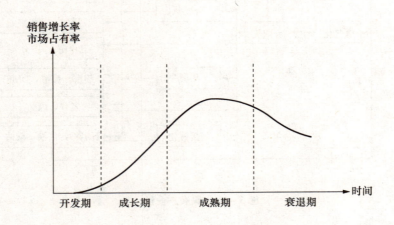

图 3－11　煤炭城市的产业生命周期规律

（三）产业收益递减规律

此处的"收益"涵盖两个层面的含义，其一指投入和产出之间的比例；其二指煤炭资源的开发对区域经济、社会的影响和推动力。煤炭城市的兴起和发展以煤炭资源的采掘为主导，在煤炭产业的开发、成长阶段，凭借煤炭资源丰富、储量高，而且易于采掘等优势，形成投入少、产出高、效益好的特点。随着进一步的采掘，其开采难度将会逐步加大，储量也逐渐减少，相应的效益也慢慢减少。到了煤炭资源开发的末期，其开采难度加大，开采成本随之也增加，而废弃的枯井以及露天采煤后遗留下的痕迹严重影响了生态环境，维护生态环境的成本也随之增加。上述内容是基于投入和产出比而阐述的产业收益递减规律，除此之外，随着资源储量的减少，经济效益的降低，煤炭产业对其他配套产业的前向后向和旁侧影响力降低，区域财政收入减少，就业率降低，对城市发展的支持力度降低，这也是煤炭产业收益递减规律的一种体现。

（四）产业衰亡不可逆转规律

煤炭资源是不可再生资源，随着煤炭的不断开采，煤炭资源最终将会枯竭，煤炭产业将会衰退，煤炭城市的经济发展也会进入衰退阶段，这种衰退是不可逆转的。

四　煤炭城市的发展规律

（一）煤炭城市经济的生命周期规律

煤炭产业是煤炭城市经济的主导和支柱产业，产业结构单一是煤炭城市的典型特征，就是城市的发展严重依赖煤炭产业的发展，城市的兴衰受到煤炭产业的牵制，煤炭产业发展越快，对城市经济的贡献越大，城市发展也越快。一个地区的煤炭产业从开发期到成长期、再走向成熟期直至衰退期的过程，决定了单纯以煤炭产业为主导产业的城市经济也会沿着相似的轨迹发展，呈现出城市经济的生命周期发展规律：兴起期→繁荣期→衰退期（城市经济尚未转型）或新生期（城市经济成功转型）。

煤炭城市经济发展的兴起期对应于煤炭产业生命周期中的开发期和成长期，此时由于社会对资源的大量需求，投入了巨大的人力、物力和财力，出现了专业性的煤炭型城镇，随着煤炭产业的成长，有些煤炭资源规模较大的城镇便发展成人口众多的城市，城市经济保持良好的发展势头，煤炭产业的产值在区域经济中比重持续增加；当煤炭产业进入成熟期之后，该产业的产值在区域经济中的比重相对较大，成为该区域经济发展的支柱产业，此时煤炭城市的经济也相应进入繁荣期，并表现出较强的积聚效应。而城市肩负着发展主导产业和选择替代产业的双重选择，需要孕育新的经济增长点，为专业性城市逐步向综合性城市过渡创造条件，该阶段对城市发展前景具有决定性作用。随着资源的不断枯竭，煤炭产业进入衰退期，并呈现出两种不同的态势：第一种，由于工业发展对煤炭资源过度依赖，随着煤炭资源的枯竭，比较优势开始衰弱，产业结构单一的煤炭城市出现经济衰退在所难免；第二种，由于成熟期成功地培育了新的经济增长点，形成了新的比较优势，资源约束不再是决定城市兴衰的瓶颈，城市在更高的层次上焕发出新的活力，开始进入新一轮的城市经济生命周期循环当中。

（二）城市建设与资源开发的同步演进规律

煤炭城市的建设往往呈现出明显的阶段性，在煤炭资源开发的初级阶段，城市也因资源的开发而兴起和发展起来，也就是说城市的建设与煤炭资源的开发同步开展。但由于资源开发的初级阶段条件的限制，城市功能及发展所需的物质资源相对欠缺，城市产业以煤炭产业为主导，基础设施的建设、其他产业的产生均以煤炭产业为中心，形成和发展的立足点是为煤炭产业服务。而后到了煤炭资源开发的中期，城市经济获得迅速发展，财政收入迅速增加，为城市建设创造了良好的条件和发展机遇，因而城市建设的力度也大大增强，产业结构也得到适当的调整，在过去以所有产业为煤炭产业服务的基础上，形成其他多元化的相关产业。到了煤炭资源开发的后期，由于资源量的减少，经济增长速度减缓，用于城市建设的资金也随之减少，城市的进一步发展受到挑战。如果在这一阶段，能及早更改以煤炭资源为主导产业的经济结构，城市建设可以获得新一轮的发展。倘若未能及时做出相应调整，城市建设对资源的完全依赖性会导致城市发展随着煤炭资源的枯竭而萎缩。由此我们说煤炭城市的城市建设与煤炭资源的开发同步，并伴随煤炭资源开发的全部过程。

（三）煤炭城市环境问题的递增规律

由于煤炭为不可再生资源，加之煤炭城市开采工艺以及机制等不是很健全，导致我国煤炭的开采方式为粗放型、掠夺型。由于煤炭产业是煤炭城市的主导产业，城市对煤炭资源有很高的依赖性，很多城市没有重视非煤产业的发展，这样就导致煤炭资源的浪费。土地资源是矿业城市重要的资源，由于开采是地下作业，加之我国的开采技术较为落后，造成大量土地地表塌陷，进而造成地表上附着的房屋建筑物、农田的严重破坏，并且相关技术较为落后，不能形成良好的煤炭副产品的循环利用，这难免会堆积起来，占用大量的土地资源。正是由于这两方面的因素，导致土地资源的严重破坏。水资源是人类生存不可或缺的资源，由于我国煤炭城市大多位于北方地区，本来水资源就比较匮乏，加之采煤技术均为高耗水作业，需要抽取大量的地下水，使得原本就很匮乏的水资源更加短缺。据统计，全国每年因采矿损毁土地累计达40万公顷；因采空或超采引起地面沉降、塌陷、滑坡、裂缝及泥石流等地质灾害达千余处；全国每年工业固体废弃物排放量中85%以上来自矿山开采，现有固体废矿渣积存量高达60亿～70亿吨，其中仅煤矸石就超过34亿吨，形成煤矸石山1500余座，占地

5000 公顷；矿山生产过程中排放大量废水和废气，仅煤矿排放的废水每年即达 26 亿吨，废气达 1700 亿立方米，对环境造成严重污染。以上环境问题严重威胁到煤炭城市的可持续发展。因此，在煤炭城市的演进过程中，环境问题日益递增。加之历史和体制等方面的原因，煤炭城市的环境问题已是冰冻三尺，并成为煤炭城市可持续发展的巨大障碍。

（四）煤炭城市综合效益递减规律

城市的效益主要包括经济效益、社会效益和环境效益，本书从这三个层面来分析煤炭城市的综合效益。首先，由于煤炭城市的经济发展依赖于煤炭产业，而煤炭产业存在效益递减规律，因此煤炭城市的经济效益也会逐渐递减；其次，随着煤炭城市财政收入的减少，城市对教育、文化、卫生、社会保障和福利等事业发展的支持缺乏后劲，衰退期可能会出现入学率下降、失业率和犯罪率上升等负面社会效益，与此同时，煤炭城市对周边区域的吸引力也逐渐削弱；再次，随着资源开发的加剧，煤炭城市的环境问题也日益突出，在煤炭企业收益下降的情况下，环境治理难度加大，煤炭城市的环境效益也会继续下降。

第三节　煤炭城市产业结构的形成机制、特征及成因

一　煤炭城市产业结构的形成机制

城市的产业结构具有继承性和动态性，它总是处于不断的变化中，一国或一地区的产业结构是在多种因素的共同作用下形成和演化的。我国煤炭城市产业结构的形成机制如图 3 - 12 所示。

我国煤炭城市产业结构的形成深受计划经济体制下国家产业政策的影响。在 1953—1978 年的 25 年间，我国实行的是中央高度集权的计划经济，由于我国的经济发展水平比较落后，因而在新中国成立初期就实施了优先发展重工业的赶超战略。在这种背景下，中国的产业结构在新中国成立后 20 多年的发展中呈现出明显的倾斜态势，从三次产业的产值结构来看，第一产业和第三产业在国内生产总值中的比重呈下降趋势，第二产业的比重则迅速上升，从 1952 年的 21.7% 增长到 1978 年的 48.6%。在工业内部，重工业的发展速度远远快于轻工业，二者 25 年间的平均增长速

度之比为 1.48:1，新中国成立后用了短短 20 多年的时间，便在一个落后的农业国基础上初步建立了比较完备的工业体系，其成就是巨大的，但是国民经济中农、轻、重及其他产业的比例关系出现了严重失衡。

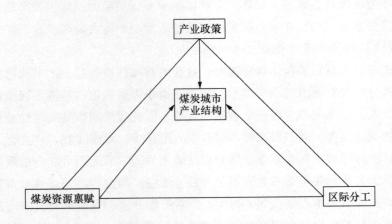

图 3 – 12　我国煤炭城市产业结构形成框架

　　丰富的地方煤炭资源禀赋是煤炭产业成为城市主导产业的必然，煤炭城市便是依托天然赋存的煤炭资源而兴起或得到发展的。在计划经济体制下，煤炭资源禀赋因素得到了放大，国家过分强调这些城市的专业化功能，一直把煤炭城市作为能源、原材料基地进行建设，主要对这些地区的煤炭产业进行投资，在产业安排上形成了以煤炭资源开采为主的产业结构。与此同时，这种战略意图是通过煤炭行业主管部门予以实施的，在实施过程中，煤炭主管部门只从本行业的角度考虑煤炭生产基地在全国的布局，而不从城市发展的角度考虑该煤炭产业与上、下游产业间的关联，这种做法就是我们通常所讲的"条条"管理导致产业链被人为地割断，这使煤炭城市以煤炭资源开采为主的产业结构更加单一，具有高度的非均衡性，可以认为，煤炭产业在煤炭城市中既是主导产业，又是支柱产业，这种高度非均衡的产业结构，便是国家根据各地的煤炭资源禀赋和全国范围内区际分工对产业结构进行统一布局的产物，也是煤炭城市经济结构单一的体制性原因。

二　煤炭城市产业结构的特征

（一）产业结构单一，经济效益低下

煤炭城市企业产生于新中国成立初期，当时处于计划经济时期，在那个时期，煤炭城市被作为单一的经济基地来建设，强调区域经济国家宏观的生产力规划与布局，而区域经济利益的实现是靠国民收入的再分配补贴而实现的，国家下达产量任务，以至于煤炭企业只是一味单一地追求产量，过分强调专业化功能，导致产业结构单一，没有其他产业的发展，导致主导产业在经济城市中的关联效应较差，难以带动其他相关产业的发展，进而导致其经济效益低。城市的发展基本是采掘业的发展，其他产业都只是依附于煤炭产业，从而形成了单一的产业结构。煤炭产业成为唯一的主导产业，在城市经济中居于垄断地位。总体特征表现为主导产业单一、产业结构畸形。三大产业发展不平衡，产业结构发展的规律应是第一产业比重下降，第二产业稳中有降，第三产业比重上升。而产业结构中，第一产业、第三产业比重低，第二产业比重高，违背了产业结构的发展规律，其产业以初加工为主，科技含量较低。生产以劳动密集型和资源密集型为主，技术知识密集型产业少，产业结构层次偏低。单一的产业结构导致城市对煤炭资源的高度依赖，一旦煤炭资源枯竭，将使其陷入困境，发展困难重重。

（二）产业结构的二元性突出

产业结构二元性，就是在一地区的产业结构中，现代化的领域同未现代化的领域同时并存，在这两个领域之间，存在着相当大的断层，我国大多数煤炭城市的产业结构都呈现出二元性，主要表现在以下几个方面。

1. 工业组织的二元结构

一方面是由现代化综合开采装备和大规模矿山机械所组成的高投入、高产出的技术、资金密集型企业，即现代化主导产业；另一方面则是仍保留由原始的开采方式和简单手工操作所组成的低效益、低产出的乡镇企业和个体企业，即技术落后、传统的非主导产业和传统的手工业并存，由此就形成产业组织上的二元结构。这种结构容易造成消费需求不足，进而对拉动经济发展的贡献率低。这种煤炭城市产业组织结构二元化不利于技术进步、知识扩散，使资源产品的技术含量低，对经济发展的贡献受限。

2. 工业农业的二元结构

绝大多数煤炭城市中，农业在城市经济总产值中的比重较小，这是由于煤炭城市大部分是在荒僻的地方发展的，农业发展的基础非常不好，缺乏适合农业发展的环境；而在城市发展的过程中，只重视资源产业的发展，忽略了农业基础；即使是在煤炭资源枯竭时，城市政府也不愿花费很大精力发展农业，致使煤炭城市农业总是处于较低的水平。

3. 重工业与轻工业的二元结构

大多数煤炭城市的产业结构都呈"超重型"。长期以来，我国一直把重工业放在优先发展的地位，轻视轻工业发展，导致轻重工业的比例关系不合理。资源型城市的产业结构一般是能源、原材料的超重型结构；重工业年均规模增长速度大大快于轻工业，形成超重型的产业结构；而在重工业中，采掘工业和原材料工业比重过大，加工工业比重偏小，又使资源的合理利用和生产力的合理配置受到严重制约，这在煤炭城市中是普遍性的问题。

（三）产业关联度低，产业结构转换能力差

煤炭产业主要是国有企业，国家对这些产业从投资、生产到销售实行全程包揽，使得煤炭产业和所在城市形成了相对独立的运行系统，煤炭产业带动相关产业发展的优势辐射慢，扩散效应差，产业关联度低。其中，有一定规模的轻工业过度依赖农业，而与农业关联性小的轻工业则发展缓慢；重工业没有形成长的产业链，相关产业之间的依赖性低。因此，煤炭城市的整体产业关联度不高。同时，煤炭产业中大量资产具有较高的专用性，难以转作他用，因而煤炭产业结构一旦形成便具有很强的刚性，这种刚性严重束缚了城市产业结构的转换能力。

（四）产业部门呈分割型

作为地区经济结构，各产业部门应该是相互依存的有机整体，有些产业部门还应具有密切的投入产出关系，但由于煤炭企业长期受"条条"的领导和管理，形成了强大的垂直系统，其产、供、销以及经济运行的整个过程脱离城市而独立存在，与城市经济既缺乏依附性，又缺乏互补性，专业化协作难度大，造成经济发展的两层皮，使城市经济在结构性摩擦中失去了效益。近年的体制改革，使煤炭企业逐渐下放到省、市管理，产业部门分割的问题得以逐渐解决，但煤炭企业完全融入地方经济还需要一个过程。

（五）产业组织结构单一

产业组织结构理论表明：大型企业在一个地区单纯存在不仅不合理，也很难持续。煤炭城市以煤炭开发为主体的产业结构是以资金密集和劳动密集为主要特征的，在企业规模结构中大中型企业多，小型企业小，国家直属企业比重大，地方工业比重小。在内部组织结构上，表现为大而全，小而全的企业多，专业划分协作的企业群体和企业集团少。这种产业组织状况，不仅使煤炭城市产业链难以延长，也人为阻碍了大中小型企业间多种形式的竞争，浪费、压抑了大型企业内的技术和组织创新动力，不利于企业和区域核心竞争力的提高。

三 煤炭城市产业问题的成因

（一）区位因素的影响

资源禀赋及分布状况决定着资源型城市的地理位置，全国80%的资源型城市分布在偏远的山区或荒漠地区，远离经济发达地区，这样的区位条件导致资源型城市在建设过程中，难以实施科学的城市规划，导致普遍存在交通不便、信息不畅、市场封闭、辐射效率低、对外开放程度不高等问题。在这种情况下，资源型城市与外界的沟通交流、分工合作的机会很少，城市产业结构升级缺乏外界力量的推动，不利于城市产业结构的合理化调整。并且我国大多数资源型城市的发展都以牺牲环境为代价，环境破坏表现尤为突出，主要表现在对大气资源、水资源、土地资源等的污染，而大多数高科技产业的发展一般要求空气清新、温度湿度适中等条件。所以资源型城市自身的区位因素以及环境因素极大地限制了代表未来产业发展方向的新兴产业的发展。

（二）政府宏观调控的误导

中国能源以煤为主，决定了一次能源的供需结构以煤为主的特点，在一次能源总量中煤炭所占比重在70%以上，20世纪五六十年代甚至占到90%以上，可以说，煤炭是中国能源的支柱。早些年，由于经济发展迅速，对能源的需求有所扩大，使能源一度供不应求。为此，国家曾提出了"有水快流"，造成了国家、集体、个人一起上的能源开发政策，以期加快能源工业的发展，在此政策的推动下，煤炭产业得到迅猛的发展，国有煤矿超强度开采，乡镇小煤矿、个体小煤窑等遍地开花，形成了哪里有煤，哪里冒烟的局面。这种局面虽然暂时缓解了能源供应紧张形势，部分煤矿城市的经济受到拉动，取得了较快的增长，但也带来了经济要素整体配置劣化和区域经济的单向度，资源型特征也日益突出，出现了资源型产业小型化、低效化、初级化、产业结构不合理和环境遭到破坏等诸多问题。在计划经济体制下，为了使资源型城市得到快速的发展，国家为该行业提供大量的资金，在强有力的投资下，资源及相关产业得以迅速发展，成为当地的支柱产业和高度专业化的生产部门。但由于资源产业效益低，生产设备高度专业化，人才与技术开发能力、经营管理水平、科技创新能力都不高，很难投资于新型产业领域，企业自身追求产业结构多元化比较困难。

（三）经济体制改革滞后

煤炭城市经济的发展带有浓厚的计划经济体制的色彩。国家对煤炭产业从建设、投入一直到产出都实行着高度集中的指令性计划，这对煤炭资源基地的迅速形成有着十分重要的作用，也给煤炭城市的发展打上深深的计划经济的烙印。正如专家说的"资源型城市是计划的城，缺少现实意义的市"。即使是改革开放以后，煤炭产业也是进入市场最晚的行业之一，其产品的指令性计划直到 20 世纪 90 年代才逐步取消。同时，城市经济主要是由于全国资源需求和国家投资而建立并演进的，其所有制结构带有明显的公有制偏好，国有企业比重占据主体，其他所有制经济成分发展缓慢，市场化程度明显偏低。例如，到 2006 年年底，大同市的国有企业比重高达 70%，而且多数经营困难，在计划经济体制下，煤炭城市形成的不合理产业分工体系，具有强大的历史惯性。

（四）煤炭价格机制客观上不利于产业的可持续发展

由于煤炭价格与价值的严重背离，使以煤炭产业为支柱产业的煤炭产品的价值没有在流通过程中得以实现，社会的再生产受到严重阻滞，同时也阻碍了煤炭产业的可持续发展。煤炭价格的不合理主要表现在以下方面：一是现行的煤炭价格未能真正反映煤炭的完全成本，例如，从山西省的情况来看，每挖 1 吨煤造成的不合理的煤炭资源损失约为 30 元，造成环境污染、生态破坏及地表塌陷的损失为 52.85 元，所有这些在煤炭成本中长期得不到体现，没有通过煤炭价格得到合理的补偿；二是不同能源和上下游不同行业的比价不合理，造成了无序的、不公平的竞争，而且在煤炭行业内部各个煤种品种的比价也不合理，没有体现优质优价，做到保护紧缺的煤种资源；三是煤炭价格的内部比例不合理，出矿价与到厂价存在较大差距，销售中间环节费用在煤炭价格中占的比例较大，煤矿实际获得的价格上涨收益很少；四是煤炭价格上涨低于其他生产资料的上升幅度，也低于煤矿主要用生产资料价格和其他成本支出的上涨幅度，煤炭企业的收益大幅度下降。

煤炭价格的不合理主要有以下影响：首先，偏低的煤炭价格不能及时和充分地反映市场供求和资源稀缺程度，缺乏对投资者、经营者和消费者的激励和约束作用，这在一定程度上加剧了资源的过度开发、过度需求和过度浪费；其次，较低的煤炭价格不仅阻碍了煤炭城市的经济发展，同时也降低了煤炭行业的竞争能力；再次，煤炭价格偏低，用煤企业普遍缺乏节约煤炭资源的压力和动力，不仅造成了煤炭行业自身效益的损失，而且导致了下游相关行业能源成本的失真，从而有可能导致能源的浪费。实行煤炭低价政策，等于国家用巨额补贴补了用煤企业，而由于煤炭生产所造成的损失却留在煤炭企业内部。由于煤炭行业长期欠账，使得能耗高，生产落后的企业也不被淘汰。只有煤炭价格合理化，才能提高行业收益率，吸引更多的资金，促进煤炭产业的结构调整和优化，使煤炭产业走向可持续的发展道路。

（五）煤炭开采的补偿机制严重缺失

在计划经济时代，部分煤炭城市设立了煤炭专项基金和一些规范性的收费，这些政策存在明显的缺陷，主要表现在：一是补偿政策和专项政策的支持力度还不够，尤其是煤炭专项基金于 2005 年年底全部取消，其他专项政策范围窄，且明显带有一定的随机性和短暂性，没有做到长期化、制度化，从而没有形成合理规范的煤炭资源生态环境补偿机制和转产机制，存在严重的制度缺乏；二是政策实施的环境发生了很大的变化，不能适应现阶段的需要；三是这些补偿政策的收入规模小，不能满足补偿需要，更不能解决煤炭城市生产的生态、环境和资源问题。上述因素导致了煤炭在开采过程中带来的外部不经济问题积累得越来越多，极大地影响了煤炭产业的健康、稳定、持续发展。

（六）煤炭企业经营机制存在缺陷

煤炭企业经营机制存在缺陷，给煤炭城市产业结构的调整造成了障碍：首先是企业动力机制的残缺，煤炭企业没有形成独立的经济实体，被地方部门控制，形成贸易保护主义，弱化了企业的竞争力，企业利润与企业自身利益及职工利益脱节，影响了企业获取利润的动力，呈现出一种急功近利的倾向，与产业结构的长远利益相违背，表现为粗放型的经营形式，产业效益低下；其次是决策机制的残缺，企业中人事权虚无，使劳动力在各企业、产业间流动性较差，阻碍了劳动力的调整，在产品定价权方面，虽然一部分产品由市场调节定价，毕竟还有一些产品由国家定价，且价格不合理；最后是行为约束机制的残缺，表现为软预算约束，诸如财政补贴、减免税收、低利息率等，减轻了煤炭企业的外部压力，削弱了煤炭企业生产经营的动力和技术创新的能力。

第四章　平顶山市与焦作市实施产业对接的现实基础分析

第一节　平顶山市与焦作市基本情况介绍

一　平顶山市基本情况

平顶山市位于河南省中南部，因市区建在"山顶平坦如削"的平顶山下而得名。1957 年建市，现已成为以能源、原材料工业为主体，煤炭、电力、钢铁、纺织、化工等工业综合发展的新兴工业城市，以其得天独厚的地理位置、丰富的自然资源、雄厚的经济实力以及源远流长的灿烂文化，越来越为中外所瞩目。平顶山地处京广、焦枝两大铁路干线之间，并有漯宝铁路与两大干线相连。平顶山市位于河南省中南部，东经 120°14′—133°45′，北纬 33°08′—34°20′。全境西高东低，呈阶梯状递降，海拔最高 2153 米，最低 68.5 米；东西长 150 公里，南北宽 140 公里，现辖汝州市、舞钢市、宝丰县、叶县、鲁山县、郏县和新华、卫东、湛河、石龙四个区，总面积 7882 平方公里，总人口 470 万。

平顶山市自然环境优越。属暖温带大陆性季风气候，四季分明，气候温和，雨量充沛，无霜期长，适宜多种农作物和动植物的生长。小麦和烟叶是两大优势作物，其中烟叶生产久负盛名，是全国三大烟叶产区之一。郏县红牛是全国八大良种牛之一，被国家定为红牛繁育和饲养基地。宝丰酒、汝瓷、紫砂陶等名优土特产驰名中外。境内有众多的名胜古迹。有千年古刹风穴寺、北宋大文豪苏轼父子之墓地——三苏坟、风景如画的石人山自然保护区、集山、林、湖、城为一体的舞钢市石漫滩国家森林公园、被誉为神泉琼汤的汝州温泉等。

平顶山市地上地下资源丰富。已查明各类矿产 57 种。原煤总储量

103 亿吨，保有储量 80 多亿吨，占河南省总储量的 51%，素有"中原煤仓"之称；铁矿总储量 6064 亿吨，占河南省总储量 60.5%，是全国十大铁矿区之一；钠盐预测总储量为 2300 亿吨，可采储量 10.8 亿吨，平均品位 89%，单层厚度平均达 27 米，盐田的开发及深加工已成为河南省的重要产业。平顶山境内水资源十分丰富，共有大中型水库 174 座，其中大型水库 4 座，总容量为 20 亿立方米，地上地下水总量 32 亿立方米，充沛的水资源为工农业生产和城市用水提供了良好的条件。全市有大中型企业 47 家。平顶山煤业（集团）有限责任公司，年产原煤 1800 万吨，是全国第二大统配煤矿；中国神马集团有限责任公司年产锦纶帘子布 5 万吨，是世界三大帘子布生产企业之一；姚孟发电有限责任公司装机容量 120 万千瓦，是华中电网大型骨干火电厂之一；舞阳钢铁公司是我国第一家生产特宽特厚钢板的重点企业，天鹰集团有限责任公司是全国生产高压电器的三大主导厂家之一，产品国内市场占有率达 80%。国家重点建设项目——尼龙 66 盐工程，主要生产设备全部从国外引进，工艺技术先进。平顶山市现已形成了以煤炭、电力、钢铁、纺织、机械、化工、建材、食品等门类为主体产业的工业体系。

二　焦作市基本情况

焦作是一个区位优势非常明显的城市。焦作地处黄河南北之通道，扼晋豫两省之要冲，自古就是豫西北地区重要的物资集散地。改革开放以来，全市交通事业发生了翻天覆地的变化，初步建成了以铁路、公路为依托，以国道、省道为骨干，以县（区）域为中心，以乡村道路为脉络，布局合理，四通八达的交通网络。焦作市境内有焦枝（焦作—枝城）、焦太（焦作—太原）、焦新（焦作—新乡）、月侯（月山—侯马）四条铁路线，有月山、待王两个较大的货运编组站，铁路交通便利。河南省第一条城际铁路——郑焦铁路已经开工建设。拥有郑焦晋、新焦济、济洛、焦温等高速公路，地方高速公路与国家干线高速公路连通，实现了"县县通高速"、"乡乡通二级"、"村村通硬化路"。

焦作是一个历史文化非常悠久的城市。古称山阳、怀州，是华夏民族早期活动的中心区域之一，现存裴李岗文化、仰韶文化和龙山文化遗址。是司马懿、韩愈、李商隐、朱载堉、许衡及"竹林七贤"山涛、向秀等历史文化名人的故里。还有我国历史上唯一记述治黄史的庙观，河南省保存最完好、规模最宏大的清代建筑群——嘉应观。目前，拥有文物保护点

1092 处，省级以上文物保护单位 97 处。

　　焦作是一个旅游资源非常丰富的城市。荣获"中国优秀旅游城市"、"国家园林城市"等称号。一是名山。太行山在焦作分布着 1000 多处景点，山水相依，雄中含秀，春赏山花、夏看山水、秋观红叶、冬览冰挂。云台山世界地质公园闻名遐迩。二是名拳。焦作是陈氏太极拳的发祥地。三是名药。焦作是怀地黄、怀山药、怀菊花、怀牛膝的原产地，"四大怀药"以药材地道、疗效神奇成为中医药文化的瑰宝。

　　焦作是一个经济发展非常迅速的城市。近年来，焦作市强力实施工业强市、项目拉动、开放带动、科技推动战略，经济社会实现了平稳较快发展。2011 年地区生产总值达到 1469.4 亿元，增长 13.3%；财政一般预算收入 74.5 亿元，增长 17.6%；规模以上工业增加值达到 865 亿元，增长 18.9%；全社会固定资产投资完成 946.4 亿元，增长 26%；社会消费品零售总额 379 亿元，增长 17.8%。

　　焦作是一个矿产资源较丰富的城市。焦作矿产资源品种较多，储量较大，质量较好，经过普查的矿产资源有四十余种，占河南省已发现矿种 25%，探明储量的有煤炭、石灰石、铝矾土、耐火黏土、硫铁矿等 20 多种，其中煤田东起修武，西至博爱，南接武陟，东西长 65 公里，南北宽 20 公里，保有储量 32.4 亿吨，为单一的优质无烟煤，是化工和钢铁工业的理想原料；耐火黏土主要分布于修武至泌阳一线的太行山南侧，埋藏浅，易开采，耐火度达 1650～1770℃，是生产陶瓷、耐火材料的优质原料，已探明储量 4686.9 万吨，占全省保有储量的 9.5%；铁矿主要分布于焦作和泌阳，保有储量 2726 万吨，工业储量 740.6 万吨，以磁铁矿为主，含铁量 32%；硫铁矿保有储量 3475.5 万吨，占全省储量的 41%，品位一般在 16%～20% 左右，洗选性能良好，主要位于冯封矿区，矿体长 3000 米，宽 300～600 米；石灰石分布广、储量大，工业储量 33 亿吨，远景储量 100 亿吨，厚度稳定在 30 米以上，含氧化钙 52%～54%，主要分布于北部山区，面积 500 平方公里，是生产纯碱、乙炔、水泥等产品的优质原料；此外，焦作还有铜、铁、石英、大理石、铝、锌、磷、锑等矿产资源。

　　焦作是一个水资源较丰富的城市。流域面积在 100 平方公里以上的河流有 23 条，还有引泌渠、广利渠两大人工渠，有群英水库、青天河水库、白墙水库、顺涧水库等较大水库，地表水资源充裕；焦作市还是天然的地下水汇集盆地,已探明地下水储量35.4亿立方米。建设中的南水北调中线工程也将从焦作通过。丰富的水资源在中西部地区是不可多得的。

焦作是一个投资环境非常优良的城市。有高效的政务环境,牢固树立"创新、规范、务实、简捷"的行政理念,建立了市、县、乡三级行政服务中心,坚持为外来投资者提供"零距离、保姆式"服务。有良好的政策环境,是河南省享受振兴东北老工业基地政策的5个重点城市之一,是商务部确定的中部9个加工贸易梯度转移重点承接地之一,是中部地区国家首批典型资源枯竭城市之一。有丰富的资源环境。焦作毗邻晋东南煤海,地下水储量可观,南水北调国家重点工程穿越焦作,被誉为"晋煤焦水、天赐良缘"。西气东输从焦作经过,煤层气资源储量丰富。焦作电力网络完善、结构优化,正在加快推进龙源电厂、焦作电厂迁建等一批电力工程,将为焦作提供充足的电力保障。有诚信的社会环境,加强政府、企业、社会、个人等全方位、多层次诚信体系建设,荣获"中国投资环境百佳城市"、"跨国公司最佳投资城市"称号。

焦作市因煤而建,因煤而兴,隋唐时就已开始土法开采煤炭,至宋代以手工作坊方式大规模采煤,直到新中国成立后,焦作一直是全国著名的"煤城",属于典型的资源型城市。煤炭产业曾在全市国民经济中占据统治地位,全市煤炭工业产值占全部工业总产值的比重在1957年曾高达44.7%,到20世纪90年代初,全市拥有资源开采及配套型企业1200多家,增加值占全市工业增加值的比重在90%以上,多数企业依煤而生。随着矿产资源特别是煤炭资源的枯竭,与之相配套的大批企业出现开工不足、亏损严重现象,全市经济增速连年下降。"九五"期间,在全国经济快速增长的背景下,焦作经济年均增长率仅为3.5%,各种社会矛盾和环境问题逐渐暴露。1999年,焦作市开始着手实施经济结构调整。"以旅游业为龙头,带动全市第三产业快速发展"是焦作推进城市经济转型的重要一环,焦作市以其丰富独特的旅游资源为依托,大力发展旅游业,不仅创造了惊人的发展速度,而且取得了可喜的发展业绩,旅游产业规模不断扩大,由旅游资源富市向旅游经济强市迈进的步伐大大提速,"焦作现象"已成为旅游业快速发展的代名词,焦作市也由煤城向旅游城市和山水园林城市转变,最终实现了由"黑色印象"到"绿色主题"的成功转型。同时,焦作利用高新技术和先进适用技术改造提升传统产业,对现有的能源、化工、机电、建材等工业进行高新技术和适用技术全面改造,强力实施了"三个战略性转移",即煤炭工业向电力、热电联营、铝电联营;原料化工向生物化工、医药化工、精细化工;煤矿机械向环保机械、粮食机械、汽车机械;水泥建材向新型建材、环保建材的战略性转移。此外,焦作还是天然地下汇水盆地,水资源储量相当可观,并紧邻煤炭富集区山西晋城市,晋煤焦水的"天赐良缘"使焦作成为发展大工业的理想之地。多年来,焦作利用晋煤、焦水的优势组合,建设、改造了焦作电厂、丹河电厂、万方爱依斯电厂和一批地方电厂。不仅如此,焦作还是粮食高产地区,按照突出特色、建立支柱、扶持龙头的思路,强力推动农副产品加工业的发展,以发展农副产品加工业为主,拉长农业产业链条,加快农副产品的转化增值,实现高产农业向高效农业的转变。从资源主导到科技主导,从开发矿山到开发旅游,从黑色印象到绿色主题,焦作城市的转型使经济重新焕发了生机和活力。

第二节 平顶山市与焦作市产业现状分析

一 平顶山市产业现状分析

平顶山市作为"因煤而立,依煤而兴"的煤城,从 1955 年,平顶山市的第一对矿井——二矿开始兴建,到 1966 年七对矿井建成投产,原煤产量达到 699.3 万吨,煤炭业占工业总产值的比重达到 74%,煤炭生产基地初步形成。1970 年,原煤产量达到 822 万吨,煤炭产值达 1.21 亿元,占全市工业总产值的 63%,形成了以勘探、采掘、洗选、焦化、机械修造为主的产业体系,煤炭业占有绝对优势。

随着煤炭开采能力的进一步提高,平顶山市把延长产业链,发展高附加值产业作为经济发展的中心任务。由于平顶山市拥有丰富水资源,发展坑口电站成为平顶山新的产业战略选择。1971 年,平顶山市投资 2740 万元,建成装机容量 10 万千瓦的平顶山电厂,当年创造产值 1123.7 万元;之后又投资 3.5 亿元,建成装机容量 60 万千瓦的大型坑口电站——姚孟电厂,平顶山市电力工业从此崛起。煤电工业的发展,带动了与之配套的资源型产业链的进一步延长。1971 年,与电力工业配套的高压开关厂由东北迁至平顶山,填补了平顶山市电气机械行业的空白。由于平顶山市拥有丰富的铁资源,之后国家又投资 6.89 亿元,在舞钢市建成了拥有的

4.2 米轧机（被称为我国轧机之王），生产特宽特厚钢板的大型钢铁公司——舞阳钢铁公司。到 1982 年，平顶山市初步形成煤炭—电力—冶金—其他关联产业配套发展的产业链，工业总产值达 13.6 亿元。

　　凭借资源优势，在平顶山市重工业飞速发展的同时，轻工业发展严重滞后，资源型城市轻重工业比例失调的通病在平顶山市显得尤为突出。为化解矛盾，平顶山市提出了"以能源工业为主体，煤、电、钢、轻、化、纺协调发展"的方针。随后在平顶山市兴建和改造了帘子布厂、化纤厂、毛纺厂、啤酒厂、铝制品厂、宝丰酒厂等一批企业，使纺织、轻化、食品等工业得到了较快发展，加大了结构调整的力度，使轻重比失调的矛盾有所缓和。尽管如此，以优势资源为基础的资源型产业在平顶山市的产业结构中仍占有绝对优势，是平顶山市经济发展支柱产业，支撑着平顶山市经济的快速发展。

　　总之，从建市到 1993 年，平顶山市的产业体系正一步步地由单一的煤炭采掘业向综合多门类产业转变，煤炭产业的比重逐步降低；资源型产业的总体比重虽然一直处于下降趋势，但在整个产业体系中，资源型产业一直占有绝对优势，且其比重远远超过其他产业（见图 4-1），是支撑平顶山市经济发展的主要力量。但是，平顶山市已经意识到自身产业发展的问题和不足，在利用优势资源加快发展的同时，开始谋划和发展资源型产业的接续和替代产业。

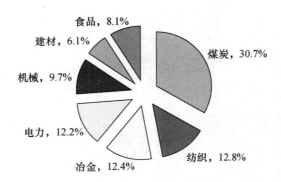

图 4-1　1993 年平顶山市工业总产值比重

（一）平顶山市三次产业结构现状分析

　　根据《平顶山市统计年鉴（2013）》，平顶山市三次产业结构比例由 2000 年的 15.4∶52.0∶32.6 调整为 2012 年的 9.7∶62.2∶28.1（见表 4-1）。

经过 10 多年的调整，平顶山市的产业结构未发生根本性变化，只是各产业结构发生一些变化。平顶山第一产业比重由 2000 年的 15.4% 下降到 2012 年的 9.7%，下降 5.7 个百分点，低于同期河南省第一产业比重下降的 10.3 个百分点（河南省第一产业比重由 2000 年的 23.0% 下降到 2012 年的 12.7%），高于同期全国内第一产业比重下降的 5 个百分点（全国第一产业比重由 2000 年的 15.1% 下降到 2012 年的 10.1%）；第二产业比重由 2000 年的 52.0% 上升到 2012 年的 62.2%，上升 10.2 个百分点，高于同期河南省第二产业比重上升的 9.9 个百分点（河南省第二产业比重由 2000 年的 46.4% 上升到 2012 年的 56.3%），高于同期全国内第二产业比重下降的 0.6 个百分点（全国第一产业比重由 2000 年的 45.9% 下降到 2012 年的 45.3%）；第三产业比重由 2000 年的 32.6% 下降到 2012 年的 28.1%，下降 4.5 个百分点，高于同期河南省第三产业比重下降的 0.6 个百分点（河南省第三产业比重由 2000 年的 31.6% 下降到 2012 年的 31.0%），低于同期全国内第三产业比重上升的 5.6 个百分点（全国第三产业比重由 2000 年的 39.0% 上升到 2012 年的 44.6%）。

表 4 - 1　　2000—2012 年全国、河南省及平顶山市三次产业结构

单位:%

年份	全国			河南省			平顶山		
	第一产业	第二产业	第三产业	第一产业	第二产业	第三产业	第一产业	第二产业	第三产业
2000	15.1	45.9	39.0	23.0	46.4	31.6	15.4	52.0	32.6
2001	14.4	45.2	40.5	22.3	45.4	32.3	15.3	51.9	32.8
2002	13.7	44.8	41.5	21.3	45.9	32.8	14.5	52.8	32.7
2003	12.8	46.0	40.5	17.5	48.2	34.3	13.2	54.9	31.9
2004	13.4	46.2	40.4	19.3	48.9	31.8	13.3	57.6	29.1
2005	12.1	47.4	40.5	17.9	52.1	30.0	12.0	60.4	27.6
2006	11.1	47.9	40.9	15.5	54.4	30.1	11.0	62.1	26.9
2007	10.8	47.3	41.9	14.8	55.2	30.0	10.0	63.3	26.8
2008	10.7	47.5	41.8	14.8	56.9	28.3	9.7	65.9	24.4
2009	10.3	46.2	43.4	14.2	56.5	29.3	9.3	65.2	25.5
2010	10.1	46.7	43.2	14.1	57.3	28.6	8.7	66.3	25.0
2011	10.0	46.6	43.4	13.0	57.3	29.7	8.8	67.0	24.2
2012	10.1	45.3	44.6	12.7	56.3	31.0	9.7	62.2	28.1

资料来源:《平顶山市统计年鉴》(2001—2013)。

平顶山市产业结构经过"十一五"的调整，与河南省同期水平相比，仍然存在差距，这种差距主要由平顶山市的自然资源拥有量决定的；与国内同期水平相比，平顶山市第三产业的发展比较缓慢，第二产业比重偏大，影响整个地区经济的发展。总体来说，平顶山市三次产业构成仍然存在失衡，第二产业继续独大，且与第一产业和第三产业有进一步拉大距离的趋势。平顶山市必须及时、合理地进行产业结构调整，促进三次产业构成实现合理比例，有效促进社会和谐快速发展。

（二）平顶山市三次产业产值结构与年增长率状况

2006—2012 年，平顶山市第一产业产值平均增长率为 12.58%，第二产业产值平均增长率为 22.26%，第三产业产值平均增长率为 17.24%。

第一产业增长率最低且波动比较大。近五年来，平顶山市农业产值呈现逐年小幅上升的趋势，农业在第一产业结构中仍然占据相当大的比重，达到 46.9%；牧业大体上呈现出先上升后下降的趋势，截至 2012 年为 27.3%；林业、渔业及农业服务业近五年来的产值保持相对稳定的低水平状态。平顶山市地处低山丘陵地区，属于典型的大陆性季风气候，加上平顶山煤矿资源的开采和利用的关系，导致林业、渔业发展受限，林业、渔业的产值较低。

第二产业平均增长率最高。平顶山市第二产业产值由 2006 年的 415.1 亿元增长到 2012 年的 910.7 亿元，增长了 119.39%，这与平顶山市勘探出新的煤炭矿藏有巨大关系，再加上"十一五"期间政府加大了新型产业的引进和潜导产业的发展，进一步促进第二产业的快速发展。虽然工业产值在不断地增长，但工业产值结构比重变化不大，轻工业和重工业之间的结构差距仍然很大，地区经济的增长过多地依赖于重工业的发展。

第三产业增长率开始回升。平顶山市第三产业产值总额由 2006 年的 180.1 亿元增长到 2012 年的 439.2 亿元，增加了 259.1 亿元，第三产业的产值不断攀升，为平顶山市经济增长注入一定的活力。平顶山市第三产业产值逐年增加，但第三产业在 GDP 中占有的份额近五年来呈小幅上升的趋势，发展缓慢。这是平顶山市的第三产业内部结构不尽合理的表现，突出表现在传统的行业仍占绝对优势，而新兴部门发展缓慢。截至 2012 年，在传统行业中，交通运输、仓储和邮政业、批发和零售业、住宿和餐饮业在第三产业中占有近一半的份额，其比重为 47.7%；平顶山市教育、科技、金融保险、公共管理和社会组织等现代服务业的比重之和仅为28.3%，其中信息软件服务业、文化娱乐业以及教育的比重过于低下，根本没能发挥这些行业在社会经济中的贡献力。

（三）平顶山市三次产业对 GDP 增长的贡献率分析

从表 4 - 2 和图 4 - 2 可以看出，平顶山市除 2000 年、2001 年、2002 年、2009 年及 2012 年经济增速低于 10%，其余年份均高于 10%，整体经济增长水平有一定的波动性，但总体发展较快，经济的总体实力处于河南省中游，在逐年不断增强。

表 4 - 2　　　　　　　2000—2012 年平顶山市 GDP 增长情况

年份	2000	2001	2002	2003	2004	2005	2006
GDP（亿元）	266.43	289.17	313.96	356.00	455.37	557.99	668.61
增长率（%）	8.53	8.54	8.57	13.39	27.91	22.54	19.82
年份	2007	2008	2009	2010	2011	2012	
GDP（亿元）	809.17	1048.33	1127.81	1310.84	1484.62	1502.2	
增长率（%）	21.02	29.56	7.58	16.23	13.26	6.9	

资料来源：《平顶山市统计年鉴》（2001—2013）。

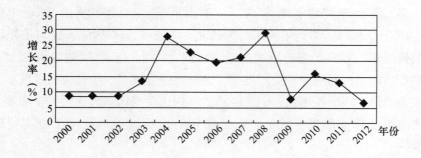

图 4 - 2　2000—2012 年平顶山市 GDP 增长率

平顶山市 2000—2012 年第一、第二和第三产业对地方生产总值的贡献情况（见表 4 - 3 和图 4 - 3）。

从 2000 年到 2012 年，三次产业的相对贡献顺序没有发生实质变化，第二产业的贡献始终最大，第一产业贡献的波动总体较平稳，第三产业贡献相对波动较大，2000—2008 年呈下降趋势，但 2009—2012 年有上升趋势。从表 4 - 3 中可以看出，第一产业的贡献率除了 2000 年、2001 年和

2004 年分别达到了 15.05%、14.93%、13.82% 以外，其他各年均低于 10%，可见，在平顶山市的经济增长过程中，第一产业的贡献最小；第二产业对平顶山市 GDP 贡献一直占主导地位，从 2000 年的 52.29% 上升到 2012 的 62.15%，上升了近 10 个百分点，对于平顶山市工业化城市的发展作出了重要贡献；第三产业的贡献率从 2000 年的 32.66% 下降到了 2012 年的 28.14%，下降了近 5 个百分点，平顶山市的第三产业发展极为缓慢，对平顶山市经济贡献不佳。

表 4 - 3　　　　　2000—2012 年平顶山市三次产业贡献率　　　　　单位:%

年份	GDP	第一产业贡献率	第二产业贡献率	第三产业贡献率
2000	100.0	15.05	52.29	32.66
2001	100.0	14.93	52.32	32.75
2002	100.0	5.05	63.46	31.49
2003	100.0	2.89	71.01	26.10
2004	100.0	13.82	66.99	19.19
2005	100.0	6.23	72.73	21.03
2006	100.0	5.84	70.82	23.34
2007	100.0	5.13	68.88	25.99
2008	100.0	8.68	74.87	16.45
2009	100.0	4.99	55.47	39.54
2010	100.0	5.12	73.41	21.48
2011	100.0	8.81	67.03	24.16
2012	100.0	9.71	62.15	28.14

数据来源:《平顶山市统计年鉴》(2001—2013)。

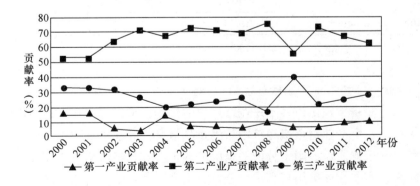

图 4 - 3　2000—2012 年平顶山市三次产业贡献率

（四）平顶山市资源型产业发展分析

从表4-4可以看出，从1990年以来，平顶山市资源型产业总产值在全市工业总产值中的比重并没有减少的趋势，并且占比始终处于70%以上，可见，平顶山市虽然较早地意识到发展接续与替代产业的重要性，但到目前为止，实施效果并不明显，资源型产业所占的比重仍然较大，平顶山市工业对优势资源的依赖性仍然较强。

表4-4　　　　　平顶山市资源型产业总产值占工业总产值比重

年份	工业总产值（万元）	资源型产业总产值（万元）	资源型产业占工业总产值比重（%）
1990	789912	566841	71.76
1995	2515194	1980715	78.75
2000	3804293	2938055	77.23
2001	4094632	3104550	75.82
2002	4507352	3450829	76.56
2003	5385677	4141586	76.9
2004	7121571	5493580	77.14
2005	9159846	7203303	78.64
2006	11872854	9011496	75.9
2007	15066144	11457803	76.05
2008	20157609	15569737	77.24
2009	21323382	15826214	74.22
2010	25224476	19152945	75.93
2011	30120342	22936640	76.15
2012	28345305	21916590	77.32

资料来源：《平顶山市统计年鉴》（2001—2013）。

（五）平顶山市产业增加值结构分析

通过分析平顶山市各个产业增加值的结构，可以看出在平顶山市经济发展中，各个产业对全市经济增长的贡献情况，寻找出平顶山市经济发展过程中的依赖产业。用于分析平顶山市各个产业和经济增长之间关系的方法较多，本书在此采用灰色关联分析方法来探讨各个产业和经济增长之间的相互联系。

灰色关联分析方法通过分析产业结构系统中主行为因子与相关行为因子之间的相互关系，来判断影响产业结构系统发展的主要因素和次要因素。该方法以关联度为基本计算手段，以主行为和相关行为之间的关联度作为二者关系密切程度及进行比较的标志，通过分析系统主行为序列曲线和相关行为序列曲线之间的相似程度来判断主行为和相关行为之间的联系是否紧密。

不妨假设 $Y_0 = (y_0(1), y_0(2), \cdots, y_0(n))$ 为经济增长序列向量，$Y_1 = (y_1(1), y_1(2), \cdots, y_1(n))$，$Y_2 = (y_2(1), y_2(2), \cdots, y_2(n))$，$\cdots$，$Y_m = (y_m(1), y_m(2), \cdots, y_m(n))$ 为产业结构序列向量，则可以得到向量 Y_i 与 Y_0 在 k 时刻的关联系数 $\xi_{0i}(k)$ 的计算公式为：

$$\xi_{0i}(k) = \frac{\min\limits_{i}\min\limits_{k}|y_0(k) - y_i(k)| + \rho\max\limits_{i}\max\limits_{k}|y_0(k) - y_i(k)|}{|y_0(k) - y_i(k)| + \rho\max\limits_{i}\max\limits_{k}|y_0(k) - y_i(k)|}$$

$(i = 1, 2, 3, \cdots, m)$ 　　　　　　　　　　　　　　　　　(4-1)

其中，ρ 为分辨系数，取值范围为 $[0, 1]$。

由此可以得到经济增长序列向量 X_0 与产业结构序列向量 X_i 的关联度 ε_{0i} 的计算公式为：

$$\varepsilon_{0i} = \frac{1}{n}\sum_{k=1}^{n}\xi_{0i}(k)$$　　　　　　　　　　　　　　　(4-2)

通过 ε_{0i} 的计算结果可以看出一个国家或地区的经济增长与产业结构之间的关联程度，通过 ε_{0i} 数值的高低，可以判断该国家或地区产业结构的合理化水平。通过分析 ε_{0i} 数值的变化情况，能够比较准确地把握和判断该国家或地区经济增长速度与产业结构是否与当地的经济发展状况相协调，并且寻找该区域产业结构调整的方向。

本书采用灰色关联系统分析方法，以平顶山市 2000—2012 年的国内生产总值作为特征行为序列，取三次产业的 GDP 增加值作为相关因素序列，可以得到平顶山市经济增长与增加值结构的灰色关联度，具体结果如表 4-5 所示。

表 4-5　　平顶山市经济增长与增加值结构灰色关联度计算结果

ε_{01}	ε_{02}	ε_{03}
0.4986	0.9311	0.7012

通过表 4 - 5 的计算结果，可以看出，平顶山市第二产业和经济增长的关联度在三次产业中是最高的，其数值高达 0.9311，可见对于平顶山市而言，经济增长对第二产业的依赖程度非常高。另外，平顶山市第一产业、第三产业和经济增长的关联度较低，分别为 0.4986 和 0.7012，表明目前平顶山市第一、第三产业的发展现状已经制约了产业结构的调整，需要进行产业对接，进一步发挥第一、第三产业对平顶山市经济发展的促进作用。

（六）平顶山市劳动力结构分析

目前学术界关于劳动力结构分析方法较多，比较成熟的方法是通过采用 GDP 就业弹性来衡量产业产出量增长引起的就业增长量，即采用某一个时期内就业数量的变化率与 GDP 增加值变化率的比值来反映该产业经济增长吸纳劳动力的能力及其变化趋势。利用统计年鉴提供的相关数据，计算得出平顶山市三次产业 GDP 的就业弹性，具体结果如表 4 - 6 和图 4 - 4 所示。

表 4 - 6 　　　　2002—2012 年平顶山市各产业就业弹性计算结果

年份	第一产业	第二产业	第三产业
2002	- 0.84	1.16	1.65
2003	- 1.59	3.19	- 0.78
2004	- 0.14	0.34	0.51
2005	- 0.40	0.96	1.41
2006	- 0.28	1.32	0.48
2007	- 0.43	0.86	- 0.21
2008	- 0.09	0.16	- 0.07
2009	- 0.22	0.84	1.19
2010	- 0.31	1.01	0.29
2011	- 0.15	0.18	0.18
2012	- 0.36	0.56	0.37

根据全国城市平均就业弹性分析结果可以知道，全国 GDP 就业弹性的规律性比较明显：一般随着时间的推移和经济的发展，第一产业的就业弹性呈现逐年递减的趋势，第二产业和第三产业的 GDP 就业弹性呈现上升趋势。但是，从平顶山市 GDP 就业弹性变化曲线的走势，很难看出平

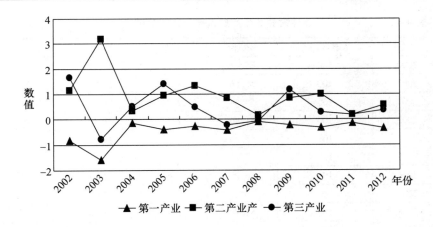

图4-4　平顶山市各产业就业弹性变化曲线

顶山市各产业的变化趋势，即规律性不明显，说明平顶山市的就业结构不合理，就业人员的安置上还存在很大的不足，需要大力进行产业转移和产业承接，改善区域就业结构，使之趋向合理化、规律化。

二　焦作市产业现状分析

（一）焦作市三次产业结构现状分析

1. 第一产业结构

随着焦作市总体经济水平和农业现代化水平的不断提高，农业的比重逐步降低，林业、牧业和渔业的比重逐步提高。从表4-7可以看出，在第一产业内部以农业和牧业为主，2000—2012年，农业的比重总体上呈现出下降趋势，由2000年的65.61%下降到2003年的最低点51.90%，然后再缓慢上升到2010年的58.24%，2011年和2012年又出现一定的下降，分别为55.60%和56.63%；牧业的比重总体上呈现出上升的趋势，由2000年的33.01%上升到2003年的43.32%，再缓慢下降到2012年的37.63%。农业和牧业的变化有一个最明显的特点，就是在2003年是农业的最低点同时又是牧业的最高点，农业和牧业呈现出此消彼长的特点。

2. 第二产业结构

从焦作市工业结构变化表（见表4-8）来看，具有"重工业个数少增加值多，轻工业个数多增加值少"的特点。焦作市的重工业化水平仍然较高，重工业以煤炭开采和加工为主，对煤炭行业的依赖比较严重，工业结构呈现出偏重重工业的趋势。

表 4 - 7　　　　　　　焦作市农业生产结构百分比变化情况　　　　　单位:%

年份	农林牧渔业	农业	林业	牧业	渔业
2000	100	65.61	1.02	33.01	0.36
2001	100	65.56	1.24	32.83	0.37
2002	100	53.54	2.13	41.52	0.41
2003	100	51.90	2.13	43.32	0.40
2004	100	53.26	1.87	42.64	0.40
2005	100	53.26	1.71	42.89	0.40
2006	100	56.29	1.64	38.44	0.44
2007	100	57.07	1.56	37.41	0.81
2008	100	52.70	1.35	42.20	0.60
2009	100	55.66	1.07	39.13	0.61
2010	100	58.24	0.73	37.07	0.65
2011	100	55.60	1.07	39.27	0.59
2012	100	56.63	1.12	37.63	0.68

资料来源:《焦作市统计年鉴》(2001—2013)。

表 4 - 8　　　　　　　　　　焦作市工业结构变化情况

年份	企业数（个）				工业增加值（亿元）			
	重工业	轻工业	大型企业	中型企业	重工业	轻工业	大型企业	中型企业
2003	9851	15178	7	71	112.1	55.92	48.53	11.96
2004	10205	17524	7	72	159.7	75.44	52.05	43.81
2005	8887	18398	8	71	220.2	113.22	56.83	56.30
2006	10304	22192	11	130	266.21	152.01	78.42	101.14
2007	10278	22603	10	131	335.64	192.93	84.52	158.61
2008	11706	23799	13	141	400.08	233.03	109.63	182.72
2009	10269	20917	11	143	411.96	264.64	106.95	206.43
2010	11011	22358	13	152	502.01	302.22	113.15	258.11
2011	11045	22379	34	211	569.48	309.49	128.24	291.18
2012	11079	22401	40	251	613.18	371.24	177.82	257.76

资料来源:《焦作市统计年鉴》(2001—2013)。

　　表 4 - 9 是焦作市第二产业按行业分的企业数、工业增加值、流动资产、固定资产和营业收入表。从表中我们可以看出:焦作市的传统行业、资源型行业和初级加工工业过多,如煤炭开采和洗选业、黑色金属矿采选业、非金属矿采选业、非金属矿物制品业、黑色金属冶炼及压延加工业、

有色金属冶炼及压延加工业和金属制品业，这些产业的优势都是依靠资源和地方的财政的基础上发展起来的；高附加值和高新技术产业少，不具有经济优势。焦作市的煤炭资源面临着枯竭。

表4－9　　　　　　　　　　焦作市按行业分工业情况

行业	企业数（个）	工业增加值（万元）	流动资产（万元）	固定资产（万元）	营业收入（万元）	各个行业就业人数（人）
煤炭开采和洗选业	148	303103	765981	1275537	2493907	56610
黑色金属矿采选业	18	6534	28764	15928	13089	1557
非金属矿采选业	100	40590	14917	25050	68178	926
农副食品加工业	373	416784	331065	289828	1818533	19733
食品制造业	219	288657	1505634	174936	1103892	16858
饮料制造业	147	387893	250598	290780	1448504	15609
纺织业	92	166117	183938	162239	637405	9873
纺织服装、服饰业	84	56114	28558	44543	129771	4181
皮革、毛皮、羽毛（绒）及其制品业	336	739435	434668	267334	2418923	36412
木材加工业	164	75987	58478	42853	224677	5206
造纸及纸制品业	150	369052	454967	431372	1328954	16989
印刷业和记录媒介的复制	43	165413	122557	168350	619656	5434
化学原料及化学制品制造业	330	690499	1025947	969833	2748353	33036
医药制造业	125	270923	200773	252599	961066	12322
化学纤维制造业	17	30252	12120	16937	86215	1378
橡胶制品业	165	438485	546996	585955	1628593	23416
塑料制品业	274	225206	208978	173888	1019718	11155
非金属矿物制品业	966	1471515	1131368	918140	5273954	73044
黑色金属冶炼及压延加工业	67	417233	279241	380940	1395255	12074
有色金属冶炼及压延加工业	62	365990	557279	1013580	2239499	18277
金属制品业	222	335983	2178676	308806	1156387	14003
通用设备制造业	450	353563	370619	182445	1203807	21951
专用设备制造业	336	446108	471418	326178	1726690	21300
交通运输设备制造业	56	25033	19113	24495	89056	2355
电气机械及器材制造业	132	364747	315907	162470	1482245	17240
通信设备、计算机及电子设备制造业	20	5073	11235	6074	81421	1990
仪器仪表制造业	10	17366	63688	23938	54844	1908
电力、热力的生产和供应业	20	263302	231765	659568	1225573	9715
燃气生产和供应业	43	12232	16160	27644	45742	1113
水的生产和供应业	25	9431	4698	12154	25478	3066

资料来源：《焦作市统计年鉴》（2001—2013）。

通过表 4 - 9，还可以看出在工业增加值、流动资产、固定资产和营业收入这四项都排名在前十名的行业分别是农副食品加工业、皮革、毛皮、羽毛（绒）及其制品业、化学原料及化学制品制造业、橡胶制品业、非金属矿物制品业、有色金属冶炼及压延加工业、电力、热力的生产和供应业、造纸及纸制品业和设备制造业，在 7 个资源型行业中只有非金属和有色金属榜上有名。随着资源的衰退，焦作市的资源产业的优势和竞争力也在逐渐衰退。其中，电力、热力的生产和供应业、造纸及纸制品业和设备制造业及化学原料及化学制品制造等行业在生产的过程中会产生大量的固体及液体废弃物，对土地和地下水造成不同程度的污染。

3. 第三产业结构

从表 4 - 10 可以看出，焦作市第三产业内部基础型、传统型产业比重较大，现代型、高技术性产业比重较小。传统的交通运输、仓储及邮电业、批发零售和住宿餐饮合计占第三产业的 53.90%，是焦作市第三产业的主要支柱，对焦作市经济发展所作的贡献较大。租赁和商务服务业、科学研究、技术服务和地质勘探业、文化、体育和娱乐业等新兴产业所占的比重较小，总体发展滞后。

表 4 - 10　　　　　　2012 年焦作市第三产业增加值结构情况

行业	增加值（万元）	比重（%）
第三产业总计	3824367	100
交通运输、仓储及邮电业	522955	13.67
信息传输、计算机服务和软件业	107840	2.82
批发零售	1100574	28.78
住宿和餐饮业	437920	11.45
金融业	268455	7.02
房地产业	346066	9.05
租赁和商务服务业	75439	1.97
科学研究、技术服务和地质勘探业	39621	1.04
水利、环境和公共设施管理业	57708	1.51
居民服务和其他服务业	182349	4.77
教育	253262	6.62
卫生、社会保障和社会福利业	104179	2.72
文化、体育和娱乐业	31913	0.83
公共管理和社会组织	296086	7.74

资料来源：《焦作市统计年鉴》（2001—2013）。

（二）焦作市三次产业发展情况的动态分析

从 2000—2012 年焦作市产业结构情况表（见表 4 - 11 和图 4 - 5）和就业结构情况表（见表 4 - 12）中可以看出，焦作市产业结构不合理，产业比例失调。2000 年以来，第一产业比重呈下降趋势，从 2000 年的 17.79% 下降到 2007 年的 7.74%，同时第一产业的就业人口有所下降，下降幅度远远不及第一产业结构的下降幅度，劳动力并没有随着经济的发展摆脱土地的束缚。

表 4 - 11　　　　　　　2000—2012 年焦作市三次产业结构变化情况

年份	第一产业		第二产业		第三产业	
	绝对值（亿元）	百分比（%）	绝对值（亿元）	百分比（%）	绝对值（亿元）	百分比（%）
2000	39.1	17.79	110.9	50.45	69.8	31.76
2001	41.3	16.79	125.5	51.02	79.2	32.20
2002	36.8	13.34	141.0	51.12	98.0	35.53
2003	39.4	11.98	178.0	54.10	111.6	33.92
2004	52.2	12.13	252.7	58.71	125.5	29.16
2005	58.1	10.38	354.6	63.32	147.3	26.30
2006	58.3	8.74	439.0	65.84	169.5	25.42
2007	68.5	8.33	549.1	66.79	204.5	24.88
2008	83.0	8.38	672.5	67.90	234.9	23.72
2009	85.55	7.99	721.4	67.34	264.4	24.68
2010	101.3	8.13	855.3	68.65	289.3	23.22
2011	114.2	7.92	993.8	68.89	334.6	23.19
2012	122.4	7.74	1075.9	68.96	382.4	24.19

资料来源：《焦作市统计年鉴》（2001—2013）。

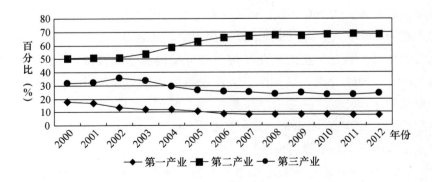

图 4 - 5　焦作市三次产业结构变化曲线

表 4 – 12　　　　　 2000—2012 年焦作市三次产业就业结构变化情况

年份	第一产业		第二产业		第三产业	
	就业人数（万人）	百分比（%）	就业人数（万人）	百分比（%）	就业人数（万人）	百分比（%）
2000	96.32	52.01	48.32	26.09	40.55	21.90
2001	98.28	53.24	46.87	25.39	39.45	21.37
2002	97.47	51.03	51.06	26.73	42.48	22.24
2003	94.53	49.41	51.64	26.99	45.16	23.60
2004	91.71	47.46	53.92	27.90	47.61	24.64
2005	89.40	45.52	57.96	29.51	49.05	24.97
2006	85.85	43.78	60.67	30.94	49.57	25.28
2007	83.65	41.74	64.32	32.10	52.42	26.16
2008	83.14	40.65	65.90	32.22	55.48	27.13
2009	81.43	38.84	70.26	33.51	57.97	27.65
2010	81.05	37.94	71.38	33.41	61.20	28.65
2011	79.91	35.80	78.56	35.19	64.77	29.01
2012	78.16	33.32	85.34	36.38	71.08	30.30

资料来源：《焦作市统计年鉴》（2001—2013）。

2000—2012 年，焦作市的第二产业比重逐年上升，由 2000 年的 50.45% 上升到 2012 年的 68.96%；第三产业比重有所下降，由 2000 年的 31.76% 下降到 2012 年的 24.19%。如表 4 – 9 所示，煤炭开采和洗选业的就业人数最多，为 56610 人，而位于第二位的化学原料及化学制品制造业的人数为 33036 人。可以预见，随着煤炭资源的衰竭，必然会产生大量的闲置劳动力。第三产业的就业结构与产业结构的变动幅度不大，发展平稳。2000—2012 年间，焦作市三大产业发展比较迅速。目前，焦作市的产业结构序列已由"一二三"演变为"二三一"的格局。在三次产业中，第二产业占 GDP 的 68.2%，其中工业占 64.2%，全市经济增长速度的高低主要取决于工业发展的快慢。

（三）焦作市三次产业对 GDP 增长的贡献率分析

从总体来看，2000—2012 年，焦作市的 GDP 上升较快，年平均增长率为 17.69%。2004 年，GDP 的增长率达到最大，为最高值 30.83%，2005 年次之，为 30.09%（如表 4 – 13 和图 4 – 6 所示）。

表 4 – 13　　　　　　　　2000—2012 年焦作市 GDP 增长情况

年份	2000	2001	2002	2003	2004	2005	2006
GDP（亿元）	219.69	246.04	275.78	328.98	430.40	559.91	666.77
增长率（%）	7.83	11.99	12.08	19.29	30.83	30.09	19.09
年份	2007	2008	2009	2010	2011	2012	
GDP（亿元）	822.03	990.36	1071.42	1245.93	1442.62	1551.35	
增长率（%）	23.04	20.48	8.19	16.29	15.79	7.54	

数据来源：《焦作市统计年鉴》（2001—2013）。

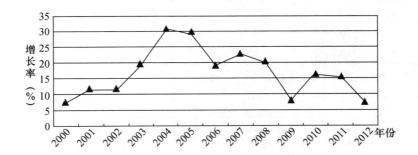

图 4 – 6　2000—2012 年焦作市 GDP 增长率

从表 4 – 14 和图 4 – 7 可以看出，2000—2001 年，第二产业对 GDP 增长的贡献率最大，第三产业次之，第一产业最低；2002 年第二产业和第三产业对 GDP 增长的贡献率相等；2003—2012 年间，三次产业对 GDP 的贡献率从高到低依次为：第二产业、第三产业、第一产业，GDP 的增长主要是靠第二产业的发展来拉动。

（四）焦作市产业增加值结构分析

本书采用灰色关联系统分析方法，以焦作市 2000—2012 年间的国内生产总值作为特征行为序列，取三次产业的 GDP 增加值作为相关因素序列，可以计算得到焦作市经济增长与增加值结构的灰色关联度，具体结果如表 4 – 15 所示。

表 4 – 14　　　　　　　2000—2012 年焦作市三次产业贡献率

单位:%

年份	GDP	第一产业贡献率	第二产业贡献率	第三产业贡献率
2000	100. 0	10. 8	54. 0	35. 2
2001	100. 0	5. 2	59. 1	35. 7
2002	100. 0	3. 3	48. 9	47. 8
2003	100. 0	2. 8	68. 2	29. 0
2004	100. 0	5. 3	74. 6	20. 1
2005	100. 0	4. 7	73. 4	22. 0
2006	100. 0	0. 9	77. 3	21. 8
2007	100. 0	2. 3	74. 0	23. 7
2008	100. 0	3. 3	80. 1	16. 6
2009	100. 0	2. 9	73. 5	23. 7
2010	100. 0	2. 5	84. 6	12. 9
2011	100. 0	2. 2	81. 0	16. 8
2012	100. 0	3. 0	76. 1	20. 9

资料来源:《焦作市统计年鉴》(2001—2013)。

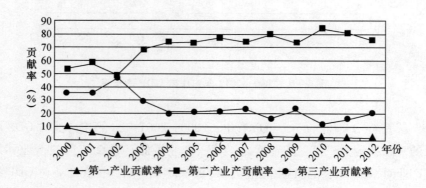

图 4 – 7　2000—2012 年焦作市三次产业贡献率

表 4 – 15　　　　　焦作市经济增长与增加值结构灰色关联度计算结果

ε_{01}	ε_{02}	ε_{03}
0. 3652	0. 9408	0. 6934

通过表 4 – 15 的计算结果，可以看出，焦作市第二产业和经济增长的关联度在三次产业中是最高的，其数值高达 0.9408，由此可见，对于焦作市而言，经济增长对第二产业的依赖程度非常高。另外，焦作市第一、第三产业和经济增长的关联度不高，分别为 0.3652 和 0.6934，说明目前焦作市第一、第三产业的发展现状已经制约了产业结构的调整，需要进行产业对接，将部分产业转移出去，同时承接部分需要的产业，进而提高各产业对焦作市经济发展的促进作用。

（五）焦作市劳动力结构分析

根据前文介绍的劳动力结构分析方法，以 2002—2012 年的数据为样本，可以计算得出焦作市各产业就业弹性系数的变化趋势，具体结果如表 4 – 16 和图 4 – 8 所示。从表 4 – 16 和图 4 – 8 可以看出，焦作市各产业就业弹性的变化趋势呈现无规律性，说明目前焦作市的产业结构还不够稳定，需要进一步调整。然而，目前最好的产业结构调整方式之一为产业转移和产业承接，为此，对焦作市进行产业转移和产业承接迫在眉睫。

表 4 – 16　　　　2002—2012 年焦作市各产业就业弹性计算结果

年份	第一产业	第二产业产	第三产业
2002	– 0.07	0.74	0.64
2003	– 0.16	0.06	0.33
2004	– 0.10	0.14	0.18
2005	– 0.08	0.25	0.10
2006	– 0.21	0.24	0.06
2007	– 0.11	0.26	0.25
2008	– 0.03	0.12	0.29
2009	– 0.25	0.81	0.55
2010	– 0.03	0.10	0.34
2011	– 0.09	0.64	0.37
2012	– 0.21	0.53	0.51

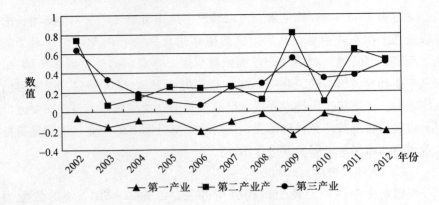

图 4 - 8 焦作市各产业就业弹性变化趋势图

第三节 平顶山市与焦作市实施 产业对接的必要性

一 平顶山市与焦作市产业合理分工的现实需要

根据前文对平顶山市和焦作市的产业结构现状的分析，可以得知，两大城市内部产业结构不尽合理，产业结构的同质化和低度化现象比较严重。由于平顶山市和焦作市同属煤炭资源型城市，其产业结构具有共同的缺点，主要包括三个方面：第一，产业结构比较单一。对于两大资源型城市而言，以煤炭采选业及其初加工业为首的重工业在两大城市的工业总产值中占有相当大的比重。第二，传统产业比重明显偏高。随着技术含量的不断提升以及国家政策的限制，两个城市的初加工业比重呈现逐年递增的趋势，但是煤炭采选业以及初加工业占的比重依然较大。尤其对于资源枯竭型城市——焦作市而言，由于煤炭储量的持续枯竭，使得该地区的煤炭采选业日益面临危险。第三，经济发展结构呈现畸形，三大产业结构的比重明显不协调。在两个城市的产业结构中，第二产业的比重明显偏高，2012 年分别达到 62.2%、68.2%，第三产业的发展力度和规模不够，有必要对产业结构进行调整。

产业结构不合理在微观层面的影响主要表现在区域生产能力过剩和企业规模不经济，从而使各区域产业无法形成自己的特色优势产业，更加导致宏观产业的经济效益低下和资源浪费。究其原因，主要是地方政府之间因地区利益不同而引发的博弈行为造成的。无论对于资源枯竭城市还是资源富集城市而言，其管理者均知道自己在产业发展中的行为必然导致区域产业结构的相似性和不合理性，但是哪个城市管理者都不愿意放弃自己的既得利益。目前，我国关于资源富集城市与枯竭城市之间的产业对接还没有全国性的政策文件，所以需要两种城市之间建立具体的产业协调模式和利益分享与补偿机制，并进行一系列的制度创新，这样才能提高产业政策的有效性，实现产业结构调整与优化的目标。对于资源富集城市而言，通过与枯竭城市进行产业对接，可以充分发挥其在资源开发过程中的后发优势，充分吸收枯竭城市在资源开发过程中的经验和教训，实现其生产要素的整合和生产能力的转移，为其产业结构升级和实现专业化、现代化服务；同时，资源枯竭城市可以借助与资源富集城市间的产业对接，成功实现产业转型，促进区域经济的可持续发展。总之，通过产业对接可以实现两个城市产业的合理布局，从而促进两个城市经济的可持续发展。

二　平顶山市与焦作市产业对接的客观需要

从地缘关系来说，中原经济区的建设把平顶山市和焦作市推到了风口浪尖，两市也面临着前所未有的机遇与挑战。在加快中原经济区建设的过程中，各市均采取了积极的态度，表现出了高涨的热情，纷纷推出了加快产业结构调整的政策，并付诸行动。而两市之间的政策似乎不是很默契，甚至不是很和谐，导致两市经济发展速度较慢。地方政府之间的利益冲突导致的内耗现象在我国早已存在，但面临外部竞争条件的变化，两市只有加强产业合作，在产业对接过程中提升整体竞争力，才能在长期的区域合作中获取利益。

1. 两市存在产业对接的客观需要

从人均国民生产总值来看，两市经济梯度性非常明显。2012 年，焦作市人均 GDP 为 40810 元，远高于平顶山市的 30227 元，这也反映出焦作市煤炭资源行业的发展已经进入一个较高的水平，而平顶山市的资源相关产业处于起步阶段。在发展阶段不同的两个资源型城市中，经济发展水平呈现梯度性差异，这种梯度性差异为两市之间的产业对接奠定了良好的基础。

从三次产业构成来看，2012 年，焦作市三次产业的比重分别为 7.8%、68.2%、24%，平顶山三次产业的比重分别为 9.7%、62.2%、28.1%。两城市的产业结构与中等发达国家的水平相差较远，但是如果两者之间能够进行产业对接，充分挖掘对方的优点，将可能会使两个城市的内部产业结构更为合理。

2. 两市存在开展区域产业合作的条件

对于焦作市和平顶山而言，在以下几个方面存在开展区域产业合作的条件：（1）区域经济发展契机，为两市开展区域产业合作提供了条件。目前，中原经济区的建设为河南省经济的发展注入了新的动力，河南省政府为此也出台了一系列有利于区域经济发展的政策和措施。焦作市和平顶山市同属于河南省，均可享受到河南省的相关优惠政策，这些政策为两市之间进行产业合作提供了便利之处。（2）地缘关系，为两市的产业对接提供了"地利"。焦作市和平顶山市均在以郑州市为中心的城市经济圈范围内，这种得天独厚的地理条件，为两市开展区域合作提供了方便之门。（3）两市不同产业的产出效率，为两市开展区域经济合作提供了原动力。通过分析可知，两市三大产业的产出效率不同，产业发展不均衡。这种产出率的差异说明两市之间产业合作的空间非常大，这种产出率的层次差异也是两市加强合作的基础。无论在哪个产业上，两市都应该加快对接的步伐，把吸引外来资金技术、承接产业转移和发展地方优势及资源优势结合起来，积极推进两市间企业的合资合作。在第一、第二产业上，平顶山市应该多借鉴焦作市发挥现代农业产业化的经验，吸收焦作市资源型产业发展过程中积累的经验和教训，引进先进技术和管理经验，促进平顶山市第一、第二产业的发展，尤其是资源型相关产业的高层次化发展步伐。在第三产业上，焦作市应该向平顶山市学习，平顶山市第三产业的发展经验能够带动焦作市相关行业的发展。同时，焦作市的旅游发展策略也是平顶山市值得学习的地方。

3. 两市存在加强产业分工、突出特色产业、发挥比较优势的必要

平顶山市和焦作市分别属于资源富集城市和枯竭城市，其发展轨迹存在差异，支柱产业也表现出不同的特点。例如，对于平顶山市而言，其煤炭资源开采行业及其相关行业均属于朝阳产业，但是由于起步较晚，行业尚处于发展阶段。而焦作市属于资源枯竭城市，煤炭相关行业属于夕阳产业，但是在其长期发展过程中，积累了较多的经验，这些经验均可以为平顶山市的产业发展所借鉴。因此，两个城市应该充分发挥各自的产业优势，将两个城市统一看待，加强相互间的产业分工与合作，突出各自的特色产业，承接自己所需要的产业，发挥比较优势和后发优势。

第四节　平顶山市与焦作市实施产业对接的可行性

产业对接的可行性分析可以通过定性分析和定量测算的方式进行。定性分析产业对接的可行性，主要是通过阐述两市产业结构的差异性及其互补性，来分析两市实施产业对接的可能性；定量分析产业对接的可行性，主要是通过定量测算两市的产业趋同系数，通过该系数来定量反映两个城市经济增长的差异性，从而以模型方式确定两市之间的产业对接是否可行。区域经济差异性问题研究的一个重要视角就是区域经济增长的趋同性问题。研究平顶山市和焦作市之间的产业对接问题，就不可避免地需要对两个城市经济增长的差异性问题做深入分析。本书主要按第二种方式来进行分析，即通过定量的方式来分析两个城市经济增长的差异性，从而探究两个城市之间的产业对接是否可行。

一　平顶山市与焦作市经济增长趋同性的分析方法

根据区域经济学的相关理论，区域经济增长的趋同性分析可以从两个方面着手，即 σ 趋同和 β 趋同。σ 趋同描述的主要是区域人均收入的收敛程度，β 趋同衡量的主要是区域经济增长的收敛程度。β 趋同又存在三种情况：（1）绝对趋同，是指在经济发展环境和条件完全一样的情况下，两个区域之间发生的趋同；（2）条件趋同，是指在经济发展环境和条件类似的情况下，两个区域之间发生的趋同；（3）俱乐部趋同，是指在经济增长的初始条件和产业结构特征相似的情况下，两个区域之间发生的趋同。

由于平顶山市和焦作市两市均属于河南省典型的资源型城市，两者经济增长的初始条件和增长环境相似，因此，可以从 σ 趋同、条件 β 趋同、俱乐部 β 趋同三个方面进行分析，但是俱乐部 β 趋同分析过程中的部分数据资料无法获取，鉴于此原因，本书将从 σ 趋同、条件 β 趋同两个方面进行分析。

二　平顶山市与焦作市经济增长的 σ 趋同分析结果

1. 分析方法

根据数理统计理论可知，区域经济增长的 σ 趋同检验方法实际上是通过验证区域经济增长的标准差统计量，测度各个地区人均 GDP 与平均水平之间的偏离程度，其检验统计量如下：

$$\sigma_t = \sqrt{\frac{1}{n-1}\sum_{i=1}^{n}(\ln y_{i,t} - \ln y_t)^2} \tag{4-3}$$

其中：

i——研究对象编号；

n——考察的区域个数；

$\ln y_t$——选取的多个研究对象区域人均产出增长率的平均

值，$\ln y_t = \frac{1}{n}\sum_{i=1}^{n}\ln y_{i,t}$；

σ_t——n 个城市之间人均实际 GDP 增长率趋同程度的衡量指标。

2. 分析结果

根据平顶山市和焦作市 2001—2012 年间的统计资料，运用 Eviews5.0 软件进行分析，得到平顶山市与焦作市的 σ 值（见表 4 – 17）与变化曲线（见图 4 – 9）。

表 4 – 17　　　　　　　　　平顶山市与焦作市的 σ 值

年份	2001	2002	2003	2004	2005	2006
σ 值	0.3923	0.3954	0.4014	0.4076	0.4212	0.4347
年份	2007	2008	2009	2010	2011	2012
σ 值	0.4629	0.4956	0.6147	0.6386	0.6553	0.6875

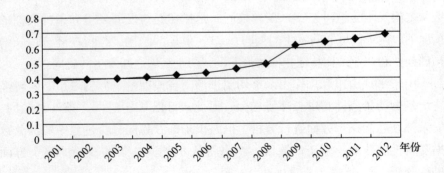

图 4 – 9　σ 值变化曲线

从计算结果可以看出，平顶山市与焦作市的 σ 值变化曲线成 S 形，在 2001—2006 年，σ 值变化比较缓慢，但是在 2007—2010 年期间，σ 值变化加速，自 2011 年以后，σ 值变化速度明显放慢，说明随着经济的发展，两市之间的人均收入差异在逐步缩小，有利于两市产业对接过程中的人才交流与互换机制的实施。

三　平顶山市与焦作市经济增长的 β 趋同分析结果

1. 分析方法

根据西方经济学中的新古典经济增长理论，随着投资的不断增长，资本的边际收益在不断下降，在经济增长的环境绝对相同时，初始人均 GDP 比较低、经济发展情况比较落后的地区与初始人均 GDP 比较高、经济发展情况比较富裕的地区将收敛于同一个平衡稳定状态，并且在这个收敛过程中，落后地区的经济增长速度明显会快于发达地区。这种收敛关系已经被 Baumol W. （1996）用数学模型进行了描述，即：

$$g_t^i = \alpha + \beta \ln(y_0^i) + \mu_i \tag{4-4}$$

其中，

g_t^i——区域 i 的人均 GDP 平均增长率；

y_0^i——区域 i 的期初人均 GDP；

β——区域 i 的经济收敛系数，当 $\beta < 0$，表示经济收敛，反之则表示经济发散增长。

根据 Baumol W. 的经济收敛模型，可以得到区域经济 β 趋同的经典回归方程，具体如下：

$$\frac{1}{T-t}\ln\left(\frac{y_T^i}{y_t^i}\right) = a - \left[\frac{1-e^{-\beta(T-t)}}{T-t}\right]\ln y_t^i + \psi X_T^i + \mu_t \tag{4-5}$$

其中，t 为期初，T 为期末，$T-t$ 为考察期的时间跨度；y_t^i 和 y_T^i 分别为 i 区域期初与期末人均 GDP，$\ln\left(\frac{y_T^i}{y_t^i}\right)$ 为考察期的人均 GDP 增长率；a 为常数；X 为控制变量，ψ 为控制系数，β 为经济收敛速度。

将 β 趋同的经典回归方程进行泰勒展开，可以得到：

$$\frac{1}{T-1}\ln\left(\frac{y_T^i}{y_t^i}\right) = a + b_0 \ln y_t^i + b_1 X1_T^i + b_2 X_T^i + \cdots + b_m X_T^i + u_t \tag{4-6}$$

根据泰勒分析结论可知，当 m 取值超过 5 之后，后续控制变量对于结果影响非常小，可以不予考虑。我们选择 m 为 5，即选择 5 个控制变量来模拟 β 趋同的回归方程。在此我们选择的 5 个控制变量分别是：居民人均收入占人均 GDP 的比重、第二产业比重与第三产业比重、煤炭资源深加工占全行业产值比重、政府财政支出增长率、科教投入占政府财政支出比重。

2. 分析结果

依据相关统计年鉴及一些简单计算，得到平顶山市与焦作市 2001—2012 年间的样本资料，具体如表 4 - 18 和表 4 - 19 所示。

表 4 - 18　　　　　　　　2001—2012 年平顶山市样本数据

年份	人均 GDP（元）	人均财政收入（元）	第二产业比重（%）	第三产业比重（%）	煤炭深加工比重（%）	财政支出增长率（%）	科教投入比重（%）
2001	6003	245.4	51.9	32.8	1.12	11.7	1.35
2002	6478	254.6	52.8	32.7	1.98	24.1	1.75
2003	7304	296.9	54.9	31.9	2.12	16.6	1.65
2004	9388	438.7	57.6	29.1	2.67	32.3	1.61
2005	11505	639.9	60.4	27.6	3.07	40.3	1.52
2006	13823	891.3	62.1	26.9	3.21	40.8	1.50
2007	16727	1157.4	63.3	26.8	3.86	28.3	2.07
2008	21599	1564.0	65.9	24.4	3.91	26.2	1.92
2009	23083	1787.1	65.2	25.5	4.78	26.1	2.12
2010	26730	2081.7	66.3	25.0	4.80	15.3	2.03
2011	30227	2449.2	67.0	24.2	5.26	20.1	2.35
2012	30506	2775.6	62.2	28.1	5.66	20.4	2.54

资料来源：《平顶山市统计年鉴》（2001—2013）。

表 4 - 19　　　　　　　　2000—2012 年焦作市样本数据

年份	人均 GDP（元）	人均财政收入（元）	第二产业比重（%）	第三产业比重（%）	煤炭深加工比重（%）	财政支出增长率（%）	科教投入比重（%）
2001	7443	391.8	51.0	32.2	2.07	21.1	1.32
2002	8245	395.1	51.1	35.5	2.12	19.8	1.47
2003	9746	497.1	54.1	33.9	2.34	25.4	1.53
2004	12681	707.3	58.7	29.2	2.56	25.6	1.34
2005	16496	938.9	63.3	26.3	3.12	34.9	1.46
2006	19568	1153.0	65.8	25.4	3.78	30.0	1.26
2007	24202	1641.7	66.8	24.9	4.21	36.0	1.72
2008	29190	1692.4	67.9	23.7	4.34	7.9	1.64
2009	31368	1793.4	67.3	24.7	4.56	19.6	1.81
2010	35767	2265.4	68.6	23.3	5.78	26.4	1.80
2011	40810	2835.3	68.9	23.2	6.12	25.8	1.95
2012	44730	3220.0	68.2	24.0	6.63	14.9	2.42

资料来源：《焦作市统计年鉴》（2001—2013）。

　　根据样本数据和相关简单的数据处理，采用 Eviews5.0 软件进行分析，整理得到结果如表 4 - 20 所示。

表 4 - 20　　　　　　　　平顶山与焦作市 β 趋同检验分析结果

变量	焦作市		平顶山市	
	系数	t 检验值	系数	t 检验值
截距	2. 3622	9. 6589	- 1. 6982	- 6. 3987
人均收入占人均 GDP 比重	0. 6986	36. 2699	0. 2689	18. 2370
第二产业比重	- 0. 9865	- 5. 6985	2. 6985	21. 2861
第三产业比重	8. 6936	26. 3851	- 0. 9857	- 8. 3692
煤炭深加工比率	9. 6326	30. 2581	- 2. 6853	- 12. 3654
财政支出增长率	0. 0370	5. 6389	0. 6326	12. 2146
科教投入比重	0. 6984	8. 2365	0. 3246	12. 3985
拟合优度	0. 9970		0. 9969	
修正后的拟合优度	0. 9978		0. 9972	
F 检验值	1693. 2540		1269. 4610	
DW 检验值	2. 3698		6. 3565	

　　从计算结果可以知道，平顶山市作为资源富集城市，资源开发较晚，但是后续发展速度非常快，同时，平顶山市的资源开发路径与焦作市很相似，即开发早期煤炭采掘业发展速度比较快且多为初加工行业，而深加工行业进入较少。因此，平顶山市在以后的发展中要注重深加工。对焦作市而言，随着煤炭资源的逐渐枯竭，其煤炭资源初加工行业逐渐萎缩，相反，其深加工行业及第三产业的发展速度非常快。因此，作为资源富集城市和资源枯竭城市，平顶山市和焦作市进行产业对接是可行的。

第五章 平顶山市与焦作市产业
对接的潜力分析

在我国 661 座城市中，资源型城市占到城市总数量的 1/5，在资源型城市中，以煤炭为主导产业的煤炭型城市占到 1/4，是中国资源型城市的主体类型。这些城市主要分布在东三省的黑龙江、辽宁，中部的山西、山东和河南地区。我国煤炭型城市在矿产个数、从业人口、矿业产值上都占有绝对优势。在这些煤炭型资源城市中，河南省分布有 4 个，分别是焦作、平顶山、鹤壁和义马。

焦作市位于河南省北部，平顶山市位于河南省中部，两个城市地缘位置接近，市区距离约为 220 公里，之间有多条铁路和公路相连，交通便利。两个城市都因煤而兴、以矿起家，经济发展均以煤炭产业为契机。19世纪中叶，英国开始在焦作开采煤炭，拉开了焦作煤炭业发展的序幕，至今焦作的煤炭开采史已过百年。1964 年，国家将平顶山作为煤炭开采示范基地，至今平顶山煤炭产业的发展历史也有 50 多年。在煤炭产业发展的高峰时期，煤炭产业对平顶山市和焦作市 GDP 增长的年贡献率超过20%。从三次产业的构成来看，近 12 年间两个城市的产业结构非常近似，具体数据见表 5 - 1 和图 5 - 1、图 5 - 2 和图 5 - 3。

从人均 GDP 来看，两个城市经济发展的梯度非常明显。近 12 年间，焦作市的人均 GDP 远远领先于平顶山市的人均 GDP，具体数据见表 5 - 2和图 5 - 4。同时，焦作市煤炭产业的发展历史、技术水平也远远高于平顶山市的发展水平（见表 5 - 3），这说明焦作市煤炭产业的发展已经进入一个较高水平，而平顶山市的煤炭产业则处于成熟阶段。

两个发展阶段不同的资源型城市，发展轨迹近似、经济结构趋同，而经济发展水平则呈现出明显的梯度性差异，这为两个城市进行产业对接提供了巨大的潜力。焦作市作为资源枯竭城市，处于高梯度地区；平顶山市作为资源富集城市，处于低梯度地区。两个城市的产业对接不是一个简单

　　根据样本数据和相关简单的数据处理，采用 Eviews5.0 软件进行分析，整理得到结果如表 4 - 20 所示。

表 4 - 20　　　　　平顶山与焦作市 β 趋同检验分析结果

变量	焦作市		平顶山市	
	系数	t 检验值	系数	t 检验值
截距	2.3622	9.6589	- 1.6982	- 6.3987
人均收入占人均 GDP 比重	0.6986	36.2699	0.2689	18.2370
第二产业比重	- 0.9865	- 5.6985	2.6985	21.2861
第三产业比重	8.6936	26.3851	- 0.9857	- 8.3692
煤炭深加工比率	9.6326	30.2581	- 2.6853	- 12.3654
财政支出增长率	0.0370	5.6389	0.6326	12.2146
科教投入比重	0.6984	8.2365	0.3246	12.3985
拟合优度	0.9970		0.9969	
修正后的拟合优度	0.9978		0.9972	
F 检验值	1693.2540		1269.4610	
DW 检验值	2.3698		6.3565	

　　从计算结果可以知道，平顶山市作为资源富集城市，资源开发较晚，但是后续发展速度非常快，同时，平顶山市的资源开发路径与焦作市很相似，即开发早期煤炭采掘业发展速度比较快且多为初加工行业，而深加工行业进入较少。因此，平顶山市在以后的发展中要注重深加工。对焦作市而言，随着煤炭资源的逐渐枯竭，其煤炭资源初加工行业逐渐萎缩，相反，其深加工行业及第三产业的发展速度非常快。因此，作为资源富集城市和资源枯竭城市，平顶山市和焦作市进行产业对接是可行的。

第五章 平顶山市与焦作市产业
对接的潜力分析

在我国661座城市中，资源型城市占到城市总数量的1/5，在资源型城市中，以煤炭为主导产业的煤炭型城市占到1/4，是中国资源型城市的主体类型。这些城市主要分布在东三省的黑龙江、辽宁，中部的山西、山东和河南地区。我国煤炭型城市在矿产个数、从业人口、矿业产值上都占有绝对优势。在这些煤炭型资源城市中，河南省分布有4个，分别是焦作、平顶山、鹤壁和义马。

焦作市位于河南省北部，平顶山市位于河南省中部，两个城市地缘位置接近，市区距离约为220公里，之间有多条铁路和公路相连，交通便利。两个城市都因煤而兴、以矿起家，经济发展均以煤炭产业为契机。19世纪中叶，英国开始在焦作开采煤炭，拉开了焦作煤炭业发展的序幕，至今焦作的煤炭开采史已过百年。1964年，国家将平顶山作为煤炭开采示范基地，至今平顶山煤炭产业的发展历史也有50多年。在煤炭产业发展的高峰时期，煤炭产业对平顶山市和焦作市GDP增长的年贡献率超过20%。从三次产业的构成来看，近12年间两个城市的产业结构非常近似，具体数据见表5-1和图5-1、图5-2和图5-3。

从人均GDP来看，两个城市经济发展的梯度非常明显。近12年间，焦作市的人均GDP远远领先于平顶山市的人均GDP，具体数据见表5-2和图5-4。同时，焦作市煤炭产业的发展历史、技术水平也远远高于平顶山市的发展水平（见表5-3），这说明焦作市煤炭产业的发展已经进入一个较高水平，而平顶山市的煤炭产业则处于成熟阶段。

两个发展阶段不同的资源型城市，发展轨迹近似、经济结构趋同，而经济发展水平则呈现出明显的梯度性差异，这为两个城市进行产业对接提供了巨大的潜力。焦作市作为资源枯竭城市，处于高梯度地区；平顶山市作为资源富集城市，处于低梯度地区。两个城市的产业对接不是一个简单

表 5 - 1　　平顶山市和焦作市 2007—2012 年三次产业构成表

年份	第一产业		第二产业		第三产业	
	平顶山市(%)	焦作市(%)	平顶山市(%)	焦作市(%)	平顶山市(%)	焦作市(%)
2001	14.5	13.3	52.8	51.1	32.7	35.5
2002	13.2	12.0	54.9	54.1	31.9	33.9
2003	13.3	12.1	57.6	58.7	29.1	29.2
2004	12.0	10.4	60.4	63.3	27.6	26.3
2005	11.0	8.7	62.1	65.8	26.9	25.4
2006	10.0	8.3	63.3	66.8	26.8	24.9
2007	9.7	8.4	65.9	67.9	24.4	23.7
2008	9.3	8.0	65.2	67.3	25.5	24.7
2009	8.7	8.1	66.3	68.6	25.0	23.3
2010	8.8	7.9	67.0	68.9	24.2	23.2
2011	9.7	7.8	62.2	68.2	28.1	24.0
2012	11.3	10.2	60.8	62.6	27.9	27.2
平均值	15.3	16.8	51.9	51.0	32.8	32.2

资料来源:《平顶山市统计年鉴》(2002—2013)、《焦作市统计年鉴》(2002—2013)。

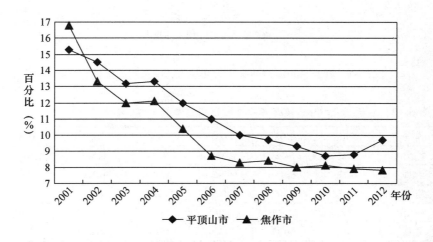

图 5 - 1　2001—2012 年平顶山市和焦作市第一产业比重对比图

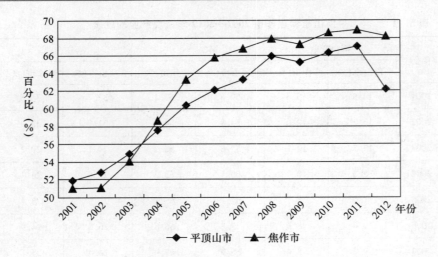

图 5 – 2　2001—2012 年平顶山市和焦作市第二产业比重对比图

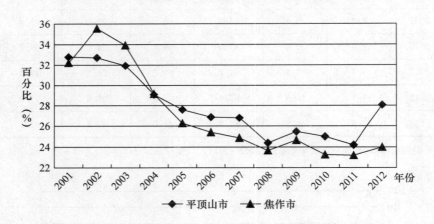

图 5 – 3　2001—2012 年平顶山市和焦作市第三产业比重对比图

表 5 – 2　　　　　　2001—2012 年平顶山市和焦作市人均 GDP　　　　单位：元

年份	2001	2002	2003	2004	2005	2006
平顶山	6003	6478	7304	9388	11505	13823
焦作	7443	8245	9746	12681	16496	19568
年份	2007	2008	2009	2010	2011	2012
平顶山	16727	21599	23083	26730	30227	30506
焦作	24202	29190	31368	35767	40810	44730

资料来源：《平顶山市统计年鉴》（2002—2013）、《焦作市统计年鉴》（2002—2013）。

表 5 – 3　　　　　　　平顶山市和焦作市煤炭资源自然优势对比

	煤田面积（km²）	储量（亿吨）	已开采年限（年）
平顶山	1374	86	50
焦作	800	28.26	100

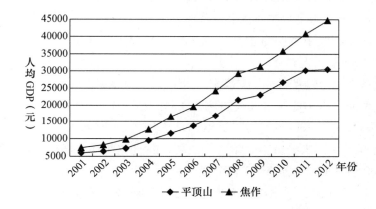

图 5 – 4　2001—2012 年平顶山市和焦作市人均 GDP 对比图

的高梯度地区的衰退期产业向低梯度地区进行转移的过程，而是一个在经济上互惠、在优势产业上互补的产业对接过程。两个城市以比较优势和互惠发展为原则，主要的承接原则为：高梯度地区（焦作市）将处于衰退期的产业向具备承接条件的低梯度地区（平顶山市）进行转移。平顶山作为承接地区，将对经济发展有利的产业引入到本地区的经济体系中来。通过产业对接，平顶山市的衰退产业可以实现二次增值，相对落后的产业可以获得先进的技术、人才、管理经验乃至发展资金，进而促进两个地区产业结构的优化调整。

当然，这种产业对接不是单一方向的。在高梯度的焦作市向低梯度的平顶山市转出产业的同时，平顶山市也可以将具备条件的产业向焦作市进行转移，通过比较利益实现平顶山市和焦作市产业结构的优化调整。

总之，焦作市和平顶山市的产业对接是以资源型产业的转移、增值为契机，既有深度、又有广度的全面的经济合作进程，在产业对接的背后具有深层次的需求、供给动机和背景因素。

第一节　平顶山市与焦作市产业
对接的需求分析

一　产业对接承接方的需求分析

（一）平顶山市地理位置和经济特点

平顶山市位于河南省中部，东临黄淮平原，西接伏牛山。地区面积 8867 平方公里，人口 520 万，其中市区人口 98 万。平顶山市公路、铁路、航空交通运输条件便利。焦枝、京广、平宝铁路在平顶山市交汇，平顶山经漯河、南阳连接京九线的地方铁路已经开通。市内遍布众多铁路专用线，总长达到 400 多公里。货运东站为国家一等编组站，年吞吐量达 2550 万吨。平顶山的航空运输条件便利，能直达新郑、洛阳、南阳机场，每周 100 多个航班往返于 20 多个城市。

从 1980 年起，平顶山市逐步建立起功能较齐全的纺织产业。20 世纪 80 年代中期开始，以煤炭为基础的非金属和金属开采业、电力、水泥、冶金等重工业开始形成并快速发展，煤化工、盐化工产业初具规模，平顶山市已成为全省乃至全国的煤化工、盐化工产业基地。目前，煤炭产业作为城市的支柱产业，持续稳步发展。同时，三次产业结构开始出现明显的改善势头，轻重工业结构出现积极变化，社会消费需求结构也呈现出合理化发展趋势，消费率逐步下降，投资率逐年上升，经济的整体发展状况良好。平顶山市已成为中原城市群重要的中心城市之一。这些都说明平顶山市作为正在崛起的中部城市有着旺盛的发展需求。

（二）承接方主导产业优化调整的需求

平顶山也是因煤而立、依煤而兴的资源型城市，与焦作市相似，煤炭开采和洗选业是平顶山市经济发展的支柱，有"中原煤仓"之美誉。平顶山市煤矿面积 1374 平方公里，总储量 86 亿吨，预测远景储量 103 亿吨，占河南省煤炭总储量的 51%。和焦作市相比，平顶山市煤炭资源优势突出（见表 5－3）。煤炭资源分布广泛，4 区 6 县均有可开采的矿区，原煤品种齐全，优质低硫煤储量尤其丰富，这种煤具有低硫、低灰、高热量的优点，且煤层埋藏浅、厚煤层多、地质构造和水文地质条件简单、煤田规模大，开采条件非常好。由于开发时间短，目前可开采的原煤资源量

远高于焦作市。除了煤炭，平顶山市其他资源诸如铁矿、钠盐矿的储量也很丰富，铁矿储量 6064 亿吨、钠盐矿储量 2300 亿吨，均居全省乃至全国前列。依托自然赋予的丰富自然资源，煤化工、盐化工、铁矿开发等相关产业正在兴起，自发形成以了煤炭企业为上游、以铁矿企业、煤盐化工企业为中下游的产业链条。

作为平顶山市的主导产业，煤炭开采和洗选业对该市经济的发展起着举足轻重的作用，极大地促进了地区经济的增长，同时带动了电力、化工、冶炼等下游产业的成长发展。虽然自然资源禀赋优势远高于焦作市，平顶山市煤炭产业发展历程毕竟较短，产业总体素质不高，技术设备落后引发的资源利用率低、环境污染等问题突出，粗放的发展方式影响着整个地区经济的发展。

在平顶山煤炭企业中，即使大型国有煤矿，也由于技术落后和管理经验的欠缺，导致企业经济效益不佳。据统计，平顶山煤炭产业的技术设备水平只有 16% 达到国际水平，28% 达到国内先进水平，56% 则为国内一般水平、落后水平。由于整体技术水平落后，平顶山市大部分矿井采用的是煤层群开采技术，通俗讲就是"裸"开采，这种无保护的开采方式造成了严重的资源浪费和环境破坏，引起了一系列影响煤炭资源回收利用的问题。平顶山煤炭开采技术水平的落后缘于该市科研能力的不足。无论是宏观政府层面还是微观企业层面，对煤炭产业技术设备研发的经费投入都严重不足，以 2011 年为例，平顶山市研发经费仅占国民生产总值的 1.3%。

除了技术水平外，平顶山煤炭业亟待提高的还有单位生产的规模效益和产业布局的合理性。就数量来看，在平顶山 700 多座煤矿中，国有大煤矿只占到 2%，产业内企业规模普遍偏小，布局明显不合理，甚至每平方公里之内就有几座产权归属不同的矿井存在。河南省曾经确立过针对煤炭产业的"有水快流"的发展方针，这个指导意见的出台直接导致了平顶山地区小煤窑的大量涌现，出现了"村村点火、村村冒烟"的现象。虽然经过大力整顿，关掉了不少小煤窑，但是由于经营成本低、煤炭需求量大、本地区煤炭生产供不应求等原因，小煤窑在平顶山地区一直没有杜绝。

这种小煤窑的作坊式生产对整个平顶山煤炭产业的发展非常不利。非法办矿现象突出，小煤窑林立，规模失控导致生产过剩，煤炭产品价格战也在地区市场上愈演愈烈，小煤窑与大煤矿对资源和市场的争夺，使国有煤矿的产能不能充分发挥，小煤窑的生存发展也举步维艰。由于开采技术水平低，小煤窑的回采率大都在35%以下，尤其是稀缺的优质资源——无烟煤的生产存在开采使用的低效率、产品的低质量和极大的浪费等不良问题。小煤窑普遍开采和生产条件简陋、管理松散落后，导致矿区安全隐患重重。百万吨级安全事故的发生率是正规大煤矿的4—5倍；在新中国成立以来发生的27起50人以上的安全事故中，平顶山占5起，达到事故率的19%；15起100人以上安全事故中，平顶山占2起，达到事故率的13%。

平顶山地区煤炭开采和洗选业技术的落后，使平顶山地区煤炭资源开发与环境承载力之间的矛盾特别突出；业内小煤窑的小规模作坊式生产，不能发挥规模效益，造成优质资源的严重浪费；大小煤矿的不合理分布，导致大小企业之间的无序竞争，资源的整体开发和产业的整体发展受限。但是，长期以来，平顶山市已经形成了以煤炭开采和洗选业为主导产业的格局，由于拥有得天独厚的自然资源，以及煤化工、煤电、铁矿开采和盐化工等下游产业链企业的跟进，这种格局短期内不能改变，也难以改变。要使地区经济继续在主导产业的引领下稳步健康地增长，提升主导产业的整体素质尤为关键。近年来平顶山的经济发展历程证明，单纯依靠内援式的发展有很大的局限性，产业发展的瓶颈越来越凸显，引入外援则是一条尽早、尽快提升产业质量的捷径。无论在地缘、经济梯度还是产业关联上，焦作市处于衰退期的煤矿业都是平顶山市进行产业优化升级的最好承接目标。

（三）承接方经济发展的需求

就平顶山市整体经济发展来说，对煤炭资源的依赖度高，来自产业结构调整的压力也使得该市产业承接的需求旺盛。在平顶山市的经济体系中，煤炭产业是产业链的上游，电力、化工、铁矿石冶炼等处于产业链下游的大型工业项目相继跟进，使得平顶山整个产业结构中高消耗产业的比重相当大，以2011年为例，各工业产业和工业增加值见表5-4。

经计算可知，高消耗产业对表中各项工业指标的贡献率都在70%以上。产业结构的单一使经济很容易受到市场波动的影响，当市场对煤炭的需求旺盛时，经济增长速度较快，财政收入增加，居民收入提高；但当市场对煤炭的需求减少时，多米诺骨牌效应一触即发，经济陷入全方位疲软。近年来，虽然平顶山市相继投产了煤制乙炔、煤制甲醇、有色金属、

表 5 - 4　　2011 年平顶山市工业产值构成

行业	单位数 （个）	工业总产值 （万元）	工业总产值指数 （上年＝100）	工业增加值 （万元）	工业增加值指数 （上年＝100）	工业销售产值 （万元）
全市总计	809	25535647	117.0	7569211	115.4	24772149
煤炭开采和洗选业	267	6033672	109.3	3140354	109.3	5926308
黑色金属矿采选业	17	350781	106.2	105340	106.2	345867
有色金属矿采选业	3	28214	97.4	7510	97.4	27660
非金属矿采选业	10	125522	121.4	42903	122.4	118189
农副食品加工业	39	955833	126.9	214558	128.2	897296
食品制造业	10	285732	149.9	61071	151.8	286590
饮料制造业	11	249209	135.7	67902	136.0	228106
烟草制品业	1	6008	78.3	4450	78.3	6008
纺织业	27	908205	122.6	232651	122.8	1049877
纺织服装、鞋帽制造业	7	79383	100.7	17485	100.7	95246
皮革、毛皮、羽毛及其制品业	5	217238	117.6	60327	117.6	212173
木材加工及木、竹、藤、棕、草制品业	4	30376	128.3	8306	128.2	29465
家具制造业	2	10516	113.7	2717	113.8	8866
造纸及纸制品业	4	95956	226.2	24801	226.7	91233
印刷业和记录媒介的复制业	3	35181	129.0	9654	129.0	35181
石油加工、炼焦及核燃料加工业	20	1725796	102.7	439407	102.7	1709587
化学原料及化学制品制造业	28	1772091	115.2	334247	113.0	1707152
医药制造业	9	274490	124.5	61215	122.6	215173

续表

行业	单位数（个）	工业总产值（万元）	工业总产值指数（上年=100）	工业增加值（万元）	工业增加值指数（上年=100）	工业销售产值（万元）
化学纤维制造业	1	198183	109.0	42490	109.0	15542
橡胶制品业	7	54811	81.1	13492	87.0	56184
塑料制品业	11	174084	120.2	40875	120.0	169275
非金属矿物制品业	135	2404747	126.1	675276	126.2	2460806
黑色金属冶炼及压延加工业	15	2139048	112.9	452908	112.7	2065285
有色金属冶炼及压延加工业	8	513697	95.4	85168	94.1	504101
金属制品业	41	502631	123.3	118767	123.2	501433
通用设备制造业	37	1157040	158.7	280563	159.9	1117421
专用设备制造业	33	966859	150.0	219413	150.2	981753
交通运输设备制造业	9	483868	124.5	90051	124.0	502346
电气机械及器材制造业	15	1025290	97.8	196902	98.4	820513
通信设备、计算机及其他电子设备制造业	1	4449	109.6	1041	109.6	4218
仪器仪表及文化、办公用机械制造业	5	282512	102.2	68785	103.2	214611
工艺品及其他制造业	2	19889	104.0	5399	103.7	17906
废弃资源和废旧材料回收加工业	4	154172	156.6	29169	156.6	153543
电力、热力的生产和供应业	15	2225385	124.5	398979	127.4	2156555
燃气生产和供应业	1	26120	82.3	6149	82.3	25704
水的生产和供应业	2	18659	92.5	8887	92.5	14974

资料来源：《平顶山市统计年鉴》（2012）（注：本表总量按当年价计算，指数用可比价计算）。

碳化硅等大型项目，但这些产业也和煤炭资源高度相关。由于缺乏比较优势，其他行业吸引外来投资相对困难，这就使得以能源原材料为主导的产业格局越来越得到强化。产业布局的过分集中、关联性过强必然对经济的平稳运行带来诸多不确定性。

当然，任何一个地区的产业结构调整都需要一个过程。如上文所述，平顶山市短期内难以改变以煤炭为主导产业、以下游相关大型工业为支柱产业的经济格局，在相当长的一段时期内，平顶山地区依然要大力发展主导产业体系，但前提是产业素质的提高和产业结构有计划、有步骤地调整升级。以平顶山市和焦作市两地政府的非合约安排为主导，平顶山市在有步骤、有目的地承接焦作市转出的以煤炭开采和洗选业为主的产业的同时，要抓住这一难得的自上而下的制度安排的机遇，根据本地区经济发展的需求，主动承接具有发展前景的、与自身互补的产业，如交通运输设备制造业、皮革毛皮加工制造业等，有助于平顶山市进一步深层次地强化主导产业的发展，稳步实现产业结构的调整。在这些具有承接需求的产业中，尤其值得一提的是非金属矿物制品业，平顶山市的非金属矿物开采业已有相当的发展，承接焦作市转出的非金属矿物制品业，有助于延长产业链条、促进本地区废金属矿物开采业的深度发展。

二　产业对接转出方的需求分析

本书多次强调产业对接不是单向的经济活动，平顶山在具有强烈的承接需求的同时，焦作市在产业对接过程中也有一定的招商引资的需求。"十五规划"期间，焦作市新投产项目数量多且规模大，在外来投资的推动下，2004—2005 年焦作市的经济增长速度达到历史最高水平，但从此之后，由于项目储备不足、工业投资规模偏小且增速逐年下降，焦作市的经济在相当长一段时间内低速增长。直到今天，焦作市工业的投资需求依然旺盛。

另外，焦作市产业结构在长期内一直保持煤炭产业的主导地位，但随着煤炭资源的逐渐枯竭，支柱产业所占比重不断走低，对经济增长的贡献份额一路下滑。支柱产业在当地经济体系中作用的弱化，使得培育新的经济增长点的需求十分强烈。

焦作市作为资源枯竭型城市，对基础原材料需求也十分旺盛。工业生产需要的煤、焦炭、氧化铝、天然橡胶等都要大量从外地区甚至国外进口，以煤炭需求量为例，焦作市对原煤的需求量 2004 年比 2002 年增长了

41.8%，目前本地的煤炭产品供给已不能满足本地区的需求。向平顶山市输出较先进的煤炭生产设备和技术，同时引入橡胶制品业，可以利用地区比较优势，获得工业经济增长的动力，优化产业结构，使产业纵深健康发展。

第二节　平顶山市与焦作市产业对接的供给分析

一　产业对接转出方的供给分析

（一）焦作市地理位置和经济特点

焦作市位于河南省西北部，北与山西省接壤，南与省会郑州相邻。焦作自古就是豫西北地区重要的物资集散地，一直以来都是晋煤南运的交通要道，陆路交通发达。境内共有 5 条高速公路、3 条国道、4 条铁路线交接相连。焦作到新郑国际机场仅需 70 分钟车程。计划于 2013 年开通的郑焦城际铁路正在紧锣密鼓地施工，该城际铁路全长 78 公里、设计时速 250 公里，将郑州到焦作的铁路行程压缩到半个小时内。

多年以来，焦作市经济发展水平一直处于河南省前列，全市有近 20 个河南省名牌产品，上市企业总数在河南省居第二位。焦作市是全国首批技术创新示范城市，连续多年被评为全国科技进步先进市，已建有无机氟化工行业国家实验室，国家级企业技术中心两家，河南省院士工作站 5 家，企业博士后工作站 8 家，省级研发中心 80 家。作为全国闻名的粮食高产区，2000 年以前，焦作市的第一产业收入即农业收入对 GDP 的增长作出了重要贡献，其份额远超第二、第三产业。优良小麦尤其强筋小麦是焦作市农业的拳头产品。近年来焦作怀药的生产和销售继小麦之后也蜚声中外，已建成四大怀药规范化种植基地 24.2 万亩，有怀药加工企业 80 多家，怀药产业年销售收入 50 亿元以上，是促进焦作农村经济增长、增加农民收入的重要产业。目前，焦作市农产品加工企业数量已达到近 700 家，拥有国家级农业产业化重点龙头企业 3 家，省级农业产业化重点龙头企业 20 家。

2000 年成为焦作市经济结构调整的一个节点，焦作市的产业增加值于当年实现结构序列由"一二三"到"二三一"的演变，说明焦作市经过多年的发展，已具备较为雄厚的工业基础，同时第二产业内部也已实现以煤炭产业为支柱向多元化优势产业的转型，形成所谓"六大战略支撑产业"和几项领先的新兴产业。

（二）转出方主导产业体系优化调整的供给动机

焦作市煤炭资源比较丰富，煤田总面积为 800 平方公里，探明储量28.26 亿吨，可供开采的储量为 14.89 亿吨，市区压覆煤炭 9.158 亿吨。焦作市 11 个矿区设计年生产能力在 550 万吨左右，而实际产能超过设计能力，达年产 600 万吨左右；年设计选煤能力 600 万吨左右，实际选煤能力也超过设计能力，达到年产量 700 万吨左右。1981 年焦作建成国内第一座无烟煤选煤厂，与梅山冶金公司共同开发无烟精煤，产品出口法国、日本等 9 个国家和地区，实现累计出口总量 470 万吨，累计创汇数十亿美元。焦作煤业集团公司选煤厂的建设已有相当规模，6 座选煤厂的核定生产能力达 435 万吨，高炉喷吹式选煤法取得成功后在全国范围推广。焦作市的煤炭产业经过多年的强力发展，设备优良，相关技术处于国内乃至国际同行业先进水平。

焦作市的煤田普遍含有丰富的煤层气，总储量为 2000 万立方米，浅煤层气资源 416 万立方米，居全省第一位。焦作的煤层气富含甲烷，储量为 1601.7 万立方米，具有吸附性好、含气饱和度高的开采优点。从 20 世纪 60 年代起，焦作矿务局开始对所属矿区的煤层瓦斯气进行研究和开发，经过 70 年代后期与焦作矿院、1995 年与煤科总院西安分院、1995—1996年与中原油田多次联合开发，不断进行技术上的突破和创新，煤层瓦斯气的开采已处于国内先进行列，建有三个煤层气储罐站，总容积近 9 万立方米，供气管网总长近 700 公里，市区的煤气化站设计年制水煤气最大容量达 500 万立方米。

焦作市的交通运输设备制造业已成为继煤炭产业之后的重要优势产业和主导产业之一，我国目前有 6 个火炬计划汽车零部件基地，焦作市的汽车产业园名列其中，该产业目前已培育出国内多家知名的汽车零部件生产企业。然而，近年来，焦作市交通运输设备制造业的产出增长率开始出现下滑趋势，从 2010 年的 24%下降到 2011 年的 17.5%；成本费用率下降趋势明显，从 2009 年、2010 年的 5.2%、5.23%下降到 2011 年的 1.8%，表明该产业的经济效益下降、利润率降低。除了传统的煤炭开采及洗选业、交通设备制造业外，焦作市的非金属矿物制造业、皮革皮毛加工制造业等已处于成熟期的产业也逐渐成为替代煤炭业的新的经济增长点。近年来，这两个产业的成本费用率下降趋势明显，其中，非金属矿物制品制造业的成本费用率从 2010 年的 7.37% 下降到 2011 年的 0.74%；皮革皮毛加工制造业的成本费用率从 2010 年的 9.38% 下降到 2011 年的 0.48%。以上数据表明，由于焦作市的交通设备制造业、非金属矿物制造业、皮革皮毛加工制造业已经处于成熟期，未来进入衰退期的可能性较大，为了进一步优化焦作市的产业结构，这三个产业向外转移的可能性较大。

（三）转出方经济发展的供给动机

焦作市向平顶山市进行产业转移有深层次的原因。20 世纪 90 年代末开始，焦作市的煤炭资源的可开采量越来越少，煤炭产量急剧下降，煤炭开采和洗选产业由于资源枯竭而进入衰退期。对于以煤炭开采和洗选业为主导产业的焦作市来说，种种弊端开始显现。产业结构单一导致经济的依赖性过强，整个"九五"期间，由于煤炭产业的衰退，全市经济增速不足 4%。后续产业和项目不足，经济发展缺乏持续性，失业人数增加，环境污染严重，社会负担加大。作为主导产业的煤炭开采和洗选产业向外转移的压力不断加大。同时，对于交通设备制造业、非金属矿物业等优势产业来说，产业结构的调整和优化升级也势在必行。这些主导产业大多为传统产业，容易受到市场风险的干扰，而且由于是国家宏观政策调控的重点，增加了这些行业经济增长的不确定性。从产品结构来看，这些优势产业的产品多以初加工产品为主，受市场供需形势变化影响也很大。比如，2005 年主要受国家退税政策的影响，万方铝业当年亏损高达 9000 多万元，占焦作市亏损企业亏损总额的 30.2%。2006 年，由于受到产品价格下跌和原材料价格上涨的夹击，中铝分公司利润同比减少近 5 亿元，利税损失高达 6.4%。焦作市的优势产业中，还有相当一部分为高能耗行业，比如煤炭开采和洗选业、非金属矿物业等，占全市工业能源消费的 70% 以上，这两个行业的工业增加值占全市的 40% 以上。高能耗部门在经济中占比重过高，由此所带来的资源和环境的约束问题也亟须通过产业结构的优化调整来解决。

二 产业对接承接方的供给分析

平顶山市作为产业对接的主要需求方，虽然具有良好的经济基础且经济发展势头良好，但也有强烈的供给动机。煤炭、电力和钢铁等重工业的振兴为平顶山的经济发展奠定了雄厚的基础。近几年来，平顶山市取得了

GDP 和财政收入"双十"的预期增长目标；经济持续快速增长，全社会固定资产投资稳步增加；2005—2009 年全市国民生产总值年均增长率接近15%，高于全省 1 个多百分点；财政收入呈现出稳定增长的良好态势，收入总量不断提高。按汇率折算，平顶山已达到人均收入 3000 美元的水平。

但是，平顶山市有些产业的发展出现了衰退的迹象。以化学原料及化学制品业为例，其产出增长率从 2010 年的 55.6% 下降到 2011 年的 13%，成本费用率从 2010 年的 3% 强下降到 2011 年的 2%；橡胶制品业的衰退迹象更明显，其行业增加值从 2009 年、2010 年的 1.81 亿元、1.59 亿元下降到 2011 年的 1.35 亿元，产出增长率从 2010 年的 19% 下降到 2011 年的 13%，从业人数从 2009 年、2010 年的 0.37 万、0.11 万人减少到 2011 年的 0.1 万人，而成本费用率则从 2010 年的 4.3% 下降到 2011 年的 2.8%。以上数据表明，平顶山市的化学原料及化学制品业、橡胶制品业的衰退为这两个产业向外扩张、寻找新的市场和增长点提供了强烈动机。

第三节　平顶山市与焦作市产业对接的背景分析

一　国家政策为产业对接创造了良好的环境

近年来，我国政府不断强化科学发展观的理念，对老工业基地不断推出扶持政策。在 2008 年国家发改委公布的首批资源枯竭城市名单上，焦作市就已榜上有名。平顶山市虽未进入名单，但作为处于成熟期的煤炭资源型城市，可以想见在不久的将来也会进入枯竭期。国家十分重视资源枯竭型城市经济结构的转型发展，焦作市是国家"十一五"和"十二五"计划支持的对象，能够在转移支付、产业对接等方面获得更多的优惠政策和资金支持，同时第二轮地市级矿产资源规划的开始也必将为平顶山市和焦作市的发展创造更好的环境。

促进区域经济协调发展一直是我国政府对总体经济格局的规划和主张。2004 年，时任国务院总理温家宝更明确提出了"促进中部地区崛起"的主张，给中部省份的发展带来了新的机遇。2004 年"中部崛起"被列入全国六大工作任务之一。国家加大对中部地区的支持、促进中部地区经济崛起的战略，为平顶山市和焦作市产业对接的开展提供了良好的政策环境。2004 年 8 月，中共河南省委召开七届五次全会，讨论并通过了《河南省全面建设小康社会规划纲要》。该《纲要》指出："努力使河南的发展走在中西部地区前列，实现中原崛起"，这表明"中原崛起"已成为全省上下的共识。从此，中部崛起的奋战正式开启。中部省份希望中央能够加大对中部省份的政策扶持力度，在建立先进生产基地的同时，进一步加快对老企业基地的改造，加快资源型城市的转型发展，加强基础交通设施的建设。这些提议为平顶山市和焦作市加快产业对接和促进地区的可持续发展提供了新的机会。

二 区域经济组织的发展为产业对接提供了广阔的平台

2011 年 3 月 17 日国务院公布的《国民经济和社会发展第十二个五年规划纲要》明确提出重点推进中原经济区等区域发展，中原经济区正式上升为国家战略。中原经济区是一个跨省区的经济合作组织，早在 1985 年由邯郸市和新乡市市政府牵头成立，经过 20 多年的努力经营，现有成员为四个省区的 13 个邻近地市，包括两个河北省城市、两个山西省城市、三个山东省城市、六个河南省城市，河南省的城市中就有焦作市。中原经济区位于我国正中部，交通地理位置极其重要，人口众多、劳动力资源丰富，在全国的经济格局中是连接东西部、南北方的中心地带，近年来该组织整体发展势头迅猛，经济增长速度很快。

在河南省"十二五"规划中，明确提出要更加主动地推动东中西协调互动发展，加快经济发展方式的转变、加快经济结构的调整，更加主动地持续走一条不以牺牲农业和粮食为代价、不以牺牲环境和生态为代价的"三化"协调科学发展的路子，更好地发挥河南的优势，特别是发挥河南的后发优势。积极承接产业转移，是加快中原经济区建设的必然要求，同时中原经济区上升到国家战略、有望获得更多国家的政策支持，又为河南承接产业转移提供了历史机遇。河南省具有极好的区位、资源和市场优势，在吸引出口导向型产业、劳动密集型产业以及以占领当地市场为目的的产业方面具有明显的优势。

在省内经济发展的组织建设上，河南省在《国务院关于支持河南省加快建设中原经济区的指导意见》的指引下，明确提出要着力打造以郑州为中心的中原城市群，以郑州为中心、以高速车程 1 小时为半径建设经济圈，努力使其成为中原经济区乃至全国的经济增长极。郑州作为中原城市圈的核心城市，凭借其优越的地理位置和强大的发展基础，对于中原城市圈的带动作用已日趋显著。目前，以郑州为中心的中原城市群已经初步成为我国中部地区经济增长的核心地带。

焦作市本身既是中原经济区重要的老成员，同时也凭借"距离郑州一小时车程"成为中原城市群的重要角色。平顶山市紧邻郑州，两个城市之间的距离只有142公里，郑石高速、京珠高速直接连接两个城市，只有1小时车程。这两个城市在这两个区域范围不同的经济发展体中，基本的定位都是资源的提供者和产品的制造者，都以"接轨中原城市群、融入中原经济区"为发展方针，有着产业结构优化调整的要求。借助中原经济区这个跨省平台和中原城市群这个省内的经济平台，平顶山市和焦作市的产业对接必将得到更多的支持和更好的发展。

三　两个城市的产业政策和服务体系为产业对接提供了有利的条件

（一）焦作的产业政策和服务体系

国家十分关注东北老工业基地的可持续发展，制定了一系列优惠发展政策，目前，焦作市作为国家公布的资源枯竭型上榜城市，也能够享受同样的优惠政策和待遇，这为焦作市促进经济发展、实施产业对接带来了重要机遇。近年来焦作市相继被冠以"全国首批资源枯竭型城市转型试点"、"加工贸易梯度转移的重点承接地"、"加工贸易梯度转移重点城市"、"中国投资环境百佳城市"和"跨国公司最佳投资城市"等荣誉称号，有着良好的产业对接环境。

2012年年初，河南省政府发布了《焦作市建设中原经济区经济转型示范市总体方案》，专门部署中原经济区及焦作市经济转型示范市的建设工作。"焦作市建设中原经济区经济转型示范市座谈会"于2012年3月15日在人民大会堂北京厅举行。根据中央和省政府的指示，《中原城市群总体发展规划》对焦作市在整个中原城市群中的地位和作用进行了定性，焦作市委、市政府先后出台了一系列有利于产业对接的区域经济发展政策。

焦作市委、市政府非常重视招商引资的基础服务工作，开通一切便利条件为招商引资服务，比如，简化重大项目的审批手续、利用网络进行远程审批、按日历而非工作日核算办理手续的时间、每天全日制工作、尽量缩短项目核准审批时间。各部门协同工作，由市发改委牵头，各部门联合审批，甚至企业有困难，相关审批可以派专人上门办理，协助上报审批。

对于招商引资的相关活动，焦作市委、市政府大开绿灯，对项目审批、案件投拆、法律咨询乃至户口迁移等和对外经济交流有关的手续贯彻实施全方位、全过程的"保姆式"服务。

焦作市委、市政府还经常组织人员深入江苏、浙江、郑州及其他邻近地区考察有关资源产业、加工贸易的梯度转移情况，市领导甚至亲自带领企业队伍到对方洽谈具体的投融资项目，积极推介焦作市的比较优势项目，抢先为产业对接造势，为招商引资创造条件。比如，市委副书记、市长孙立坤多次带队到丽珠集团、鼎盛集团、东南铝业、凤铝集团去洽谈，最终促成了这些项目。几乎每年焦作市都组团到长三角、珠三角和国外开展招商活动。

焦作市除了在政府层面做好服务工作外，来自市场的服务部门的建设也走在全省前列。该市生产服务部门比较发达，占第三产业增加值总额的60%左右，生活服务的部门则占第三产业增加值总额的40%左右，这种生产服务部门比例远高于生活服务部门比例的情况，在河南省仅次于济源市，和省内大多数城市相比有很大不同。这种产业服务体系为焦作市对外的产业对接活动提供了有利的市场化高效服务平台。

在《焦作新区空间发展战略规划》政策的指引下，焦作市非常重视产业发展平台的搭建，注重以产业集聚区为载体为经济发展服务。焦作市目前有焦作市工业产业集聚区等9个省级产业集聚区，总占地面积近130平方公里，聚集区内产业涉及13个行业。聚集区内的基础设施逐渐完善、服务体系不断健全，进驻企业和项目的数量超过1400家，主营业务收入过600亿元。"十二五"时期，焦作市还要继续加强十大特色产业园区的项目建设，63个项目总投资507亿元。这些都为产业集聚、产业对接提供了广阔空间。

（二）平顶山的产业政策和服务体系

平顶山市政府为了紧紧抓住第二轮地市级矿产资源规划、中原经济区和中原城市群等进行产业结构优化升级、经济加快发展的大好机遇，颁布了《2011年平顶山市承接产业转移工作专项计划》，以市场非制度安排为基础，在政府制度安排的指引下，继续提高支柱产业——煤炭产业的素质，同时通过新产业拉长产业链条，实现以产业对接为契机，调整优化经济结构。根据这一指导思想，平顶山市将在提升承接的支柱产业转移的水平和层次的基础上，吸引外来投资向本地区与支柱产业高度相关的下游制造业领域转移。在上述《专项计划》的指导下，平顶山市人民政府印发了《关于加快产业集聚区科学发展若干政策（试行）的通知》。在这些政策的鼓励和扶持下，平顶山市已培育出初具规模的省级承接产业转移示范区。

在各种产业对接和招商引资的活动中，平顶山市贯彻一切以项目为工作中心的原则，引导各部门协同工作，组建产业对接工作组，协调各方手续，积极开展、参与各种形式、各个领域的产业对接活动。2011 年在河南省省会郑州，举行了产业转移的系列洽谈会，平顶山市长陈建生、副市长黄祥利亲自率队，各区委管委会、相关政府部门组分团，积极吸收本地企业加入，大力进行本地优势资源、优势企业、优惠政策的宣传推广，取得了极好的效果。在此次产业对接的交流活动中，平顶山市推荐项目 49 个，合同金额 180 亿元，签约合同金额 80 亿元。这次产业对接交流活动，极大地增强了平顶山市政府继续深化产业对接活动的信心，同时这些签约项目将有力地推动平顶山市的经济发展，促进产业结构优化调整。

平顶山市也十分重视以产业集聚区为平台促进经济增长极的发展。平顶山化工产业集聚区规划面积 12 平方公里，远景规划近 50 平方公里。该产业集聚区交通条件便利，两条高速公路、一条国道、一条省道穿聚集区而过。该集聚区计划总投资近 700 亿元，建成后将充分发挥煤、盐的自然资源优势，以化工产业延伸煤、盐的产业链条，形成门类齐全的以主导产业和相关产业为基础的生产基地，以集聚效应培养平顶山地区新的以煤、盐化工为增长点的经济增长极。

第六章 平顶山市与焦作市
产业对接的布局

第一节 平顶山市与焦作市产业
结构有序度测定

为进一步分析平顶山市与焦作市的产业发展差距，引入产业结构有序度模型。产业结构有序度最早由我国学者刘思峰（2004）教授提出，反映一个国家或地区的产业结构相对于目标结构的接近程度。通过对产业结构有序度变化情况的分析，有助于客观地分析产业结构与经济发展水平的关系，从而为产业结构的调整提供重要的参考价值。因此，作为一个定量指标，产业结构有序度指标可以用来测度一个国家或地区产业结构的合理化水平。

一 产业结构有序度模型的建立

定义 1：设 $X = (x_1, x_2, \cdots, x_n)$ 为实际产业结构向量，$Z = (z_1, z_2, \cdots, z_n)$ 为目标产业结构向量，x_i 和 z_i 分别为本地区和目标地区第 i 产业的比重，$i = 1, 2, \cdots, n$。

令：$x_i^0 = x_i - x_1$，$z_i^0 = z_i - z_1$，则称 $X^0 = (x_1^0, x_2^0, \cdots, x_n^0)$ 和 $Z^0 = (z_1^0, z_2^0, \cdots, z_n^0)$ 分别为 X 和 Z 的始点零化像。又令：

$$|s_x| = \sum_{i=1}^{n-1} |x_i^0| + \frac{1}{2}|x_n^0| \qquad (6-1)$$

$$|s_z| = \sum_{i=1}^{n-1} |z_i^0| + \frac{1}{2}|z_n^0| \qquad (6-2)$$

$$|s_x - s_z| = \sum_{i=1}^{n-1} |x_i^0 - z_i^0| + \frac{1}{2}|x_n^0 - z_n^0| \qquad (6-3)$$

定义2：设实际产业结构相对于目标产业结构的有序度为 ε_{xz}，则有：

$$\varepsilon_{xz} = \frac{1 + |s_x| + |s_z|}{1 + |s_x| + |s_z| + |s_x - s_z|} \qquad (6-4)$$

所围成的曲边三角形面积，即实际产业结构向量 X 的有序度 ε_{xz} 是对实际产业结构向量 X 与目标结构向量 Z 接近程度的测度。X 越接近 Z，$|s_x - s_z|$ 越小，ε_{xz} 的值就越大。当实际产业结构向量 X 与目标结构向量 Z 完全重合时，$|s_x - s_z|$ 为 0，实际产业结构向量 X 的有序度 ε_{xz} 的值为 1。

二 平顶山市与焦作市产业结构有序度的测定

根据产业结构有序度测度模型，要计算产业结构的有序度，首先需要确定各产业的目标结构，即比较标准。确定各产业的目标结构有多种方法，可以利用里昂惕夫"快车道"模型计算得出的"最优强度轨道"作为各产业的目标结构；也可以把世界不同国家在不同收入水平时期的产业结构的平均值作为世界"标准"产业结构来确定各产业的目标结构；还可以直接把政府的中长期计划或规划的产业结构作为各产业的目标结构。由于平顶山市和焦作市都属于河南省，因此，本书把河南省的产业结构作为平顶山市和焦作市产业结构有序度的参照标准。

本书选取 2001—2011 年间平顶山市和焦作市生产总值的构成数据作为实际产业结构向量 X，选取河南省生产总值的构成数据作为目标产业结构向量 Z_1、Z_2、Z_3 进行比较。选取的指标包括：地区生产总值 Y、第一产业产值 X_1、第二产业产值 X_2、第三产业产值 X_3，其中第二产业又细分为工业产值 X_{21} 和建筑业产值 X_{22}，第三产业又细分为交通运输仓储及邮政业产值 X_{31}、批发零售业产值 X_{32} 和住宿餐饮业产值 X_{33}。对原始数据进行处理后得到三次产业的构成数据，如表 6-1、表 6-2、表 6-3 所示。

表 6-1　　　　　　　　河南省 2001—2011 年三次产业构成

年份	第一产业	第二产业	工业	建筑业	第三产业	交通运输、仓储及邮政业	批发与零售业	住宿与餐饮业
2001	0.2231	0.4537	0.3945	0.0592	0.3232	0.0799	0.0763	0.0393
2002	0.2135	0.4587	0.3997	0.0591	0.3278	0.0814	0.0773	0.0444
2003	0.1745	0.482	0.4189	0.0631	0.3435	0.0817	0.0842	0.0435
2004	0.1928	0.4889	0.4261	0.0629	0.3183	0.0793	0.0781	0.0351

续表

年份	第一产业	第二产业	工业	建筑业	第三产业	交通运输、仓储及邮政业	批发与零售业	住宿与餐饮业
2005	0.1787	0.5208	0.4624	0.0584	0.3005	0.0591	0.0582	0.0285
2006	0.1640	0.5381	0.4827	0.0555	0.2978	0.0592	0.0546	0.0302
2007	0.1477	0.5517	0.5001	0.0516	0.3005	0.0577	0.0510	0.0329
2008	0.1476	0.5694	0.5177	0.0517	0.2830	0.0445	0.0509	0.0284
2009	0.1421	0.5652	0.5082	0.0570	0.2926	0.0423	0.0543	0.0270
2010	0.1411	0.5728	0.5175	0.0552	0.2862	0.0378	0.0560	0.0262
2011	0.1304	0.5728	0.5180	0.0549	0.2967	0.0357	0.0589	0.0296

资料来源：《河南省统计年鉴》（2002—2012）。

表 6 - 2　　　　　　　　平顶山市 2001—2011 年三次产业构成

年份	第一产业	第二产业	工业	建筑业	第三产业	交通运输、仓储及邮政业	批发与零售业	住宿与餐饮业
2001	0.1535	0.5186	0.4830	0.0356	0.3279	0.0733	0.0963	0.0257
2002	0.1453	0.5278	0.4922	0.0355	0.3269	0.0722	0.0965	0.0274
2003	0.1316	0.5493	0.5134	0.0359	0.3191	0.0703	0.0939	0.0268
2004	0.1330	0.5756	0.5335	0.0421	0.2914	0.0578	0.0619	0.0253
2005	0.1200	0.6035	0.5652	0.0383	0.2765	0.0505	0.0602	0.0253
2006	0.1098	0.6208	0.5835	0.0374	0.2693	0.0451	0.0569	0.0261
2007	0.0997	0.6327	0.5977	0.0349	0.2677	0.0412	0.0539	0.0283
2008	0.0967	0.6591	0.6262	0.0329	0.2442	0.0361	0.0509	0.0283
2009	0.0934	0.6518	0.6145	0.0373	0.2548	0.0369	0.0519	0.0288
2010	0.0874	0.6626	0.6258	0.0369	0.2490	0.0321	0.0556	0.0286
2011	0.0914	0.6559	0.6176	0.0383	0.2528	0.0348	0.0548	0.0291

资料来源：《平顶山市统计年鉴》（2002—2012）。

表 6 – 3   焦作市 2001—2011 年三次产业构成

年份	第一产业	第二产业	工业	建筑业	第三产业	交通运输、仓储及邮政业	批发与零售业	住宿与餐饮业
2001	0.1680	0.5100	0.4683	0.0417	0.3220	0.0731	0.0772	0.0112
2002	0.1334	0.5114	0.4698	0.0415	0.3553	0.0710	0.0943	0.0117
2003	0.1198	0.5410	0.4989	0.0422	0.3392	0.0595	0.0931	0.0118
2004	0.1213	0.5871	0.5312	0.0559	0.2916	0.0583	0.0734	0.0275
2005	0.1037	0.6333	0.5835	0.0498	0.2630	0.0488	0.0668	0.0251
2006	0.0874	0.6584	0.6136	0.0447	0.2542	0.0439	0.0661	0.0249
2007	0.0833	0.6680	0.6280	0.0399	0.2487	0.0380	0.0631	0.0259
2008	0.0838	0.6790	0.6393	0.0398	0.2372	0.0358	0.0649	0.0279
2009	0.0798	0.6733	0.6315	0.0418	0.2468	0.0356	0.0681	0.0303
2010	0.0813	0.6865	0.6454	0.0410	0.2322	0.0331	0.0652	0.0274
2011	0.0791	0.6889	0.6491	0.0398	0.2320	0.0336	0.0657	0.0273

资料来源：《焦作市统计年鉴》（2002—2012）。

在表 6 – 1、表 6 – 2 和表 6 – 3 中，表 6 – 1 为目标产业结构数据，表 6 – 2 和表 6 – 3 分别为平顶山市和焦作市的实际产业结构数据。按照公式（6 – 4），对表 6 – 2 和表 6 – 3 所示的产业结构有序度进行测算，结果分别如表 6 – 4、图 6 – 1 和表 6 – 5 和图 6 – 2 所示。

表 6 – 4   平顶山市 2001—2011 年产业结构有序度计算结果

年份	三次产业有序度	第二产业有序度	第三产业有序度
2001	0.9099	0.8846	0.8842
2002	0.9123	0.8852	0.8876
2003	0.9409	0.9133	0.9341
2004	0.9203	0.8884	0.9232
2005	0.9253	0.8964	0.9053
2006	0.9313	0.9030	0.9140

续表

年份	三次产业有序度	第二产业有序度	第三产业有序度
2007	0.9389	0.9112	0.9246
2008	0.9355	0.9070	0.9160
2009	0.9382	0.9092	0.9176
2010	0.9344	0.9048	0.9064
2011	0.9457	0.9197	0.9329

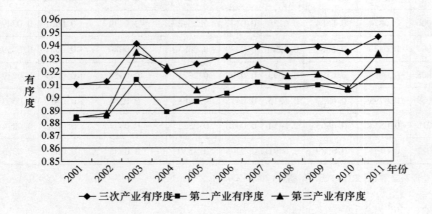

图 6－1　平顶山市产业结构有序度变化趋势

表 6－5　　　　　焦作市 2001—2011 年产业结构有序度计算结果

年份	三次产业有序度	第二产业有序度	第三产业有序度
2001	0.9247	0.9021	0.9247
2002	0.9057	0.8817	0.8722
2003	0.9326	0.9062	0.9218
2004	0.9086	0.8719	0.8952
2005	0.9070	0.8695	0.8769
2006	0.9076	0.8691	0.8727
2007	0.9199	0.8830	0.8954
2008	0.9222	0.8883	0.8855

续表

年份	三次产业有序度	第二产业有序度	第三产业有序度
2009	0.9241	0.8891	0.8840
2010	0.9253	0.8898	0.8931
2011	0.9270	0.8958	0.9042

从表6-4、图6-1和表6-5、图6-2可以很明显地看出最近11年来平顶山市与焦作市产业结构有序度的变化。从纵截面数据上看，平顶山市与河南省产业结构的相似程度总体上不断增强，其中三次产业的总体有序度、第二产业的有序度、第三产业的有序度分别从2001年的0.9099、0.8846、0.8842增加到2011年的0.9457、0.9197、0.9329，年均趋近速度分别为0.358%、0.351%、0.487%，这说明平顶山市与河南省产业结构的差距在逐渐减小。焦作市产业结构有序度的变化情况较为复杂，2001—2002年间其产业结构有序度先出现了较为明显的下降，2002—2003年间又出现了较为明显的上升，2003—2006年间其产业结构的有序度呈现出逐渐下降的趋势，2006年以后又呈现出逐年上升的趋势，主要原因是焦作市实施产业结构调整和转型升级的政策收到了较为明显的效果，第二产业的比重逐年下降，与河南省产业结构的差距也在逐年减小。

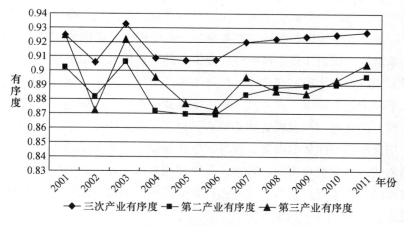

图6-2　焦作市产业结构有序度变化趋势

从横截面数据上看，除2001年外，2002—2011年间，平顶山市三次产业的总体有序度、第二产业的有序度、第三产业的有序度均高于焦作市的有序度，且平顶山市三次产业的总体有序度、第二产业的有序度、第三产业的有序度的增加趋势更为明显，说明平顶山市与河南省产业结构的差距较小，而焦作市与河南省产业结构的差距则较大。

第二节　平顶山市与焦作市对接产业的确定

产业对接的实现包括产业转移和产业承接两个相互联系的双向环节，是产业转出区"推力"和产业转入区"拉力"共同牵引、共同作用的结果。平顶山市与焦作市既是产业对接的供给者，又是产业对接的需求者，因此需要确定平顶山市需要转出、同时又是焦作市需要承接的产业，以及焦作市需要转出、同时又是平顶山市需要承接的产业。本书引入基于产业梯度理论的产业梯度系数和基于产业生命周期理论的产业成长系数，建立一个二维坐标体系模型，具体考察平顶山市与焦作市各自需要转出与转入的产业。

一　产业梯度——产业成长度系数二维坐标系模型的建立

（一）产业梯度系数

产业梯度理论最早源于弗农的产品生命周期理论，后来被引入区域经济学。产业梯度转移理论是指，一定区域内不同地区的产业之间存在一定的梯度。一地区处于高梯度的产业，指该产业处于产品生命周期的创新和发展阶段，其他地区的各种生产要素、产业受极化效应的作用，会转移汇集到该地区，从而使得本地区该产业生产的专业化水平越来越高，在区域内具有相对竞争优势。这是由比较劳动生产率高决定的，即该地区产业技术水平较全国平均水平高。当一地区高梯度产业处于产品生命周期中的成熟阶段，产业进一步发展受到劳动力、自然资源及环境、水、电、交通运输、信息网络等因素的限制；同时，生产要素在扩展效应的作用下，受利润的驱使逐渐向低梯度地区转移，促使高梯度地区该产业的生产专业化程度和市场占有率有所减弱。这是由比较劳动生产率低决定的，即该地区产业技术水平较全国平均水平低。

综上所述，一地区某产业在区域内的产业梯度水平主要由两个因素决定，一是创新因子，用比较劳动生产率表示；二是专业化生产程度，用区位商表示。我国学者戴宏伟（2006）首次对产业梯度的内涵进行了界定，认为产业梯度是因为国家或地区间生产要素禀赋差异、技术差距、产业分工不同而在产业结构水平上形成的阶梯状差距。他提出，产业梯度可以用产业梯度系数进行衡量，而产业梯度系数等于区位商和比较劳动生产率的乘积。

区位商（Location Quotient，LQ）由哈盖特（P. Haggett）首先提出并运用于区位分析中，有的学者称之为专门化率。目前，关于区位商的定义主要包括：（1）区位商是指一个地区某种产业或产品生产在全国（全省）的产业或产品生产中所占的比重与该地区某项指标（产品、产业、人口等）占全国（全省）该项指标比重之比。（2）区位商是指地区某工业产品产量占全国的比重与该地区工业总产值占全国的比重之比值，如果区位商大于1，表示该产品具有一定的专业化意义；反之，如果区位商小于1，则表示该产品不具备专业化意义。（3）区位商是指一个区域特定产业的产值占该区域工业总产值的比重与全省或全国该特定产业产值占全省或全国工业总产值的比重之间的比值，即前一比重（区域）除以后一比重（全省或全国）的商。（4）区位商主要是指在区域分工中某产品或产品生产区域化的水平通过产业或产品生产区域化的比较显现出区域分工的基本格局与区域比较优势的方向。（5）区位商是指一个地区某一部门产值在本地区的比重与全国同一部门在全国的比重之比。本书采用第五种定义，即区位商是指一个地区特定产业的增加值占该地区所有产业增加值的比重与全国该产业增加值占全国所有产业增加值的比重的比值。通过计算某一地区产业的区位商，可以判断该产业是否为地区的专业化部门，并确定该产业是否为地区的优势产业。$LQ > 1$，可以认为该产业是地区的专业化部门，区位商越大，专业化水平越高；$LQ \leqslant 1$，则认为该产业是自给性部门。一般认为，区位商取决于该地区该产业对自然资源的利用程度、专用设备和专业技术人员的多少等因素与全国同行业的比较。

设 j 地区第 i 产业的区位商为 LQ_{ij}（$i = 1, 2, \cdots, n$；$j = 1, 2, \cdots, m$），则区位商的计算公式为：

$$LQ_{ij} = \frac{\dfrac{X_{ij}}{\sum\limits_{i=1}^{n} X_{ij}}}{\dfrac{\sum\limits_{j=1}^{m} X_{ij}}{\sum\limits_{i=1}^{n} \sum\limits_{j=1}^{m} X_{ij}}} \qquad (6-5)$$

其中，X_{ij} 为 j 地区第 i 产业的增加值（用 j 地区第 i 产业的 GDP 衡量），

$\sum_{i=1}^{n} X_{ij}$ 为 j 地区所有产业的总增加值（用 j 地区所有产业的 GDP 总值衡量），

$\sum_{j=1}^{m} X_{ij}$ 为全国第 i 产业的增加值（用全国第 i 产业的 GDP 总值衡量），

$\sum_{i=1}^{n} \sum_{j=1}^{m} X_{ij}$ 为全国所有产业的总增加值（用全国的 GDP 总值衡量）。

比较劳动生产率是指一个地区特定产业的增加值占该地区所有产业增加值的比重与该地区该产业从业人数占全国该产业从业人数的比重的比值，一般取决于该地区该产业劳动者的技能、技术创新水平和转化为生产的能力等因素与全国平均水平的比较。

设 j 地区第 i 产业的比较劳动生产率为 $CLP_{ij}(i=1, 2, \cdots, n; j=1, 2, \cdots, m)$，则比较劳动生产率的计算公式为：

$$CLP_{ij} = \dfrac{\dfrac{X_{ij}}{\sum_{i=1}^{n} X_{ij}}}{\dfrac{L_{ij}}{\sum_{j=1}^{m} L_{ij}}} \qquad (6-6)$$

其中，X_{ij} 和 $\sum_{i=1}^{n} X_{ij}$ 的含义同上，L_{ij} 为 j 地区第 i 产业的从业人数，$\sum_{j=1}^{m} L_{ij}$ 为全国第 i 产业的从业人数。

设 j 地区第 i 产业的产业梯度系数为 $IGC_{ij}(i=1, 2, \cdots, n; j=1, 2, \cdots, m)$，则其计算公式为：

$$IGC_{ij} = LQ_{ij} \times CLP_{ij} \qquad (6-7)$$

一般来说，某一产业的梯度系数较大，说明该产业在全国处于高梯度，是优势产业，未来向外转移的可能性较低；某一产业的梯度系数较小，说明该产业在全国处于低梯度，是劣势产业，未来向外转移的可能性较高。一般以 1 作为划分产业梯度高低的标准。

（二）产业成长度系数

产业成长度系数用来衡量产业"区位黏性"的大小，等于产业的比较增长率与比较利润率的乘积。产业的比较增长率是产业产值增长速度与本地区所有产业产值增长速度的比值，用来衡量产业的产出成长性；产业的比较利润率是产业中企业经营效益与全国该产业中企业经营效益的比

较，用来衡量产业的赢利成长性。

令 j 地区第 i 产业的产业梯度系数为 ICC_{ij}、比较增长率为 CGR_{ij}、比较利润率为 CIR_{ij}，$i=1$，2，$\cdots$，n，$j=1$，2，$\cdots$，m。则产业成长度系数的计算公式为：

$$ICC_{ij} = CGR_{ij} \times CIR_{ij} \tag{6-8}$$

$$CGR_{ij} = \frac{\ln\left(\dfrac{X_{ij,t}}{X_{ij,t-1}}\right)}{\ln\left(\dfrac{\sum\limits_{i=1}^{n} X_{ij,t}}{\sum\limits_{i=1}^{n} X_{ij,t-1}}\right)} \tag{6-9}$$

$$CIR_{ij} = \frac{r_{ij}}{\sum\limits_{i=1}^{n} r_{ij}} \tag{6-10}$$

其中：$\ln\left(\dfrac{X_{ij,t}}{X_{ij,t-1}}\right)$ 为 j 地区第 i 产业最近两年的产出增长率，

$\ln\left(\dfrac{\sum\limits_{i=1}^{n} X_{ij,t}}{\sum\limits_{i=1}^{n} X_{ij,t-1}}\right)$ 为 j 地区所有产业最近两年的产出增长率（用 j 地区的 GDP 增

长率衡量），r_{ij} 为 j 地区第 i 产业的成本费用利润率，$\sum\limits_{i=1}^{n} r_{ij}$ 为全国第 i 产业的成本费用利润率。

一般来说，产业的成长系数越大，说明产业处于成长期或成熟期，产业的"区位黏性"较大，产业向外转移的可能性越小。产业的成长系数越小，要分两种情况：如果产业处于衰退期，产业向外转移的可能性较大；如果产业处于导入期，产业向外转移的可能性较小。一般以 1 作为划分产业成长度高低的标准。

（三）产业梯度——产业成长度系数二维坐标系模型

如上文所述，产业梯度系数和产业成长度系数都可以在一定程度上反映产业转移的程度，但各有其优缺点和适用范围。产业梯度系数综合反映了地区产业的专业化程度、生产效率、生产规模等因素，其缺点在于没有考虑到产业所处的发展阶段（包括导入期、成长期、成熟期和衰退期），因此，仅仅根据产业梯度系数的大小来判断远期产业的转移趋势，结论并

非绝对。例如，低梯度的劣势产业的梯度系数一般较小，说明该地区该产业未来向外转移的可能性较高，这个结论对处于衰退期的产业是适用的，但如果该产业处于导入期，则其未来转出的可能性很小。产业成长度系数考虑到了产业所处的发展阶段，反映了产业的产出成长性和赢利成长性，但是没有考虑到地区产业的生产规模等因素。如果将产业梯度系数和产业成长度系数结合起来，恰好可以弥补两种方法各自的缺陷，从而更加全面地反映地区产业的转移程度。本书以产业梯度系数作为纵坐标，产业成长度系数作为横坐标，建立如图6-3所示的产业梯度——产业成长度系数二维坐标系模型。

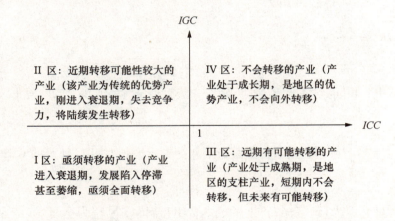

图6-3　产业梯度——产业成长度系数二维坐标系

根据产业梯度系数和成长度系数的大小，可将模型划分为四个区域：

Ⅰ区的产业梯度系数和成长系数都较小，代表亟须转移的产业。产业梯度系数较小，说明该产业的专业化程度大幅度降低、生产效率大幅度下降、产业规模大幅度萎缩；产业成长系数较小，说明该产业的成长性和赢利性很低，已不具备区位优势和竞争力。总的来看，该产业已全面进入衰退期，成为地区的劣势产业，亟须全面向外转移。但如果该产业是地区的新兴产业，其产业梯度系数和成长系数也都较小，这种情况下该产业正处于导入期，不会向外转移。

Ⅱ区的产业梯度系数较大但成长度系数较小，代表近期转移可能性较大的产业。产业梯度系数较大，说明该产业的专业化程度和生产效率较高、产业规模较大；成长度系数较小，说明产业的增长率和利润率很低。总的来看，该产业刚进入衰退期，虽然属于传统的优势产业，但是产业规模会逐渐失去扩张力，产业的区位优势和竞争力也大幅度下降。从长远来看，该产业会陆续向外转移。

Ⅲ区的产业梯度系数较小但成长度系数较大，代表远期有可能转移的产业。产业梯度系数较小，说明该产业的专业化程度大幅度降低、生产效率大幅度下降、产业规模开始萎缩；成长度系数较大，说明产业还保持一定的增长率和利润率。总的来看，该产业正处于成熟期，是地区的支柱产业，还具备一定的区位优势和竞争力，对区域的经济发展还具有较强的带动作用，短期内不会发生转移，但从远期看，该产业有可能会进入衰退期而外转移。

Ⅳ区产业梯度系数和成长系数都较大，代表不会转移的产业。产业梯度系数较大，说明产业的专业化程度较高、生产效率较高、创新能力较强、产业规模较大；成长度系数较大，说明产业的增长率和利润率较高。总的来看，该产业处于成长期，是地区的优势产业，聚集性和扩散性较高，对其他产业和整个地区的经济发展有较强的推动和辐射作用，在地区的经济发展中具有举足轻重的作用，不会发生转移。

二　平顶山市与焦作市对接产业的确定

（一）计算过程及结果

根据上文建立的产业梯度——产业成长度系数二维坐标系模型，可以确定平顶山市和焦作市进行对接的产业。根据公式（6-5）—公式（6-10），分别计算平顶山市和焦作市最近三年（2009—2011年）的产业梯度系数和产业成长度系数，原始数据见表6-6、表6-7和表6-8，两个城市产业梯度系数的计算过程及结果分别见表6-9和表6-10，产业成长度系数的计算过程及结果分别见表6-11和表6-12（由于本书只考虑平顶山市和焦作市之间的产业对接，且两个城市都属于河南省，所以公式（6-5）—公式（6-10）中涉及全国范围的相关数据都用河南省的相关数据代替）。

为了更加直观地看出2009—2011年间平顶山市和焦作市产业梯度系数和产业成长度系数的变化，以便建立两个城市的产业梯度——产业成长度系数二维坐标系，把两个城市产业梯度系数和产业成长度系数的最终计算结果放在同一张表格中，如表6-13所示。根据表6-13，生成2009—

2011 年间平顶山市和焦作市产业梯度——产业成长度系数二维坐标图形，如图 6-4 至图 6-9 所示（图形中的 A，B，…，AF 一共 32 个字母（或字母对），按顺序分别代表表 6-13 中所列的煤炭开采和洗选业……燃气生产和供应业一共 32 个行业）。

（二）平顶山市和焦作市转移产业划分

下面以 2011 年为例，确定平顶山市和焦作市可能转出的产业，划分结果如图 6-10、图 6-11 所示。

从图 6-10 和图 6-11 可以直观地确定平顶山市和焦作市可能转出的产业：

平顶山市亟须转移的产业包括烟草制造业、造纸及纸制品业、纺织业、纺织服装和鞋帽制造业、化学原料及化学制品业、橡胶制品业、有色金属冶炼及压延加工业、电气机械及器材制造业、电力热力的生产和供应业、燃气生产和供应业。近期转移可能性较大的产业包括煤炭开采和洗选业、黑色金属矿采选业、非金属矿采选业、化学纤维制造业、黑色金属冶炼及压延加工业和仪器仪表及文化、办公用机械制造业。远期有可能转移的产业包括农副食品加工业、食品制造业、饮料制造业、木材加工业、家具制造业、印刷业、医药制造业、塑料制品业、非金属矿物制品业、金属制品业、通用设备制造业、专用设备制造业、交通运输设备制造业、工艺品及其他制造业、通信设备和计算机及其他电子设备制造业。不会转移的产业只包括皮革、毛皮、羽绒制品业。

焦作市亟须转移的产业包括煤炭开采和洗选业、非金属矿采选业、农副食品加工业、纺织业、纺织服装和鞋帽制造业、木材加工业、烟草制造业、非金属矿物制品业、工艺品及其他制造业、黑色金属冶炼及压延加工业、专用设备制造业、有色金属冶炼及压延加工业、交通运输设备制造业、通信设备和计算机及其他电子设备制造业、仪器仪表及文化和办公用机械制造业、电力热力的生产和供应业、燃气生产和供应业。近期转移可能性较大的产业包括黑色金属矿采选业、食品制造业、饮料制造业、皮革毛皮羽毛制品业、家具制造业、造纸及纸制品业、印刷业、化学原料及化学制品业、医药制造业、化学纤维制造业、橡胶制品业、塑料制品业、金属制品业、通用设备制造业、电气机械及器材制造业。

表6-6　平顶山市2009—2011年工业增加值、产出增长率、从业人数及成本费用率一览表

行业	工业增加值（亿元）			产出增长率（%）			从业人数（万人）			成本费用率（%）		
	2009年	2010年	2011年	2009年	2010年	2011年	2009年	2010年	2011年	2009年	2010年	2011年
煤炭开采和洗选业	199.94	281.71	314.04	-2.60	5.90	9.30	36.99	12.81	15.37	3.03	15.60	12.60
黑色金属矿采选业	6.39	9.34	10.53	13.00	12.50	6.20	1.22	0.49	0.42	1.18	19.70	18.90
非金属矿采选业	2.08	2.34	4.29	44.50	22.30	22.40	0.37	0.14	0.10	97.35	26.10	7.00
农副食品加工业	15.38	18.57	21.46	32.80	24.40	28.20	1.45	1.51	2.31	15.00	15.50	14.00
食品制造业	5.49	6.42	6.11	0.40	26.00	51.80	1.31	2.55	2.70	2.01	9.80	10.40
饮料制造业	4.26	5.32	6.79	63.80	31.40	36.00	0.75	0.27	0.27	12.30	8.40	5.90
烟草制品业	0.21	0.49	0.45	40.80	-3.50	-21.70	0.07	0.02	0.02	29.39	21.00	6.20
纺织业	13.40	19.22	23.27	16.40	22.50	22.80	6.16	1.48	2.66	45.35	7.70	3.30
纺织服装、鞋帽制造业	3.46	3.23	1.75	-34.80	2.90	0.70	3.53	5.91	6.40	0.72	1.00	0.20
皮革、毛皮、羽绒制品业	3.08	4.85	6.03	26.50	61.90	17.60	0.38	0.12	0.10	12.00	19.00	18.80
木材加工业	0.37	0.76	0.83	119.70	103.90	28.20	0.14	0.05	0.06	20.30	25.10	19.40
家具制造业	0.12	0.20	0.27	15.60	44.80	13.80	0.01	0.01	0.01	13.60	18.10	16.00
造纸及纸制品业	1.26	0.99	2.48	9.40	29.60	126.70	0.52	0.14	0.26	6.30	2.20	-2.60
印刷业	0.91	0.77	0.97	19.70	-2.70	29.00	0.11	0.04	0.07	2.08	9.60	5.60
化学原料及化学制品业	20.26	31.73	33.42	21.70	55.60	13.00	5.75	1.04	2.16	0.85	3.20	2.00
医药制造业	3.21	5.36	6.12	28.90	50.80	22.60	1.12	0.60	0.37	9.90	9.80	8.60

续表

行业	工业增加值（亿元）			产出增长率（%）			从业人数（万人）			成本费用率（%）		
	2009年	2010年	2011年	2009年	2010年	2011年	2009年	2010年	2011年	2009年	2010年	2011年
化学纤维制造业	1.28	4.69	4.25	-17.90	64.10	9.00	1.87	0.60	0.49	4.50	3.60	1.00
橡胶制品业	1.81	1.59	1.35	133.10	19.00	-13.00	0.37	0.11	0.10	2.73	4.30	2.80
塑料制品业	2.38	3.21	4.09	58.00	34.90	20.00	0.37	0.11	0.16	0.02	11.30	9.20
非金属矿物制品业	39.10	54.97	67.53	63.40	37.70	26.20	7.64	3.04	2.96	11.00	10.60	10.00
黑色金属冶炼及压延加工业	48.75	46.05	45.29	-2.80	-9.60	12.70	5.77	1.42	1.65	0.97	3.00	3.30
有色金属冶炼及压延加工业	9.42	9.79	8.52	22.80	21.30	-5.90	1.41	0.48	0.37	3.01	1.50	0.10
金属制品业	10.80	11.68	11.88	69.50	45.20	23.20	1.59	0.81	0.96	0.35	11.30	12.20
通用设备制造业	12.77	19.22	28.06	29.80	54.20	59.90	2.05	1.69	2.04	8.60	12.10	11.60
专用设备制造业	12.54	14.75	21.94	59.00	29.30	50.20	2.77	1.91	1.86	5.37	5.70	6.00
交通运输设备制造业	6.47	7.31	9.01	10.90	12.00	24.00	1.22	1.31	1.56	19.29	18.90	13.10
电气机械及器材制造业	18.55	21.75	19.69	18.00	6.80	-1.60	3.28	2.79	2.70	6.96	4.40	5.10
通信设备、计算机及其他电子设备制造业	0.07	0.10	0.10	-74.30	57.10	9.60	0.07	0.02	0.04	41.30	37.00	10.30
仪器仪表及文化、办公用机械制造业	9.44	7.21	6.88	9.40	-6.40	3.20	0.34	0.11	0.26	2.30	5.10	11.20
工艺品及其他制造业	1.30	0.37	0.54	314.10	23.20	27.40	0.86	0.96	1.09	13.60	19.90	27.90
电力、热力的生产和供应业	39.92	23.67	39.90	12.60	8.90	-17.70	3.15	2.55	2.64	3.60	1.30	0.40
燃气生产和供应业	0.53	0.83	0.61	-3.10	7.30	-7.50	0.47	0.60	0.79	8.85	7.80	5.50

资料来源：《平顶山市统计年鉴》（2010—2012）。

表6-7　焦作市2009—2011年工业增加值、产出增长率、从业人数及成本费用率一览表

行业	工业增加值（亿元）			产出增长率（%）			从业人数（万人）			成本费用率（%）		
	2009年	2010年	2011年	2009年	2010年	2011年	2009年	2010年	2011年	2009年	2010年	2011年
煤炭开采和洗选业	25.39	29.28	32.40	1.10	5.50	-7.30	4.07	5.81	6.09	1.43	1.23	1.77
黑色金属矿采选业	5.59	8.73	1.85	12.80	7.00	-79.50	0.11	0.10	0.07	1.21	2.36	0.16
非金属矿采选业	3.06	2.28	2.69	-10.00	55.20	44.80	0.19	0.27	0.27	9.37	3.65	0.36
农副食品加工业	32.16	37.76	41.40	5.70	16.80	19.30	2.07	1.96	1.93	3.58	6.32	1.09
食品制造业	22.76	27.24	31.99	28.10	19.40	22.40	1.67	1.94	1.61	4.77	13.59	0.51
饮料制造业	23.72	30.61	34.32	36.60	5.60	24.60	1.28	1.09	1.39	4.27	10.85	0.82
烟草制造业	0.31	0.56	0.52	42.40	18.40	-10.00	0.02	0.02	0.02	11.49	32.26	19.50
纺织业	8.39	11.45	14.64	17.80	11.20	-0.70	1.08	0.94	0.86	2.61	4.52	1.94
纺织服装、鞋帽制造业	4.60	4.71	2.65	13.30	40.10	66.10	0.45	0.41	0.35	2.33	0.31	1.46
皮革、毛皮、羽毛制品业	39.50	52.93	60.94	22.90	25.10	21.60	1.94	1.97	3.67	1.13	9.36	0.48
木材加工业	4.57	5.63	6.49	5.00	38.10	11.80	0.45	0.48	0.49	3.52	4.65	1.63
家具制造业	9.65	32.90	34.78	13.00	20.60	15.70	2.00	1.56	0.33	5.27	5.63	1.53
造纸及纸制品业	1.57	9.86	16.61	473.80	22.30	46.40	0.34	0.22	0.44	6.42	7.59	0.99
印刷业	1.69	1.73	2.50	12.65	17.40	52.60	0.05	0.06	0.03	3.83	0.45	2.74
化学原料及化学制品业	49.21	62.07	71.47	17.00	10.80	16.00	3.12	3.17	3.36	4.19	2.87	1.72
医药制造业	17.31	23.31	27.22	22.70	17.90	28.10	1.13	1.03	1.06	9.27	4.42	1.06

续表

行业	工业增加值（亿元）			产出增长率（%）			从业人数（万人）			成本费用率（%）		
	2009年	2010年	2011年	2009年	2010年	2011年	2009年	2010年	2011年	2009年	2010年	2011年
化学纤维制造业	1.30	2.69	3.99	34.50	2.50	13.70	0.37	0.04	0.07	10.41	5.31	0.73
橡胶制品业	30.94	41.00	45.88	10.10	21.60	10.40	2.48	2.47	1.67	4.42	4.05	1.84
塑料制品业	17.61	21.87	26.85	24.90	13.40	40.90	0.92	1.24	1.70	3.30	0.70	1.84
非金属矿物制品业	81.87	101.55	127.05	13.20	24.00	30.90	6.14	6.37	7.11	4.62	7.37	0.74
黑色金属冶炼及压延加工业	7.09	10.77	11.58	12.10	35.20	14.60	0.35	0.29	1.16	2.41	0.42	0.86
有色金属冶炼及压延加工业	33.69	41.16	45.62	-6.60	1.70	2.30	1.64	1.75	1.80	1.21	1.02	1.29
金属制品业	14.25	17.78	24.61	38.00	31.90	30.90	1.10	1.01	1.24	4.27	5.38	1.11
通用设备制造业	56.25	66.81	81.91	21.20	22.60	27.20	3.34	2.68	1.90	6.63	7.93	0.72
专用设备制造业	25.80	36.04	36.56	9.30	32.90	24.60	2.01	1.65	2.09	3.45	3.79	0.82
交通运输设备制造业	13.92	20.14	24.83	19.20	24.00	17.50	1.61	1.50	1.61	5.20	5.23	1.80
电气机械及器材制造业	21.39	22.81	32.21	22.90	2.40	22.90	1.20	0.96	1.30	4.51	5.46	1.09
通信设备、计算机及其他电子设备制造业	0.53	0.91	0.65	24.40	25.10	27.70	0.07	0.07	0.06	2.15	0.43	0.25
仪器仪表及文化、办公用机械制造业	0.77	1.39	1.24	18.50	87.40	-17.00	0.22	0.18	0.18	1.16	0.70	0.18
工艺品及其他制造业	1.24	2.38	2.43	50.40	70.80	24.90	0.18	0.30	0.28	1.14	4.12	0.22
电力、热力的生产和供应业	29.13	15.84	25.16	-6.20	-10.70	9.20	1.04	1.03	0.93	0.36	0.05	1.84
燃气生产和供应业	0.33	0.64	1.02	9.30	2.80	62.10	0.09	0.12	0.11	4.80	4.39	1.68

资料来源：《焦作市统计年鉴》（2010—2012）。

表6-8　河南省2009—2011年工业增加值、产出增长率、从业人数及成本费用率一览表

行业	工业增加值（亿元）			产出增长率（%）			从业人数（万人）			成本费用率（%）		
	2009年	2010年	2011年	2009年	2010年	2011年	2009年	2010年	2011年	2009年	2010年	2011年
煤炭开采和洗选业	738.79	946.55	1138.13	11.90	5.40	12.10	61.29	56.59	56.69	13.07	15.61	13.38
黑色金属矿采选业	33.89	57.10	54.12	17.20	9.60	-0.80	1.71	2.21	2.27	12.57	11.95	13.89
非金属矿采选业	72.86	94.70	106.39	9.90	32.90	30.70	3.72	4.41	4.22	14.56	13.90	14.71
农副食品加工业	594.64	681.62	812.53	9.60	19.80	20.80	29.94	33.18	36.46	10.01	11.20	9.94
食品制造业	255.39	308.85	350.77	14.20	22.30	22.20	16.62	17.31	18.98	14.11	16.09	12.83
饮料制造业	160.27	209.30	235.46	16.30	18.00	18.20	9.15	9.41	10.41	13.33	10.68	12.28
烟草制造业	134.60	190.05	240.97	9.20	13.80	21.80	2.22	2.31	2.11	18.30	13.98	23.09
纺织业	270.95	394.27	526.35	10.40	12.20	11.50	29.24	30.82	34.56	10.33	13.54	9.71
纺织服装、鞋帽制造业	66.10	92.84	93.56	16.20	34.00	34.40	6.45	8.67	12.80	11.59	20.05	10.66
皮革、毛皮、羽毛制品业	127.60	143.99	180.96	22.40	21.70	25.80	5.95	6.78	9.82	18.56	10.89	16.73
木材加工业	117.07	158.61	162.52	17.60	32.50	12.30	9.40	10.16	9.88	14.39	10.25	14.27
家具制造业	47.66	72.11	82.00	21.30	28.20	18.30	3.81	4.44	5.88	12.87	16.08	12.94
造纸及纸制品业	191.54	220.76	244.18	4.30	14.80	19.70	10.51	10.25	11.78	13.18	15.40	11.13
印刷业	45.71	51.82	61.84	16.20	22.80	28.00	2.60	2.80	2.92	12.20	13.54	12.45
化学原料及化学制品业	368.52	510.66	590.11	14.90	19.70	18.30	21.63	22.13	25.39	9.20	8.63	8.64
医药制造业	169.29	224.63	273.12	20.20	25.30	21.30	10.36	11.29	13.52	13.90	14.15	11.72

续表

行业	工业增加值（亿元）			产出增长率（%）			从业人数（万人）			成本费用率（%）		
	2009 年	2010 年	2011 年	2009 年	2010 年	2011 年	2009 年	2010 年	2011 年	2009 年	2010 年	2011 年
化学纤维制造业	15.20	31.57	32.72	21.30	14.60	14.80	1.45	2.25	2.00	12.33	7.14	5.85
橡胶制品业	67.99	89.45	91.02	15.20	26.50	8.00	4.41	4.70	5.66	11.40	9.64	9.34
塑料制品业	101.01	147.11	163.88	28.80	26.10	21.80	6.63	6.88	9.09	13.99	13.15	12.60
非金属矿物制品业	944.08	1281.00	1470.07	20.70	26.00	21.00	46.77	50.17	56.81	14.10	14.92	14.10
黑色金属冶炼及压延加工业	437.19	495.51	527.33	13.70	11.90	15.10	12.62	13.68	14.79	5.17	5.11	4.92
有色金属冶炼及压延加工业	422.58	523.06	649.23	9.90	15.30	15.10	17.50	18.55	19.54	5.42	5.12	4.21
金属制品业	143.80	164.63	185.01	29.80	28.40	19.20	8.30	9.11	10.96	11.08	11.91	11.53
通用设备制造业	379.98	525.38	672.14	19.80	35.50	33.00	22.16	24.49	27.20	9.98	11.25	10.15
专用设备制造业	298.30	399.91	465.34	15.90	28.30	19.60	20.76	22.42	26.25	9.40	10.43	9.77
交通运输设备制造业	205.40	320.75	395.32	15.20	31.10	34.20	15.36	17.95	20.13	11.11	11.02	10.86
电气机械及器材制造业	183.02	258.47	337.96	22.40	21.80	20.00	14.98	13.06	16.19	10.74	10.67	9.82
通信设备、计算机及其他电子设备制造业	36.59	44.69	207.44	6.30	45.80	218.50	3.03	6.24	20.08	-1.85	7.94	3.91
仪器仪表及文化、办公用机械制造业	50.20	63.59	71.81	24.10	50.70	27.10	3.68	4.19	4.84	9.66	10.46	10.63
工艺品及其他制造业	87.28	108.93	104.72	10.20	20.20	24.50	6.67	7.02	7.88	10.87	12.45	13.15
电力、热力的生产和供应业	449.77	302.56	460.33	3.90	10.30	12.70	16.81	19.06	18.49	-1.81	-0.70	-1.10
燃气生产和供应业	14.88	33.00	32.91	-2.20	36.60	45.70	1.40	1.37	1.48	9.03	12.66	10.96

资料来源：《河南省统计年鉴》（2010—2012）。

表6-9　平顶山市2009—2011年产业梯度系数测算结果表

行业	LQ			CLP			IGC		
	2009年	2010年	2011年	2009年	2010年	2011年	2009年	2010年	2011年
煤炭开采和洗选业	3.95	4.40	4.29	0.45	1.31	1.02	1.77	5.79	4.37
黑色金属矿采选业	2.75	2.42	3.03	0.26	0.74	1.04	0.73	1.80	3.16
非金属矿采选业	0.42	0.37	0.63	0.29	0.81	1.77	0.12	0.30	1.11
农副食品加工业	0.38	0.40	0.41	0.53	0.60	0.42	0.20	0.24	0.17
食品制造业	0.31	0.31	0.27	0.27	0.14	0.12	0.09	0.04	0.03
饮料制造业	0.39	0.38	0.45	0.32	0.88	1.10	0.13	0.33	0.49
烟草制造业	0.02	0.04	0.03	0.05	0.27	0.20	0.00	0.01	0.01
纺织业	0.72	0.72	0.69	0.23	1.02	0.57	0.17	0.73	0.40
纺织服装、鞋帽制造业	0.76	0.51	0.29	0.10	0.05	0.04	0.07	0.03	0.01
皮革、毛皮、羽毛制品业	0.35	0.50	0.52	0.37	1.86	3.19	0.13	0.92	1.65
木材加工业	0.05	0.07	0.08	0.21	1.01	0.80	0.01	0.07	0.06
家具制造业	0.04	0.04	0.05	0.96	1.65	2.19	0.04	0.07	0.11
造纸及纸制品业	0.10	0.07	0.16	0.13	0.32	0.45	0.01	0.02	0.07
印刷业	0.29	0.22	0.24	0.49	1.17	0.70	0.14	0.26	0.17
化学原料及化学制品业	0.80	0.92	0.88	0.21	1.32	0.66	0.17	0.65	0.59
医药制造业	0.28	0.35	0.35	0.18	0.45	0.82	0.05	0.16	0.29

续表

行业	LQ			CLP			IGC		
	2009年	2010年	2011年	2009年	2010年	2011年	2009年	2010年	2011年
化学纤维制造业	1.23	2.20	2.02	0.07	0.56	0.53	0.08	1.23	1.08
橡胶制品业	0.39	0.26	0.23	0.32	0.73	0.81	0.12	0.19	0.19
塑料制品业	0.34	0.32	0.39	0.42	1.37	1.39	0.14	0.44	0.54
非金属矿物制品业	0.61	0.63	0.71	0.25	0.71	0.88	0.15	0.45	0.63
黑色金属冶炼及压延加工业	1.63	1.37	1.34	0.24	0.90	0.77	0.40	1.23	1.03
有色金属冶炼及压延加工业	0.33	0.28	0.20	0.28	0.72	0.70	0.09	0.20	0.14
金属制品业	1.10	1.05	1.00	0.39	0.80	0.73	0.43	0.83	0.73
通用设备制造业	0.49	0.54	0.65	0.36	0.53	0.56	0.18	0.29	0.36
专用设备制造业	0.61	0.55	0.73	0.31	0.43	0.67	0.19	0.24	0.49
交通运输设备制造业	0.46	0.34	0.35	0.39	0.31	0.29	0.18	0.11	0.10
电气机械及器材制造业	1.48	1.24	0.91	0.46	0.39	0.35	0.69	0.49	0.32
通信设备、计算机及其他电子设备制造业	0.03	0.03	0.01	0.08	0.57	0.27	0.00	0.02	0.00
仪器仪表及文化、办公用机械制造业	2.75	1.68	1.49	2.03	4.44	1.76	5.58	7.45	2.62
工艺品及其他制造业	0.22	0.05	0.08	0.12	0.02	0.04	0.03	0.00	0.00
电力、热力的生产和供应业	1.30	1.16	1.35	0.47	0.58	0.61	0.61	0.68	0.82
燃气生产和供应业	0.52	0.37	0.29	0.11	0.06	0.04	0.06	0.02	0.01

表6－10

焦作市2009—2011年产业梯度系数测算结果表

行业	LQ			CLP			IGC		
	2009年	2010年	2011年	2009年	2010年	2011年	2009年	2010年	2011年
煤炭开采和洗选业	0.42	0.38	0.36	0.52	0.30	0.26	0.22	0.11	0.10
黑色金属矿采选业	2.04	1.88	4.30	2.61	3.50	1.04	5.31	6.58	4.49
非金属矿采选业	0.52	0.30	0.32	0.84	0.40	0.39	0.44	0.12	0.12
农副食品加工业	0.67	0.68	0.64	0.78	0.94	0.96	0.52	0.64	0.62
食品制造业	1.10	1.08	1.15	0.88	0.79	1.07	0.97	0.85	1.23
饮料制造业	1.83	1.80	1.84	1.06	1.27	1.09	1.94	2.27	2.01
烟草制造业	0.03	0.04	0.03	0.34	0.38	0.23	0.01	0.01	0.01
纺织业	0.38	0.36	0.35	0.84	0.95	1.12	0.32	0.34	0.39
纺织服装、鞋帽制造业	0.86	0.62	0.36	0.99	1.06	1.03	0.85	0.66	0.37
皮革、毛皮、羽毛制品业	3.82	4.51	4.25	0.95	1.27	0.90	3.63	5.71	3.83
木材加工业	0.48	0.44	0.50	0.82	0.76	0.80	0.40	0.33	0.40
家具制造业	2.50	5.60	5.35	0.39	1.30	1.95	0.97	7.29	10.40
造纸及纸制品业	0.10	0.55	0.86	0.26	2.10	1.84	0.03	1.15	1.58
印刷业	0.46	0.41	0.51	2.05	1.53	3.51	0.93	0.63	1.78
化学原料及化学制品业	1.65	1.49	1.53	0.92	0.85	0.92	1.53	1.27	1.40
医药制造业	1.26	1.27	1.26	0.94	1.14	1.27	1.18	1.46	1.60

续表

行业	LQ			CLP			IGC		
	2009 年	2010 年	2011 年	2009 年	2010 年	2011 年	2009 年	2010 年	2011 年
化学纤维制造业	1.06	1.05	1.54	0.33	4.65	3.75	0.35	4.86	5.76
橡胶制品业	5.62	5.63	6.36	0.81	0.87	1.71	4.55	4.91	10.89
塑料制品业	2.15	1.83	2.07	1.25	0.82	0.88	2.70	1.51	1.81
非金属矿物制品业	1.07	0.97	1.09	0.66	0.62	0.69	0.71	0.61	0.75
黑色金属冶炼及压延加工业	0.20	0.27	0.28	0.59	1.02	0.28	0.12	0.27	0.08
有色金属冶炼及压延加工业	0.98	0.97	0.89	0.85	0.84	0.76	0.84	0.81	0.68
金属制品业	1.22	1.33	1.68	0.75	0.97	1.17	0.91	1.29	1.97
通用设备制造业	1.83	1.56	1.54	0.98	1.16	1.75	1.80	1.81	2.68
专用设备制造业	1.07	1.11	0.99	0.89	1.22	0.99	0.95	1.35	0.98
交通运输设备制造业	0.84	0.77	0.79	0.65	0.75	0.79	0.54	0.58	0.62
电气机械及器材制造业	1.44	1.08	1.20	1.46	1.20	1.19	2.11	1.30	1.42
通信设备、计算机及其他电子设备制造业	0.18	0.25	0.04	0.64	1.80	1.03	0.11	0.45	0.04
仪器仪表及文化、办公用机械制造业	0.19	0.27	0.22	0.26	0.51	0.45	0.05	0.14	0.10
工艺品及其他制造业	0.18	0.27	0.29	0.53	0.52	0.66	0.09	0.14	0.19
电力、热力的生产和供应业	0.80	0.64	0.69	1.04	0.97	1.09	0.83	0.62	0.75
燃气生产和供应业	0.27	0.24	0.39	0.35	0.22	0.42	0.09	0.05	0.16

表6-11　平顶山市2009—2011年产业成长度系数测算结果表

行业	LQ			CLP			IGC		
	2009年	2010年	2011年	2009年	2010年	2011年	2009年	2010年	2011年
煤炭开采和洗选业	-0.26	0.53	0.86	0.23	1.00	0.94	-0.06	0.53	0.81
黑色金属矿采选业	1.30	1.12	0.57	0.09	1.65	1.36	0.12	1.84	0.78
非金属矿采选业	2.88	1.99	2.07	2.69	1.88	0.48	7.75	3.74	0.99
农副食品加工业	3.28	2.18	2.61	1.50	1.38	1.41	4.92	3.01	3.68
食品制造业	0.04	2.32	4.80	0.14	0.61	0.81	0.01	1.41	3.89
饮料制造业	6.38	2.80	3.33	0.92	0.79	0.48	5.89	2.21	1.60
烟草制造业	4.08	-0.31	-2.01	1.61	1.50	0.27	6.55	-0.47	-0.54
纺织业	1.64	2.01	2.11	4.39	0.57	0.34	7.20	1.14	0.72
纺织服装、鞋帽制造业	-3.48	0.26	0.06	0.06	0.05	0.02	-0.22	0.01	0.00
皮革、毛皮、羽毛及其制品业	2.65	5.53	1.63	0.65	1.74	1.12	1.71	9.64	1.83
木材加工业	11.97	9.28	2.61	1.41	1.37	1.36	16.89	12.72	3.55
家具制造业	1.56	4.00	1.28	1.06	1.13	1.24	1.65	4.50	1.58
造纸及纸制品业	0.94	2.64	11.73	0.48	0.14	-0.23	0.45	0.38	-2.74
印刷业	1.97	-0.24	2.69	0.17	0.71	0.45	0.34	-0.17	1.21
化学原料及化学制品业	2.17	1.56	1.20	0.09	0.54	0.23	0.20	0.84	0.28
医药制造业	2.89	4.54	2.09	0.71	0.69	0.73	2.06	3.14	1.54

续表

行业	LQ			CLP			IGC		
	2009 年	2010 年	2011 年	2009 年	2010 年	2011 年	2009 年	2010 年	2011 年
化学纤维制造业	-1.79	5.72	0.83	0.36	0.50	0.17	-0.65	2.89	0.14
橡胶制品业	13.31	1.70	-1.20	0.24	0.45	0.30	3.19	0.76	-0.36
塑料制品业	5.80	3.12	1.85	0.00	0.86	0.73	0.01	2.68	1.35
非金属矿物制品业	6.34	3.37	2.43	0.78	0.71	0.71	4.95	2.39	1.72
黑色金属冶炼及压延加工业	-0.28	-0.86	1.18	0.19	0.59	0.67	-0.05	-0.50	0.79
有色金属冶炼及压延加工业	2.28	1.90	-0.55	0.56	0.29	0.02	1.27	0.56	-0.01
金属制品业	6.95	4.04	2.15	0.03	0.95	1.06	0.22	3.83	2.27
通用设备制造业	2.98	4.84	5.55	0.86	1.08	1.14	2.57	5.20	6.34
专用设备制造业	5.90	2.62	4.65	0.57	0.55	0.61	3.37	1.43	2.85
交通运输设备制造业	1.09	1.07	2.22	1.74	1.72	1.21	1.89	1.84	2.68
电气机械及器材制造业	1.80	0.61	-0.15	0.65	0.41	0.52	1.17	0.25	-0.08
通信设备、计算机及其他电子设备制造业	2.43	2.10	0.89	2.41	1.79	2.63	5.87	3.76	2.34
仪器仪表及文化、办公用机械制造业	0.94	-0.57	0.30	0.24	0.49	1.05	0.22	-0.28	0.31
工艺品及其他制造业	7.44	2.07	2.54	1.25	1.60	2.12	9.30	3.31	5.38
电力、热力的生产和供应业	1.26	0.79	-1.64	-1.99	-1.86	-0.36	-2.51	-1.48	0.60
燃气生产和供应业	-0.31	0.65	-0.69	0.98	0.62	0.50	-0.30	0.40	-0.35

表 6－12　焦作市 2009—2011 年产业成长度系数测算结果表

行业	LQ			CLP			IGC		
	2009 年	2010 年	2011 年	2009 年	2010 年	2011 年	2009 年	2010 年	2011 年
煤炭开采和洗选业	0.09	0.46	-0.55	0.11	0.08	0.13	0.01	0.04	-0.07
黑色金属矿采选业	1.10	0.59	-5.98	0.10	0.20	0.01	0.11	0.12	-0.07
非金属矿采选业	-0.86	4.64	3.37	0.64	0.26	0.02	-0.55	1.22	0.08
农副食品加工业	0.49	1.41	1.45	0.36	0.56	0.11	0.18	0.80	0.16
食品制造业	2.42	1.63	1.68	0.34	0.84	0.04	0.82	1.38	0.07
饮料制造业	3.16	0.47	1.85	0.32	1.02	0.07	1.01	0.48	0.12
烟草制造业	3.66	1.55	-0.75	0.63	2.31	0.84	2.29	3.57	-0.63
纺织业	1.53	0.94	-0.05	0.25	0.33	0.20	0.39	0.31	-0.01
纺织服装、鞋帽制造业	1.15	3.37	4.97	0.20	0.02	0.14	0.23	0.05	0.68
皮革、毛皮、羽毛制品业	1.97	2.11	1.62	0.06	0.86	0.03	0.12	1.81	0.05
木材加工业	0.43	3.20	0.89	0.24	0.45	0.11	0.11	1.45	0.10
家具制造业	1.12	1.73	1.18	0.41	0.35	0.12	0.46	0.61	0.14
造纸及纸制品业	40.84	1.87	3.49	0.49	0.49	0.09	19.89	0.92	0.31
印刷业	1.09	1.46	3.95	0.31	0.03	0.22	0.34	0.05	0.87
化学原料及化学制品业	1.47	0.91	1.20	0.46	0.33	0.20	0.67	0.30	0.24
医药制造业	1.96	1.50	2.11	0.67	0.31	0.09	1.30	0.47	0.19

续表

行业	LQ			CLP			IGC		
	2009年	2010年	2011年	2009年	2010年	2011年	2009年	2010年	2011年
化学纤维制造业	2.97	0.21	1.03	0.84	0.74	0.13	2.51	0.16	0.13
橡胶制品业	0.87	1.82	0.78	0.39	0.42	0.20	0.34	0.76	0.15
塑料制品业	2.15	1.13	3.08	0.24	0.05	0.15	0.51	0.06	0.45
非金属矿物制品业	1.14	2.02	2.32	0.33	0.49	0.05	0.37	1.00	0.12
黑色金属冶炼及压延加工业	1.04	2.96	1.10	0.47	0.08	0.17	0.49	0.24	0.19
有色金属冶炼及压延加工业	-0.57	0.14	0.17	0.22	0.20	0.31	-0.13	0.03	0.05
金属制品业	3.28	2.68	2.32	0.39	0.45	0.10	1.26	1.21	0.22
通用设备制造业	1.83	1.90	2.05	0.66	0.71	0.07	1.21	1.34	0.15
专用设备制造业	0.80	2.76	1.85	0.37	0.36	0.08	0.29	1.00	0.16
交通运输设备制造业	1.66	2.02	1.32	0.47	0.47	0.17	0.77	0.96	0.22
电气机械及器材制造业	1.97	0.20	1.72	0.42	0.51	0.11	0.83	0.10	0.19
通信设备、计算机及其他电子设备制造业	2.10	2.11	2.08	-1.16	0.05	0.07	-2.44	0.11	0.14
仪器仪表及文化、办公用机械制造业	1.59	7.34	-1.28	0.12	0.07	0.19	0.19	0.49	-0.24
工艺品及其他制造业	4.34	5.95	1.87	0.10	0.33	0.02	0.45	1.97	0.03
电力、热力的生产和供应业	-0.53	-0.90	0.69	-0.20	-0.07	-1.67	0.10	0.07	-1.16
燃气生产和供应业	0.80	0.24	4.67	0.53	0.35	0.15	0.43	0.08	0.71

表6-13 平顶山市和焦作市2009—2011年总测算结果表

行业	平顶山市						焦作市					
	2009年		2010年		2011年		2009年		2010年		2011年	
	IGC	ICC	IGC	ICC	IGC	ICC	IGC	ICC	IGC	ICC	IGC	ICC
煤炭开采和洗选业	1.77	-0.06	5.79	0.53	4.37	0.81	0.22	0.01	0.11	0.04	0.10	-0.07
黑色金属矿采选业	0.73	0.12	1.80	1.84	3.16	0.78	5.31	0.11	6.58	0.12	4.49	-0.07
非金属矿采选业	0.12	7.75	0.30	3.74	1.11	0.99	0.44	-0.55	0.12	1.22	0.12	0.08
农副食品加工业	0.20	4.92	0.24	3.01	0.17	3.68	0.52	0.18	0.64	0.80	0.62	0.16
食品制造业	0.09	0.01	0.04	1.41	0.03	3.89	0.97	0.82	0.85	1.38	1.23	0.07
饮料制造业	0.13	5.89	0.33	2.21	0.49	1.60	1.94	1.01	2.27	0.48	2.01	0.12
烟草制造业	0.00	6.55	0.01	-0.47	0.01	-0.54	0.01	2.29	0.01	3.57	0.01	-0.63
纺织业	0.17	7.20	0.73	1.14	0.40	0.72	0.32	0.39	0.34	0.31	0.39	-0.01
纺织服装、鞋帽制造业	0.07	-0.22	0.03	0.01	0.01	0.00	0.85	0.23	0.66	0.05	0.37	0.68
皮革、毛皮、羽毛制品业	0.13	1.71	0.92	9.64	1.65	1.83	3.63	0.12	5.71	1.81	3.83	0.05
木材加工业	0.01	16.89	0.07	12.72	0.06	3.55	0.40	0.11	0.33	1.45	0.40	0.10
家具制造业	0.04	1.65	0.07	4.50	0.11	1.58	0.97	0.46	7.29	0.61	10.40	0.14
造纸及纸制品业	0.01	0.45	0.02	0.38	0.07	-2.74	0.03	19.89	1.15	0.92	1.58	0.31
印刷业	0.14	0.34	0.26	-0.17	0.17	1.21	0.93	0.34	0.63	0.05	1.78	0.87
化学原料及化学制品业	0.17	0.20	0.65	0.84	0.59	0.28	1.53	0.67	1.27	0.30	1.40	0.24
医药制造业	0.05	2.06	0.16	3.14	0.29	1.54	1.18	1.30	1.46	0.47	1.60	0.19

续表

行业	平顶山市						焦作市					
	2009年		2010年		2011年		2009年		2010年		2011年	
	IGC	ICC	IGC	ICC	IGC	ICC	IGC	ICC	IGC	ICC	IGC	ICC
化学纤维制造业	0.08	-0.65	1.23	2.89	1.08	0.14	0.35	2.51	4.86	0.16	5.76	0.13
橡胶制品业	0.12	3.19	0.19	0.76	0.19	-0.36	4.55	0.34	4.91	0.76	10.89	0.15
塑料制品业	0.14	0.01	0.44	2.68	0.54	1.35	2.70	0.51	1.51	0.06	1.81	0.45
非金属矿物制品业	0.15	4.95	0.45	2.39	0.63	1.72	0.71	0.37	0.61	1.00	0.75	0.12
黑色金属冶炼及压延加工业	0.40	-0.05	1.23	-0.50	1.03	0.79	0.12	0.49	0.27	0.24	0.08	0.19
有色金属冶炼及压延加工业	0.09	1.27	0.20	0.56	0.14	-0.01	0.84	-0.13	0.81	0.03	0.68	0.05
金属制品业	0.43	0.22	0.83	3.83	0.73	2.27	0.91	1.26	1.29	1.21	1.97	0.22
通用设备制造业	0.18	2.57	0.29	5.20	0.36	6.34	1.80	1.21	1.81	1.34	2.68	0.15
专用设备制造业	0.19	3.37	0.24	1.43	0.49	2.85	0.95	0.29	1.35	1.00	0.98	0.16
交通运输设备制造业	0.18	1.89	0.11	1.84	0.10	2.68	0.54	0.77	0.58	0.96	0.62	0.22
电气机械及器材制造业	0.69	1.17	0.49	0.25	0.32	-0.08	2.11	0.83	1.30	0.10	1.42	0.19
通信设备、计算机及其他电子设备制造业	0.00	5.87	0.02	3.76	0.00	2.34	0.11	-2.44	0.45	0.11	0.04	0.14
仪器仪表及文化、办公用机械制造业	5.58	0.22	7.45	-0.28	2.62	0.31	0.05	0.19	0.14	0.49	0.10	-0.24
工艺品及其他制造业	0.03	9.30	0.00	3.31	0.00	5.38	0.09	0.45	0.14	1.97	0.19	0.03
电力、热力的生产和供应业	0.61	-2.51	0.68	-1.48	0.82	0.60	0.83	0.10	0.62	0.07	0.75	-1.16
燃气生产和供应业	0.06	-0.30	0.02	0.40	0.01	-0.35	0.09	0.43	0.05	0.08	0.16	0.71

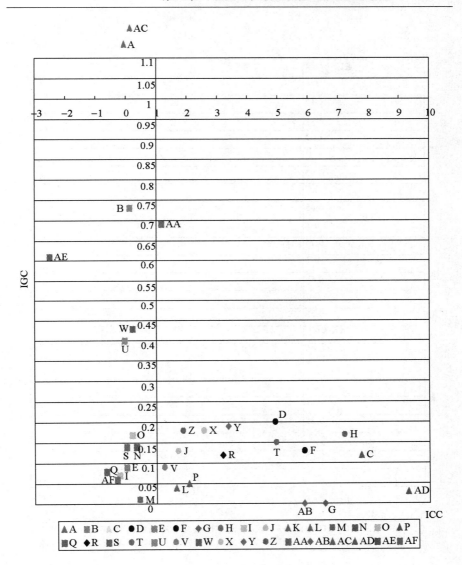

图 6-4 2009 年平顶山市产业梯度

——成长度系数二维坐标系

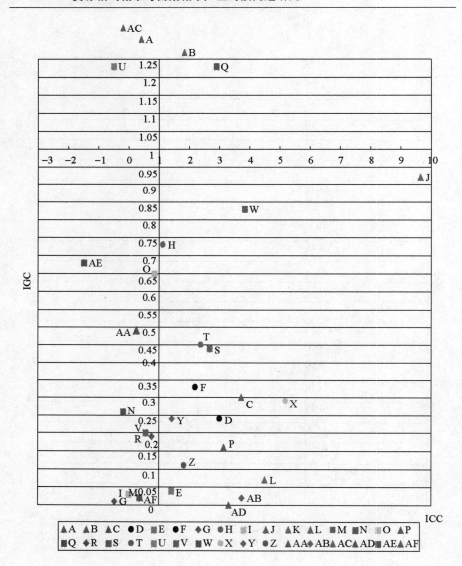

图 6-5 2010 年平顶山市产业梯度
——成长度系数二维坐标系

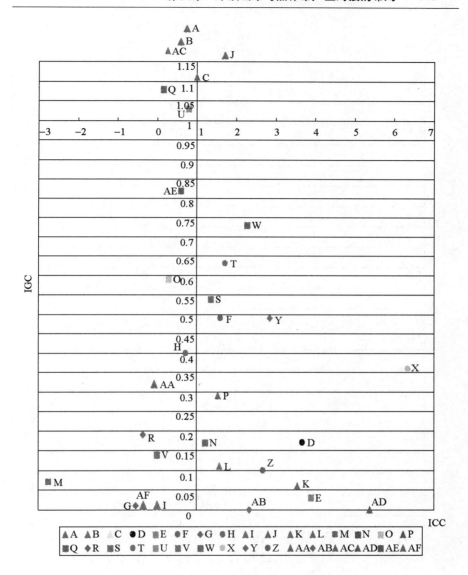

图6-6 2011年平顶山市产业梯度
——成长度系数二维坐标系

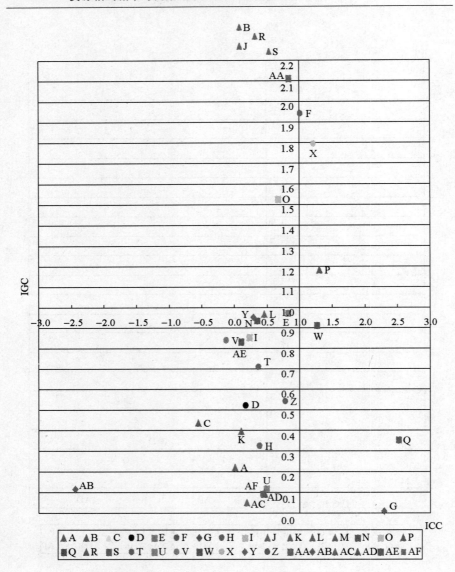

图 6 - 7 2009 年焦作市产业梯度
——成长度系数二维坐标系

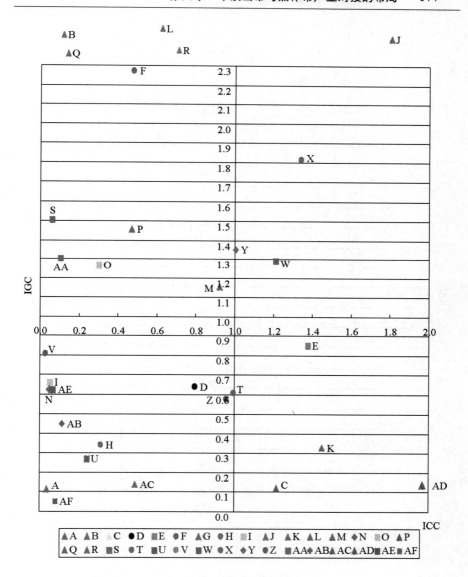

图 6 - 8　2010 年焦作市产业梯度
——成长度系数二维坐标系

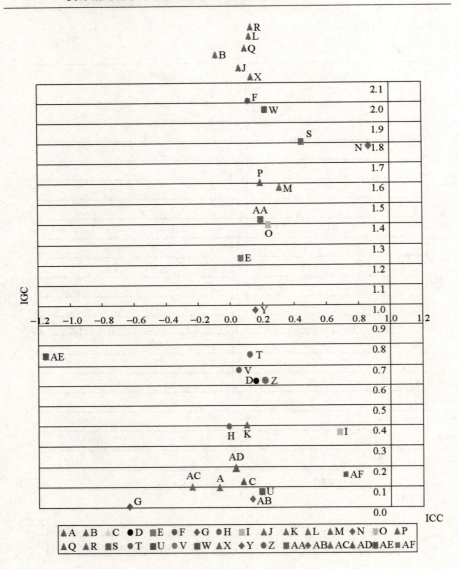

图6－9　2011年焦作市产业梯度
——成长度系数二维坐标系

（三）平顶山市和焦作市对接产业的确定

在确定平顶山市和焦作市的对接产业时，应遵循以下原则：如果某一产业要在两个城市之间进行对接，作为转出区的该产业应主要属于亟须转移的产业（属于Ⅰ区），次之为近期转移可能性较大的产业（属于Ⅱ区）；

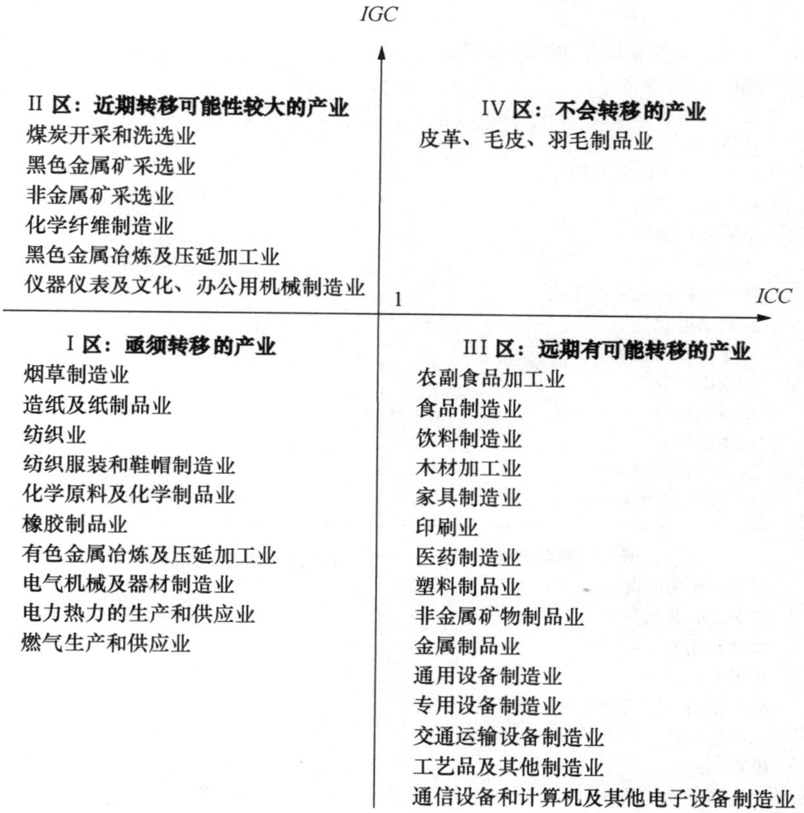

IGC

Ⅱ区：**近期转移可能性较大的产业**

煤炭开采和洗选业

黑色金属矿采选业

非金属矿采选业

化学纤维制造业

黑色金属冶炼及压延加工业

仪器仪表及文化、办公用机械制造业

Ⅳ区：**不会转移的产业**

皮革、毛皮、羽毛制品业

1　　　　　　　　　　　　　　　　　　*ICC*

Ⅰ区：**亟须转移的产业**

烟草制造业

造纸及纸制品业

纺织业

纺织服装和鞋帽制造业

化学原料及化学制品业

橡胶制品业

有色金属冶炼及压延加工业

电气机械及器材制造业

电力热力的生产和供应业

燃气生产和供应业

Ⅲ区：**远期有可能转移的产业**

农副食品加工业

食品制造业

饮料制造业

木材加工业

家具制造业

印刷业

医药制造业

塑料制品业

非金属矿物制品业

金属制品业

通用设备制造业

专用设备制造业

交通运输设备制造业

工艺品及其他制造业

通信设备和计算机及其他电子设备制造业

图 6 - 10　平顶山市产业转移划分

作为承接区的该产业应主要属于不会转移的产业（属于Ⅳ区），次之为远期有可能转移的产业（属于Ⅲ区）。

遵循以上原则，同时考虑到平顶山市和焦作市的实际发展情况，本书认为平顶山市和焦作市进行对接的产业主要包括：

1. 焦作市作为转出区、平顶山市作为承接区的产业

（1）煤炭开采和洗选业。焦作市和平顶山市都属于煤炭城市，但两个城市所处的发展阶段不同，焦作市已经处于煤炭资源枯竭期，而平顶山市正处于成熟期且煤炭资源较为富集。从两个城市的产业梯度系数和成长度系数也可以很明显地发现这一点。例如，焦作市 2009—2011 年间煤炭产业的梯度系数分别为 0.22、0.11、0.10，呈现不断下降的趋势，说明焦作市煤炭产业规模大幅度萎缩、已不具备区位优势；成长度系数分别为

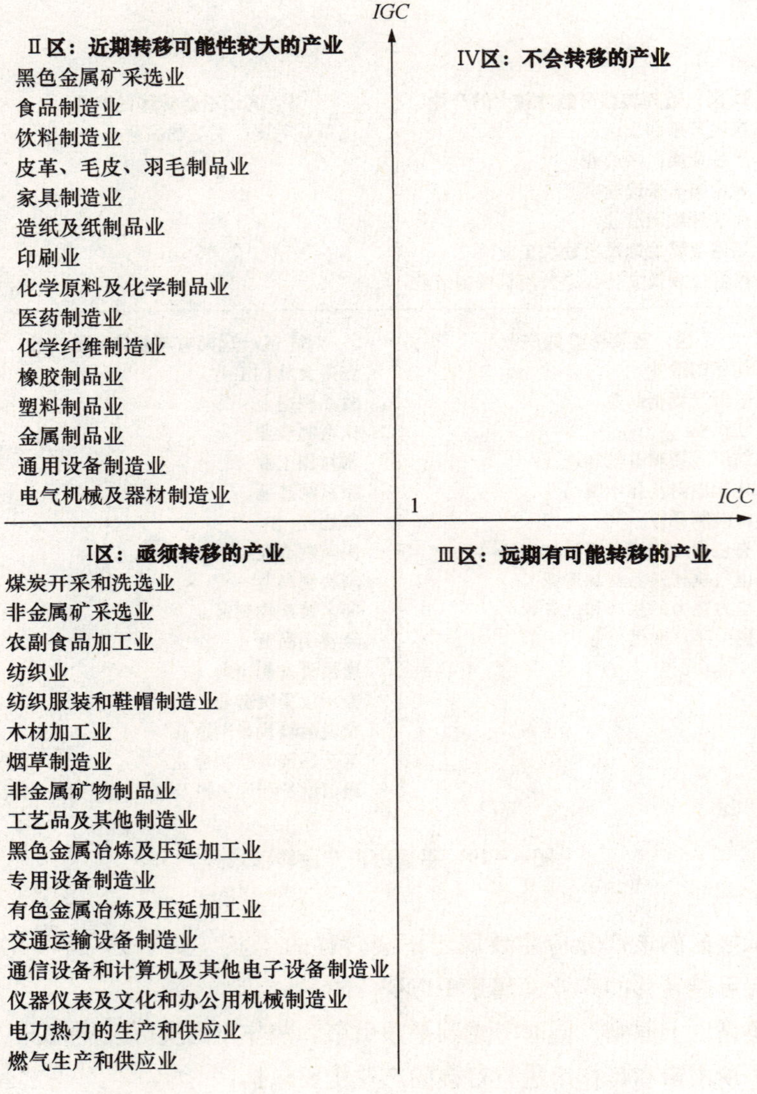

IGC

II区：近期转移可能性较大的产业

黑色金属矿采选业
食品制造业
饮料制造业
皮革、毛皮、羽毛制品业
家具制造业
造纸及纸制品业
印刷业
化学原料及化学制品业
医药制造业
化学纤维制造业
橡胶制品业
塑料制品业
金属制品业
通用设备制造业
电气机械及器材制造业

IV区：不会转移的产业

1　　　　　　　　　　　　　　　ICC

I区：亟须转移的产业

煤炭开采和洗选业
非金属矿采选业
农副食品加工业
纺织业
纺织服装和鞋帽制造业
木材加工业
烟草制造业
非金属矿物制品业
工艺品及其他制造业
黑色金属冶炼及压延加工业
专用设备制造业
有色金属冶炼及压延加工业
交通运输设备制造业
通信设备和计算机及其他电子设备制造业
仪器仪表及文化和办公用机械制造业
电力热力的生产和供应业
燃气生产和供应业

III区：远期有可能转移的产业

图 6－11　焦作市产业转移划分

0.01、0.04、－0.07，基本呈现不断下降的趋势，说明焦作市煤炭产业的增长率和利润率很低，不具备发展前景。总体上看，焦作市的煤炭产业属于亟须转移的产业。

平顶山市 2009—2011 年间煤炭产业的梯度系数分别为 1.77、5.79、4.37，基本呈现不断增加的趋势且数值较大；成长度系数分别为 － 0.06、

0.53、0.81，增加趋势明显，属于优势产业。平顶山煤种齐全，焦煤、电煤、瘦煤、无烟煤资源充足，特别是中国稀缺的焦煤资源充足，是中国具有重要影响的焦煤基地，经济地理位置优越，是国家规划建设的十三家大型煤炭基地之一，是铁道部拟建的全国十大煤运通道之一。中国平煤神马能源化工集团有限责任公司（即平煤集团），是由平煤集团和神马集团两家中国 500 强企业重组创立的一家跨区域、跨行业、跨所有制、跨国经营的国有特大型能源化工集团，是国内品种最全的炼焦煤、动力煤生产基地。目前，平煤集团共有生产矿井 33 对；选煤厂 8 座，精煤生产能力达到 1000 万吨以上；焦化厂 5 座，生产能力突破 1000 万吨，成为全国最大的焦化企业。2010 年实现营业收入 1066.23 亿元，居 2011 年中国企业500 强第 74 位。焦作市可以有选择地把处于衰退期的煤炭产业转移到平顶山市。

（2）木材加工业。从表 6－13 可以看出，2009—2011 年间，焦作市的木材加工业的产业梯度系数变化不大、成长度系数有所下降，且数值较低，该产业属于亟须转移的产业。而平顶山市虽然成长度系数逐年下降，但是产业梯度系数逐年上升，且成长度系数的值较高，属于远期有可能转移的产业。

（3）非金属矿物制品业。2009—2011 年间，焦作市非金属矿物制品业的产业梯度系数的变化不大，但成长度系数下降趋势明显（三年间的数值分别为 0.37、1.00、0.12），属于亟须转移的产业。平顶山市非金属矿物制品业的产业梯度系数呈现不断增加的趋势（三年间的数值分别为0.15、0.45、0.63），成长度系数虽呈现下降趋势（三年间的数值分别为4.95、2.39、1.72）但数值较大，该产业属于发展潜力较大的产业。水泥用灰岩是平顶山市的主要开采矿种，储量丰富，2007 年，平顶山市水泥用灰岩矿区有 12 个，查明资源储量 547461.9 万吨，该年水泥产量达到793.7 万吨，2011 年、2012 年则分别达到 1103.4 万吨、1285.3 万吨；平顶山市近年来的玻璃制品业发展较为迅速，金玉玻璃制品有限公司和宝丰县宏发铁业有限公司 2010 年以后已发展成为全国玻璃制品行业中的优势企业，具有较强的竞争力；平顶山的耐火黏土矿主要分布于郏县的黄道北部山区，多与铝土矿共生，是铝土矿原直接顶、底板或铝土矿层沿走向、倾向相变为耐火黏土，估算资源量 218.5 万吨，其中老庄铝土矿区估算耐火黏土资源量 199 万吨，山头赵铝土矿区估算耐火黏土资源量 19.5 万吨，按照媒系地层中铝土矿的分布，预计耐火黏土远景资源量达数亿吨，具有较强的发展潜力。

（4）专用设备制造业。2009—2011 年间，焦作市专用设备制造业的产业梯度系数有所增加（三年间的数值分别为 0.95、1.35、0.98），但成长度系数下降趋势明显（三年间的数值分别为 0.29、1.00、0.16）且数值较小，属于亟须转移的产业。平顶山市专用设备制造业的产业梯度系数呈现不断增加的趋势（三年间的数值分别为 0.19、0.24、0.49），成长度系数虽呈现下降的趋势（三年间的数值分别为 3.37、1.43、2.85）但数值较大，该产业属于远期有可能转移的产业。

（5）交通运输设备制造业。2009—2011 年间，焦作市交通运输设备制造业的产业梯度系数有所增加（三年间的数值分别为 0.54、0.58、0.62），但成长度系数下降趋势明显（三年间的数值分别为 0.77、0.96、0.22），属于亟须转移的产业。平顶山市交通运输设备制造业的产业梯度系数虽然有所下降（三年间的数值分别为 0.18、0.11、0.10），但成长度系数有所增加（三年间的数值分别为 1.89、1.84、2.68）且数值较大，该产业属于远期有可能转移的产业。

（6）通信设备、计算机及其他电子设备制造业。2009—2011 年，焦作市该产业的梯度系数有所下降（三年间的数值分别为 0.11、0.45、0.04），成长度系数有所增加（三年间的数值分别为 -2.44、0.11、0.14）但数值较小，属于亟须转移的产业。平顶山市该产业的梯度系数变化不大（三年间的数值分别为 0.00、0.02、0.00），成长度系数虽有所下降（三年间的数值分别为 5.87、3.76、2.34）但数值较大，该产业属于远期有可能转移的产业。

（7）工艺品及其他制造业。2009—2011 年，焦作市工艺品及其他制造业的产业梯度系数有所增加（三年间的数值分别为 0.09、0.14、0.19）但数值较小，成长度系数下降趋势明显（三年间的数值分别为 0.45、1.97、0.03）且 2011 年的数值很小，属于亟须转移的产业。平顶山市该产业的梯度系数变化不大（三年间的数值分别为 0.03、0.00、0.00），成长度系数虽有所下降（三年间的数值分别为 9.30、3.31、5.38）但数值较大，该产业属于远期有可能转移的产业。

（8）皮革、毛皮、羽毛制品业。2009—2011 年，焦作市该产业的梯度系数有所增加（三年间的数值分别为 3.63、5.71、3.83），但成长度系数有所下降（三年间的数值分别为 0.12、1.81、0.05）且数值较小，属于亟须转移的产业。平顶山市该产业的梯度系数增加趋势明显（三年间的数值分别为 0.13、0.92、1.65），成长度有所增加（三年间的数值分别为 1.71、9.64、1.83），且 2011 年梯度系数和成长度系数的数值都较大，因此，该产业是平顶山市的优势产业，不会向外转移。

2. 平顶山市作为转出区、焦作市作为承接区的产业

（1）化学原料及化学制品业。2009—2011 年，平顶山市化学原料及化学制品业的梯度系数虽有所增加（三年间的数值分别为 0.17、0.65、0.59）但数值较小，成长度系数虽有所增加（三年间的数值分别为 0.20、0.84、0.28）但数值也较小，属于亟须转移的产业。焦作市化学原料及化学制品业的成长度系数有所下降，产业梯度系数虽有所下降但数值较大（>1），这表明该产业的发展潜力较强。焦作市是河南省重要的盐化工产业基地之一，已建成昊华宇航工业园、金山化工工业园、泌北昊华工业园，以煤盐化工为主的化学工业是焦作市的支柱产业之一。目前，焦作化工行业初步形成了以盐化工、煤化工、煤盐化工以及综合利用四大产业链为主体，以化工原料、合成材料、专用化学品为核心的煤盐联合产业布局，同时大力推进氯碱、纯碱、煤化工、氟化盐等产业的发展，构建了发展门类丰富、竞争优势明显的产业体系。平顶山市可以有选择地将该产业转移到焦作市。

（2）橡胶制品业。2009—2011 年，平顶山市橡胶制品业的产业梯度系数有所增加（三年间的数值分别为 0.12、0.19、0.19）且数值较小，成长度系数下降趋势明显（三年间的数值分别为 3.19、0.76、－0.36）且数值很小，属于亟须转移的产业。焦作市橡胶制品业的成长度系数有所下降（三年间的数值分别为 0.34、0.76、0.15），但产业梯度系数呈现不断增加的趋势（三年间的数值分别为 4.55、4.91、10.89）且数值较大。从实际情况看，橡胶制品业是焦作市的一大重要支柱产业，风神轮胎股份有限公司生产的轮胎在全国占据着重要的地位，2011 年，风神轮胎销售收入首次突破百亿元大关，实现销售收入 102 亿元，同比增长 26%，远高于世界轮胎 75 强 22% 的平均增长水平，实现利润 2.7 亿元，同比增长 51%，位居国内轮胎行业 7 家上市公司之首。2012 年，风神轮胎以 15.86 亿美元的销售收入，超越双钱、青岛双星等企业，首次闯入世界轮胎二十强。平顶山市可以有选择地将该产业转移到焦作市。

第七章　平顶山市与焦作市产业对接的政策建议

第一节　加强两市地方政府的对接

考虑到平顶山市和焦作市的现实情况，两个城市的产业对接应该采取政府推动和市场导向相结合的合作模式，即以企业为主体、以市场为导向、以政府为推动的合作模式。产业对接的实现最终依赖于企业间的对接，表现为不同区域间的企业在资源、资金、技术等方面的合作与对接，所以企业应该成为产业对接的主导力量。政府的作用主要体现在打破各地方政府间的市场分割、打破各种妨碍区域间生产要素和产品自由流动的限制和壁垒、促进产业结构的调整和升级、为市场机制充分发挥作用创造良好的环境、提供无差异的公共产品等方面。要加强平顶山市政府和焦作市政府的对接，应该着重做好以下工作。

一　加强两市的组织机制对接

两市的地方政府要设立产业对接及转移的协调机构，加强两市在区域发展战略、中长期规划、产业政策的制定和调整、产业合作发展、产业转移对接和招商政策等方面的协调，并定期就产业转移和对接过程中出现的问题进行沟通，建立有序的产业转移和对接机制。

二　加强两市的战略对接

为实现平顶山市和焦作市"双方共赢、利益共享"的目标，两市应该充分发挥各自的比较优势，明确本地区的产业定位和发展方向，建立战略联盟，明确两市在区域合作中的地位，促进两市资源要素的优化配置，为实现两市的产业对接打下基础。另外，欧盟产业对接的成功经验表明，实现产业化特色分工是产业顺利对接的有效途径，因此，为了避免出现重复建设、恶性竞争等现象，两市应该遵循比较优势的原则，在产业选择、产业布局上实行错位发展，使两市能够在发挥各自比较优势的基础上谋求合作，实现产业资源的优化配置，进一步增强两市的发展潜力和能力。

三　加强两市的制度环境对接

两市应及时转变政府职能，打破地方保护主义的做法，逐步消除两市之间的各种限制和壁垒，创造公平竞争的市场环境，使两市的企业能够充分开展市场竞争，从而实现生产要素和商品在两市之间的自由流动和优化、高效配置。

第二节　建立区域利益协调和补偿
机制，弱化区域利益冲突

作为"理性人"，地方政府有自己的利益诉求。在原来的制度结构下，平顶山市和焦作市地方政府最大限度地获取各种生产要素与资源，通过发挥两市的资源比较优势极大地促进了两市经济的飞速发展。这种地方分散主义一方面造成了重复建设与投资，生产要素难以跨地区优化组合，由此造成的产业同构导致恶性竞争；另一方面导致地方政府片面追求GDP 总量、地方保护和"外部性"等问题。不同地区之间的利益不协调和不平衡是阻碍地方合作深入发展的巨大阻力。因此，如何协调不同地区之间的利益，建立公平、合理、有效的区域利益协调和补偿机制，是跨地区合作和产业对接的核心和关键所在。

尽管区域利益冲突不可避免，但在了解利益冲突发生原因的前提下，如果在区域利益冲突形成之前就采取有效措施改善地区发展环境，弱化利益冲突发生的基础，利益冲突的激烈程度就会大大减低。这样的措施不仅改善利益协调的效果，同样也能降低区域利益冲突的管理成本。

一　区域利益冲突的基础弱化

（一）妥善规制区域产业政策

产业转移过程中涉及的利益是多方面的，各利益相关者之间发生利益冲突也是必然的，但是如果在一个完善的法律框架内，适当的利益冲突就是可以控制与容忍的。国内产业转移方面的法律法规，一般由中央及地方各级政府颁布。改革开放以后，中国实行部分地区先发展的非均衡发展战略，东部地区及部分经济特区先发展起来以带动中西部的发展。国家给予东部地区大量的政策优惠，包括基础设施建设、税费减免、开放沿海地区产品价格等。在东部地区经济发展起来以后，再逐渐取消相关优惠政策，并在中西部地区支持产业转移，实行政策倾斜。这样用政策引导经济产业的发展，并规范产业发展过程中尤其是产业转移承接过程中的各种纠纷，能有效地防患于未然。

（二）清晰明确利益协调管理责任

利益协调管理责任，也就是利益冲突发生时"由谁管"的问题。产业转移是产业的空间迁移，它涉及产业转出地、产业承接地、转移企业、中央及地方政府等多方面主体，在利益冲突发生时该由谁来负责协调，是利益冲突协调的首要工作。以"长株潭"城市圈为例，可以由省级政府和地方政府联合成立城市圈协调委员会，总体负责长株潭发展中的各种利益冲突与协调，并对地区长期发展进行规划调配。将利益冲突管理责任以及处理流程化、规范化，为区域间利益冲突的协调奠定基础。

二　区域利益冲突的机制弱化

传统的区域利益协调手段，多是中央及地方各级政府的法律、行政手段，如同市场调控一样，这样的协调手段往往具有刚性，不能完全符合地区的经济发展实际情况，不能从根本上解决区域利益冲突问题。

（一）区域利益补偿机制

改革开放后，中国实行的"非均衡"发展战略，应用各种基础建设投资、税费减免、外汇留成比例等政策措施，优先发展东部地区和沿海经济特区。在东部发展到一定规模以后，开始对中西地区的政策倾斜，支持产业的跨区域转移，这就是一个明显的利益补偿机制。但是光有中央的政策补偿是不够的，在清晰明确利益协调管理责任的论述中，提出建立城市圈发展协调委员会，这是地区经济发展的一个有效模式，但一旦存在地区的总负责委员会，其利益考量多会考虑地区发展的整体经济利益，而各地区则侧重于地区自身的发展，这也是一个整体与个体利益的长期动态博弈过程。所以建立区域利益补偿机制，将利益冲突与协调规范化处理，才能有效减少利益的激烈冲突。

首先，要明确利益冲突的评判标准。即制定相关指标用于衡量利益冲突与利益分配失衡的程度，本书构建利益冲突评价体系就是一个有效利益冲突的评判标准。

其次，建立明确的利益补偿标准。利益冲突发生之后，造成一方获得了超额的利益，另一方则出现了超额的损失，如果没有一套机制对此加以平衡，双方势必难以继续合作，建立起利益冲突的补偿机制是平衡各方利益的关键，事关区域利益协调的成败。运用财政手段对经济落后区域实行财政补贴与援助是简单有效的方法。但"授人以鱼，不如授人以渔"，产业转移与承接就是一个能带动当地产业发展，促进地区产业结构升级的有效补偿方式。产业转移的要素注入效应、技术溢出效益、产业波及带动效应、竞争引致效应等，对地区的利益分配不均衡有长期有效的作用。

（二）区域利益分享机制

中央政府的"差别化"发展政策对中国产业发展格局影响深远，在推动中国部分地区的经济发展上起了重要作用，但随着经济的发展，地区经济发展不平衡，国内收入差距拉大的现象已经越来越严重，中央的"填平补齐"方针并没有从根本上解决地区发展不均衡的问题。从利益参与者入手，建立区域利益分享机制迫在眉睫。

传统的产业发展政策，是从宏观高度上协调全国产业发展路线，产业政策重点在于扶持落后地区，尤其是中西部资源丰富但发展不同步的地区经济条件，更侧重于宏观层面上的"公平"原则。而对地方利益主体而言，"公平"原则之下更注重"效率"原则。"利益分享机制"在强调区域间竞争的基础上，提出区域合作观念，建立性的区域利益分享机制在构造充分竞争的市场关系的同时，激发各利益参与主体的主观意识，利益分享机制使得每个利益主体不再仅仅是"被规制"的对象，而且是利益分配中的积极参与者，处于经济活动的主动地位，充分发挥地区优势，使得每个利益主体都能获得应得的利益。

实现利益分享的形式有很多，构建信息共享平台有效信息的沟通与交流；合理布局产业设置形成关联产业链；相似产业突出不同产业特征优势实现产品异质化；三次产业合理配置提高地区产业竞争力等。区域利益分享机制从利益主体的利益协调观念入手，建立合理的地方经济关系，创新利益协调机制。

（三）区域利益合作机制

区域利益冲突的解决不仅是中央和地方政府的责任，更关系到城市发展、企业利益等具体的利益相关者。利益关系的协调，需要政府的规制和法律的保障，更需要各利益主体的沟通与合作。

首先，信息的流通是沟通与合作的基础。各城市信息的不透明导致产业承接的同构和关联产业的缺失。信息的及时有效沟通，才能提升资源在城市圈的配置效率，减少产业承接时争夺产业造成的不必要损失。

其次，建立区域信息共享平台已经可以实现。在信息化发展的今天，在信息共享平台上可以公布政府相关政策与规划，交流企业间的供求与合作信息，建立行业发展交流合作等，促进区域信息的共享。

最后，由相关负责人颁布利益行为规范条例，并规定违规惩罚方法等。不能忽略对合作成员违规行为的惩罚条例的规范化，因为各利益主体都是有着自身利益的，利益合作机制并不能根绝利益主体在谋求自身利益的同时对其他主体利益的损害，所以规范违规惩罚条例非常重要。这个违规处罚方法必须透明化、公平化且合法化，使得各利益主体自觉遵守。

第三节　创造两市进行产业转移和承接产业转移的有利条件

一　创建承接产业转移的优势条件

焦作市和平顶山市要进一步完善基础设施，整合现有开发区资源，明确各开发区功能和发展定位，尤其是要围绕主导产业，加强产业配套能力，因为任何产业都不能脱离其他产业而孤立地存在和发展，只有那些能为产业转移地区转出产业提供良好协作配套能力的地区，才最有可能成为承接产业转移的基地。同时，焦作市和平顶山市要大力发展生产性服务业，促进现代物流业的快速发展，打造区域物流中心，健全金融服务体系，发展和完善市场中介组织，为承接产业转移提供良好的服务保障。还应进一步完善和健全市场体系，培育良好的市场竞争环境。加强政府的服务意识和提高政府的服务能力，努力打造良好的投资环境，降低产业转移成本，为承接产业转移创造有利条件。

二　创新招商引资机制和方式

招商引资是一个不断发展变化的过程，积极学习外地招商引资的经验和反思自身的发展过程，建立通过学习不断提高自身招商引资的能力的机制，是适应不断发展变化的外部环境提高招商效率的关键。积极开展政府之间的跨区域合作，加强与发达城市之间沟通交流，促进这些城市对资源

型城市产业发展和投资环境状况的全面了解，借助当地政府推动合适产业
向资源型城市转移。尝试利用以商招商、中介招商和企业招商等多种招商
形式，加强对大企业招商的工作力度，同时积极探索面对分散的中小企业
招商引资的工作方法。针对重点招商引资区域，尝试利用市场化运作的方
式加强与区域内产业合作发展中心、中小企业服务中心和行业协会等中介
机构的合作，积极同部分开发区、工业园和产业集团建立合作关系，扩大
招商引资的联系渠道和信息源。

三　发挥集聚效应，引导产业相对集中

产业集聚区是指在特定区域中，具有竞争与合作关系，且在地理上集
中，有交互关联性的企业、专业化供应商、服务供应商、金融机构、相关
产业的厂商及其他相关机构等组成的群体。产业集聚区不仅构成区域经济
的基本空间构架，而且是区域经济的竞争力所在。区域产业结构调整，表
现为新的主导产业集聚区对原有主导产业集聚区不断替代的过程。正是由
于主导产业的新陈代谢，才导致了产业结构的不断升级，使区域经济保持
着旺盛的活力和持久的增长。产业集聚区对提升产业结构的作用主要
包括：

1. 产业集聚区有助于强化区位优势，深化区域的经济基础，从而吸
引资本的进一步投入。产业集聚区在地理上高度集中，可以促进专业化分
工与协作，提高资本、劳动力、原材料等的利用程度，能够享受外部规模
经济和外部范围经济，不同企业分享公共基础设施。集聚区具有完善的基
础设施、信息服务体系和各类研发机构，从而降低了本地区"入行"的
门槛，吸引更多的投资。

2. 产业集聚区可以降低交易成本，吸引外部资本的进入。一方面，
在共同产业文化背景下，建立起人与人之间信任基础上的合同与准合同经
济关系，可用于维持老客户和吸引新客户，促使更多的生产者参与其中；
另一方面，在产业集聚区内部聚集着众多相关联的产业，这些产业在同一
区域内建立，产业发展的合理分工，使供需有效地集聚，有效地满足其投
入和产出的需要；更为重要的是，可使交易成本降至最低，交易成本一般
占劳动力成本的50%，而在产业集聚区各种生产资源的汇集和流动，加
上战略意义的产业关联，能够有效降低生产、交易成本等，特别是日益积
累起来的相关产业熟练劳动力的汇集，能够提高劳动生产率，这些都是吸
引资本进入的优越条件。

3. 产业集聚区能够促使知识、制度和技术的创新和扩散，实现产业和产品的更新换代。在产业集聚区中，产业充分细分，一个产品的各个零部件由多个企业加工，使加工的技术更加专业，这种分工协作是由市场选择的，这种竞争令从事零部件加工的企业千方百计地提高工艺水平，创新技术，由于产业集聚区内企业联系频繁，技术创新成果在集聚区内扩散，极大地加快了企业之间的相互学习，加快了产品和产业更新换代的速度。

总之，产业集聚区依托区域的比较优势，强调区域发展要素中资源整合的协同效应，追求能够体现区域资源特点和比较优势、适合于区域具体特征的发展道路，具有提高地区产业的整体竞争能力、加强集聚区内企业间的有效合作、增强企业的创新能力、促进知识和技术的转移扩散等优势，因此在许多地区得到较快发展。焦作市和平顶山市要坚持以优势产业为依托，围绕提升产业核心竞争力，形成产业配套，加快产业集聚区的建设。

平顶山市和焦作市比较重视产业集聚区的建设，并取得一定的成效。以焦作市为例，截至 2010 年年底，焦作市共有 9 个省级产业集聚区，分别是焦作经济技术产业集聚区、焦作循环经济产业集聚区、焦作工业产业集聚区、武陟县产业集聚区、温县产业集聚区、孟州市产业集聚区、沁阳市沁北产业集聚区、修武县产业集聚区、博爱县产业集聚区，主导产业涵盖汽车及零部件、装备制造、新能源、新材料、生物科技、有色金属深加工等 13 个行业。但与河南省的 180 个产业集聚区相比，除了沁阳市沁北产业集聚区和孟州市产业集聚区整体水平相对较高，其他 7 个产业集聚区发展层次不高，差距明显。焦作市应从实际出发，因地制宜地确定焦作市产业集聚区的发展战略。首先，制订高起点、高水平、高层次的规划。在制订前期规划时，要充分借鉴国内外已有的规划理念，充分发挥现有集聚区的特长；在后续发展中，要严格制订规划。其次，注重外部经济，引导产业集聚区健康发展。例如，2010 年年末焦作市产业集聚区吸纳劳动力就业的速度明显滞后，增长速度是全省最后一位，要谋求更好的发展，焦作市应注重吸引有专业技术的劳动者，并提供专业化的投入和服务。再次，积极扩大外围市场需求，吸引优质企业入驻。焦作市应立足各个产业集聚区的区位优势，以加快中原经济区建设为契机，拓展专业化市场建设，不断提升产业集聚区的辐射能力，积极扩大外围市场。

平顶山市目前共有 10 个产业集聚区，分别是：平顶山高新技术产业集聚区（主导产业为装备制造业和新材料产业）、平顶山平新产业集聚区（主导产业为高新技术产业、环保产业和现代服务业）、平顶山化工产业集聚区（主导产业为煤盐化工产业）、平顶山市石龙产业集聚区（主导产业为精细化工产业和建材产业）、舞钢市产业集聚区（主导产业为钢铁产业、机械制造业和纺织服装业）、汝州市产业集聚区（主导产业为能源化工产业、冶金建材产业和机械制造业）、郏县产业集聚区（主导产业为机械制造业和医药物流业）、叶县产业集聚区（主导产业为制盐业、优势农产品加工业和机械制造业）、宝丰县产业集聚区（主导产业为轻纺产业、现代制造业和现代物流业）、鲁山县产业集聚区（主导产业为冶金建材业、轻工业和仓储物流业）。虽然平顶山市的产业集聚区数量较多且发展较快，但总体上没有突出平顶山市的煤炭产业优势。平顶山最大的煤炭企业——中国平煤神马集团煤炭产能突破5000万吨，产销量居全国前列，2011居中国企业500强第74位。但是，总体上看，平顶山的煤炭企业中国有企业较少，中小企业较多且较分散，不利于发挥产业集聚的优势。平顶山应立足于煤炭资源型产业构建煤炭资源产业集群，以煤炭资源综合开发综合利用为基础，以资源生产加工为纽带，形成具有产业内在联系、在地域上集中的产业群落。应着重做好以下工作：第一，充分认识平顶山市的资源特点和经济结构，提出资源综合开发利用和共伴生矿产的回收利用方案；第二，统筹规划当地煤炭资源的综合开发利用项目和产业结构；第三，强化对当地资源的保护和综合开发利用，构建以"资源—生产—消费—再生资源"为特征的矿区生态产业链，将不同生产过程（环节）的产品、副产品及废弃物等资源连接在一起，形成具有产业链接关系的一种链状资源利用关系，最终达到改善生态环境和资源最优化循环利用的目的。构建煤炭矿区生态产业链需要政府和煤炭企业的共同努力。

四　坚持走环保和可持续发展道路

对资源型城市来说，承接产业转移是为了实现产业结构的优化和升级，增强产业的实力和核心竞争力，绝不是为了实现一般意义的结构调整和接续产业的培育。因此，在承接转移产业的过程中必须坚持走环保和可持续发展之路，避免在承接转移产业中又继续走回以往的以牺牲资源、环境为代价的层次不高、水平又低的老路。要强化节约和高效利用资源的导向，争取做到承接产业不污染环境、不破坏生态、不浪费资源、不搞低水平重复建设。要注重发展循环经济，如果承接能耗较高、污染较大的产业转移项目，要改造后再投入运营，不能随意引进。通过摸索经济、生态、社会效益都好的转移模式，才能使资源型城市在承接产业转移过程中实现可持续发展。

第四节　促进两市经济结构的调整和优化

一　以接续替代产业发展为重点，不断优化经济结构

焦作市和平顶山市要以应对金融危机为契机，增加接续替代产业发展的紧迫感，加大结构调整力度，充分挖掘和发挥现有工业基础优势，提高企业自主创新能力和技术装备水平，加快重点行业、重点骨干企业的技术改造，促进产业结构优化升级，形成具有较强竞争力的接续替代产业体系。同时，要充分考虑面临的机遇与挑战、自身的优势与劣势，集思广益，充分听取各方面的意见，进行清晰的产业发展定位，科学规划，发展产业集群，逐步形成现代产业体系，要因地制宜，加快发展服务业，形成三次产业协调发展的产业格局。

二　优化、提升产业结构，使产业链不断向高端延伸

实现资源型城市产业链条不断向高端延伸，可以考虑加快发展资源的深加工项目，拉长产业链条，提高资源的附加值，增强自身的可持续发展能力。要注重从资源开采向初加工—深加工—综合加工转化，延长产业链，不断提高产品技术含量，推进经济增长方式由粗放型向集约型转变。以煤炭资源为基础，发展煤炭精细化工；同时开辟区外资源，输出设备和劳动，实现生产要素与资源的跨区域组合。提高资源的利用效率和加工深度，利用资源开发的副产品发展建材等企业，从根本上改变原来以资源开采、粗放型经济为主的经济模式。

第五节　加强各类人才培养

任何城市的发展毫无疑问需要各类人才提供支持。因此，需要大力推进人才建设，重点加强创新型企业家、专业科技人才和高素质劳动力的

培养。

一　加强创新型企业家的培养

焦作市和平顶山市要顺利实施产业对接，需要一批优秀的创新型企业家作为龙头。对创新型企业家的培养，主要可以从五个方面入手：第一，应建立支持企业家创业发展的服务体系和援助机制，为企业家在遭遇突发性困难时提供必要的帮助；第二，选派优秀企业经营管理人才到国内高等学府、大企业接受创新能力培训；第三，鼓励企业家的创新活动，保护企业家的合法权益；第四，积极组织实施企业人才培养工程、企业人才后备计划、优秀人才推荐等活动，建立后备经理层人才库，为优秀企业家的选拔提供人才储备；第五，对做出突出贡献的企业家，坚持给荣誉、给地位，在全社会形成培养企业家队伍的人文氛围。

二　加强专业科技人才的培养

焦作市和平顶山市要顺利实施产业对接，必须以专业科技人才队伍为保障。对专业科技人才的培养，主要可以从三个方面入手：第一，应建立和完善政府、企业、社会多元化的人才培养机制，制订和实施创新型人才培养计划，积极依托大型企业、博士后工作站以及各类创业中心、科技园区的培训资源，建立高层次企业经营管理人才、高级专业技术人才的培训和实践基地；第二，鼓励企业与科研院所、高等院校合作培养研究型人才和复合型人才；第三，加大高新技术项目带头人、创新团队、人才梯队的培养和使用力度，促进优秀科技人才向科技创新前沿集聚，发现和培养一批高新技术领军人物。

三　保障普通劳动力权益，加强高素质劳动力的培养

焦作市和平顶山市要顺利实施产业对接，还需要一大批普通劳动力和高素质劳动力提供支持。一方面，对于以农民工为代表的普通劳动力，应实行市场化就业机制，确保农民工在就业领域、就业工种、竞争条件、就业后的工资待遇等各个方面的平等，为产业对接提供劳动力需求；另一方面，对于以高级技工为代表的高素质劳动力，应加强培养的力度，可以高起点地规划职业教育，优化整合职业教育资源，加快职业教育基地建设，建好一批中高等职业院校、技工学校、技师学院，大力支持举办职业技能培训机构，贯彻"实际、实用、实效"的原则，紧密围绕当地承接的产业转移。

参考文献

一、英文文献

Aitken, Brian J. and Ann E. Harrison, "Do Domestic Firms Benefit from Direct Foreign Investment? Evidence from Venezuela", *American Economic Review*, Vol. 36, No. 3, March 1999.

A. Kangasharju, "Relative Economic Performance in Finland: Regional Convergence", *Regional Studies*, Vol. 26, No. 5, May 1999.

Bang – jun Wang, Min Zhou, Feng Ji, "Analyzing on the Selecting Behavior of Mining Cities' Industrial Transition based on the Viewpoint of Sustainable Development: a Perspective of Evolutionary Game", *Procedia Earth and Planetary Science*, Vol. 1, No. 1, Jan. 2009.

Barbier B. "Natural Resource Scarcity and Development", *Economics*, Vol. 2, No. 2, Feb. 2003.

Bradbury J. H. , "Living with Boom and Cycles: New Towns on the Resource Frontier in Canada", *Resource Communities*, Vol. 16, No. 2, February 1999.

Brezis, Paul Kruman, Tsiddon, "Leap – frogging in International Competition: A Theory of Cycles in National Technological Leadship", *American Economic Review*, Vol. 16, No. 3, March 1993.

Christer, Karlsson, "The Development of Industrial Network", *International Journal of Operations & Production Management*, Vol. 23, No. 3, Mar. 2003.

Dong Suocheng, Li Zehong, Li Bin, Xue Mei, "Problems and Strategies of Industrial Transformation of China's Resource – based Cities", *China Population, Resources and Environment*, Vol. 17, No. 5, May 2007.

Dunning J. H. , *Multinational Enterprises and the Global Economy*, Wokingham: Addison Wesley, 1993.

Glickman N. , D. P. Woodward, "The Location of Foreign Direct Investment in the United States: Patterns and Determinants", *International Regional Science Review*, Vol. 14, No. 11, Nov. 1988.

James R. Markusen, A. J. Venables, "Foreign Direct Investment as a Catalyst for Industrial Development", *NBER Working Paper*, No. 6241, 1997.

Liang Shuna, Jin Zhaohuai, "Development Models of Resource – dependent Cities' Transformations and its Experience and Lessons – take Baishan City's Development of Transformations as an Example", *Energy Procedia*, Vol. 1, No. 5, May 2011.

Magnus B. , K. Denis, *FDI in the Restructuring of the Japanese Economy*. Newyork: Working Paper, 2005.

M. Abramjoritz, *Thinking about Growth*, Cambridge: Cambridge University Press, 1989.

M. Levy, *Modernization and the Structure of Societies: A String for International Relations*, Princeton: Princeton University Press, 1966.

Randall J. E. , Ironside R. G. "Communities on the Edge: An Economic Geography of Resource – dependent Communities in Canada", *The Canadian Geographer*, Vol. 40, No. 1, Jan 1996.

Rodriguez – Clare, Andres, "Multinationals, Linkages and Economic Development", *American Economic Review*, Vol. 19, No. 5, May 1996.

R. Mantin, P. Sunley, "Slow Convergence? The New Endogenous Growth Theory and Regional Development", *Economic Geography*, Vol. 14, No. 4, July 1998.

Smith D. F. Jr. , R. Florida, "Agglomeration and Industrial Location: An Econometric Analysis of Japanese Affiliated Manufacturing Establishments in Automotive – related Industries", *Journal of Urban Economics*, Vol. 35, No. 1, January 1994.

S. Nelson, E. Phelps, "Investment in Human, Technological Diffusion and Economic Growth", *American Economic Review*, Vol. 23, No. 5, May 1966.

Wieslaw Blaschke, Lidia Gawlik, "Coal Mining Industry Restructuring in Poland: Implications for the Domestic and International Markets", *Applied Energy*, Vol. 6, No. 4, April 1999.

二、中文文献

［荷］范·杜因著：《经济长波与创新》，刘守英等译，上海译文出版社
    1993 年版。

［日］小岛清：《对外贸易论》，周宝廉译，南开大学出版社 1991 年版。

［意］多西：《技术经济与经济理论》，钟学义等译，经济出版社 1992
    年版。

巴特苏龙：《煤炭资源型城市产业转型及政府策略研究》博士学位论文，
    浙江大学，2010 年。

贝毅、曲连刚：《知识经济与全球经济一体化——兼论知识经济条件下国
    际产业转移的新特点》，《世界经济与政治》1998 年第 8 期。

蔡玮：《长三角经济一体化中的"产业对接"模式探讨》，博士学位论文，
    南京师范大学，2005 年。

曹娜娜、刘卉青：《基于生命周期的资源型城市产业结构演化机理研究》，
    《淮南师范学院学报》2012 年第 6 期。

车维汉：《"雁行形态"理论及实证研究综述》，《经济学动态》2004 年第
    11 期。

车维汉：《"雁行形态"理论研究评述》，《世界经济与政治论坛》2004 年
    第 3 期。

陈冬梅：《长三角产业转移的趋势分析及对策研究》，博士学位论文，哈
    尔滨工业大学，2007 年。

陈栋生：《东西互动、产业转移是实现区域协调发展的重要途径》，《中国
    金融》2008 年第 4 期。

陈刚、陈红儿：《区际产业转移理论探微》，《贵州社会科学》2001 年第
    4 期。

陈刚、张解放：《区际产业转移的效应分析及相应政策建议》，《华东经济
    管理》2001 年第 2 期。

陈计旺：《区际产业转移与要素流动的比较研究》，《生产力研究》1999
    年第 3 期。

陈建军：《区域产业转移与东扩西进战略》，中华书局 2002 年版。

陈建军：《中国现阶段产业区域转移的实证研究——结合浙江 105 家企业
    的问卷调查报告的分析》，《管理世界》2002 年第 6 期。

陈建军：《中国现阶段的产业区域转移及其动力机制》，《理论参考》2005
　　年第 11 期。

陈凯：《产业结构演化机理研究》，博士学位论文，哈尔滨工程大学，
　　2012 年。

陈林、朱卫平：《广东省产业转移的发展现状与特征》，《国际经贸探索》
　　2010 年第 1 期。

陈明生、康琪雪、赵磊：《我国城乡产业转移的动因研究》，《经济问题探
　　索》2008 年第 12 期。

陈萍：《承接产业转移：资源型城市转型发展的重要途径》，《中共银川市
　　委党校学报》2010 第 3 期。

陈琦：《竞争优势下国际产业转移动因分析》，《商业时代》2010 年第
　　8 期。

戴宏伟、田学斌：《区域产业转移研究》，中国物价出版社 2003 年版。

董小香：《焦作市产业结构演变的城市化响应研究》，博士学位论文，河
　　南大学，2006 年。

杜吉明：《煤炭资源型城市产业转型能力构建与主导产业选择研究》，博
　　士学位论文，哈尔滨工业大学，2013 年。

段亚萍：《山西煤炭产业可持续发展对策研究》，博士学位论文，山西财
　　经大学，2006 年。

樊杰：《我国煤炭城市产业结构转换问题研究》，《地理学报》1993 年第
　　6 期。

樊艳萍、牛冲槐：《山西煤炭资源型城市产业转型系统研究》，《系统科学
　　学报》2006 年第 2 期。

范恒山、吴克明：《皖江城市带承接产业转移示范区研究》，中国发展出
　　版社 2010 年版。

冯云廷：《资源型城市产业转型过程中产业链网络的衍生》，《现代城市研
　　究》2009 年第 3 期。

傅强、魏琪：《全球价值链视角下新一轮国际产业转移的动因、特征与启
　　示》，《经济问题探索》2013 年第 10 期。

高天明、沈镭、刘粤湘、姜蓉蓉：《中国资源型城市产业结构演进分析》，
　　《资源与产业》2011 年第 6 期。

高源：《资源型城市产业结构转型的实证研究》，《中国城市经济》2006

年第 2 期。

顾朝林：《产业结构重构与转移——长江三角地区及主要城市比较研究》，
　　江苏人民出版社 2003 年版。

顾朝林、张敏：《跨世纪江苏沿江地区产业结构研究》，《长江流域资源与
　　环境》2000 年第 3 期。

郭承龙、张承廉、郭慧：《资源型城市产业结构特征的初步探讨》，《合肥
　　工业大学学报》（社会科学版）2004 年第 2 期。

国家计委宏观经济研究院课题组：《我国资源型城市的界定与分类》，《宏
　　观经济研究》2002 年第 11 期。

侯玉英：《山西煤炭资源型城市产业转型研究》，博士学位论文，太原理
　　工大学，2010 年。

胡晓西：《淮南市煤炭产业转型问题研究》，博士学位论文，西南大学，
　　2010 年。

胡玉才、刘献深、王厚伟：《煤炭城市产业结构调整与发展研究》，《能源
　　基地建设》1996 年第 3 期。

胡玉才、泮水、王厚伟：《煤炭城市产业结构调整与发展》，《理论学刊》
　　1995 年第 6 期。

黄溶冰、胡运权：《产业结构有序度的测算方法——基于熵的视角》，《中
　　国管理科学》2006 年第 1 期。

黄禹铭：《后金融危机时代资源枯竭型城市产业结构与主导产业选择研
　　究》，博士学位论文，中国地质大学，2011 年。

姜玉砚：《产业结构有序度的测度、优化调整及预测》，《经济问题》2013
　　年第 5 期。

姜泽华：《产业结构有序度的测算方法——基于熵的视角》，《中国管理科
　　学》2006 年第 1 期。

姜泽华：《关于产业对接的几个基本理论问题》，《长春理工大学学报》
　　（社会科学版）2012 年第 12 期。

焦华富：《试论我国煤炭产业结构的调整》，《地域研究与开发》2001 年
　　第 2 期。

焦华富、路建涛、韩世君：《德国鲁尔区工矿城市经济结构的转变》，《经
　　济地理》1997 年第 2 期。

李波：《煤炭资源型城市可持续发展研究》，博士学位论文，新疆师范大

学，2010年。

李国平、杨开忠：《外商对华直接投资的产业与空间转移特征及其机制研究》，《地理科学》2000年第2期。

李海伟：《中国煤炭城市产业结构优化研究》，博士学位论文，西南财经大学，2009年。

李哗、刘斌、党耀国：《河南省资源型城市产业结构分析》，《河南科学》2006年第3期。

李晶：《基于利益冲突与协调的产业转移承接研究：以湖南为例》，博士学位论文，南京航空航天大学，2011年。

李具恒、李国平：《区域经济发展理论的整合与创新》，《陕西师范大学学报》（哲学社会科学）2004年第4期。

李连济：《煤炭城市产业结构转型的选择——以山西煤炭城市为例》，《经济问题》2004年第5期。

李平：《从国外模式看我国资源型城市产业转型问题》，《山东科技大学学报》（社会科学版）2007年第2期。

李平：《资源型城市产业演进规律与可持续发展研究》，博士学位论文，山东科技大学，2009年。

李淑香：《河南省承接区域产业转移的实证研究》，博士学位论文，河南大学，2008年。

李松志、刘叶飙：《国外产业转移研究的综述》，《经济问题探索》2007年第2期。

李松志、杨杰：《国内产业转移研究综述》，《商业研究》2008年第2期。

李文华、武邦涛：《煤炭资源枯竭城市旅游开发研究——以江苏省徐州市为例》，《山西农业科学》2009年第1期。

李小建、覃成林、高建华：《我国产业转移与中原经济崛起》，《中州学刊》2004年第5期。

李欣广、蒙英华：《利用比较优势理论，构想我国加入WTO后的产业发展》，《广西大学学报》（哲学社会科学版）2006年第2期。

李新春：《企业联盟与网络》，广东人民出版社2000年版。

李秀春、高超杰：《煤炭城市发展接续产业的途径选择与人才对策》，《煤炭技术》2006年第8期。

李琰、李红霞：《陕北煤炭资源型城市产业转型的评价——榆林经济转型评价分析》，《特区经济》2009 年第 1 期。

郦瞻、谭福河、沈肖媛：《现阶段浙江省产业转移问题研究》，《商业研究》2004 年第 12 期。

梁琦：《产业集聚集论》，商务印书馆 2004 年版。

廖锦亮、秦元春：《煤炭资源型城市产业转移路径探讨》，《法制与经济》2013 年第 2 期。

刘冲宇：《内蒙古蒙西地区延伸煤炭矿产资源型产业链问题研究》，《经济学动态》2012 年第 6 期。

刘凡胜：《产业转移理论研究综述》，《吉林工商学院学报》2013 年第 1 期。

刘洪、杨伟民：《关于煤工业城市产业结构调整的几个问题》，《中国工业经济》1992 年第 8 期。

刘俊峰、王生林：《甘肃资源型城市产业演进与转型模式选择》，《甘肃科技纵横》2009 年第 3 期。

刘堃楠：《安徽省承接长三角产业转移的对策研究》，博士学位论文，合肥工业大学，2007 年。

刘吕红：《资源型城市形成和发展规律研究》，《四川大学学报》（哲学社会科学版）2011 年第 4 期。

刘珊珊：《资源型城市焦作产业转型研究》，博士学位论文，河南大学，2010 年。

刘思峰、唐学文、袁潮清、党耀国：《我国产业结构的有序度研究》，《经济学动态》2004 年第 5 期。

刘耀彬：《我国煤炭城市分类及其发展路径分析》，《中国矿业》2006 年第 9 期。

刘耀彬、宋文君、万力：《中部地区典型煤炭城市接续产业响应模式分析及比较》，《人文地理》2011 年第 3 期。

刘云刚：《大庆资源型产业结构转型对策研究》，《经济地理》2000 年第 5 期。

卢根鑫：《国际产业转移论》，上海人民出版社 1997 年版。

卢根鑫：《试论国际产业转移的经济动因及其效应》，《学术季刊》1994 年第 4 期。

罗建华：《国际产业转移与中国区域经济的发展》，《陕西科技》2005 年第1期。

马海霞：《区域传递的两种空间模式比较分析——兼谈中国当前区域传递空间模式的选择方向》，《甘肃社会科学》2001年第2期。

马洪云、汪安佑：《发达国家矿业城市经济转型模式研究》，《中国国土资源经济》2006年第5期。

马云泽：《产业结构软化理论研究》，中国财政经济出版社2006年版。

马子红：《基于成本视角的区际产业转移动因分析》，《财贸经济》2006年第8期。

毛蕴诗、汪建成：《大企业集团扩展路径的实证研究——对广东40家大型重点企业的问卷调查》，《学术研究》2002年第8期。

孟昌：《区际分工转型中的西部地区产业结构转变》，《财经科学》2005年第4期。

孟庆红：《区域特色产业的选择与培育——基于区域优势的理论分析与政策路径》，《经济问题探索》2003年第9期。

倪荣、张涛：《国内煤炭城市分类及发展对策探讨》，《建井技术》2004年第2期。

聂华林：《我国区际产业转移对西部产业发展的影响》，《兰州大学学报》（社会科学版）2000年第5期。

潘未名：《跨国公司的海外生产对母国产业空心化的影响》，《国际贸易问题》1994年第12期。

潘伟志：《产业转移内涵、机制探析》，《生产力研究》2004年第10期。

庞娜：《平顶山市资源型产业接续与替代对策研究》，博士学位论文，河南工业大学，2011年。

秦启光：《关于区域经济理论的几种理论解释》，《渝州大学学报》（社会科学版）2001年第5期。

任一鑫、王新华、李同林：《产业辐射理论》，新华出版社2008年版。

任勇：《矿业城市产业转型模式研究——以铜川市为例》，博士学位论文，西北大学，2008年。

商薇：《我国煤炭城市产业研究述评》，《辽宁行政学院学报》2013年第1期。

沈非、黄薇薇：《煤炭城市转型与旅游资源开发——以安徽淮北市为例》，《国土与自然资源研究》2007年第2期。

史晋娜：《资源型城市的可持续发展研究》，博士学位论文，四川大学，2007 年。

史玉虎：《煤炭资源型产业群在发展区域经济中的作用》，《发展》2012 年第 6 期。

宋丽娜：《CAFTA 框架下两广产业梯度转移》，博士学位论文，广西大学，2008 年。

孙康：《资源枯竭型城市产业结构与就业结构的演化——以阜新市为例》，《资源与产业》2008 年第 10 期。

孙雅静：《矿业城市转型模式的国际比较》，《开放导报》2004 年第 1 期。

谈文琦：《中国东西部经济合作的产业对接模式研究》，博士学位论文，华东师范大学，2006 年。

谭介辉：《从被动接受到主动获取》，《世界经济研究》1998 年第 6 期。

唐立峰、李乃文：《资源耗竭型煤炭城市产业变动规律特点初探》，《技术经济》2000 年第 11 期。

唐立峰、张凤武、张晓天：《煤炭城市发展非煤产业的政策建议》，《黑龙江矿业学院学报》1999 年第 1 期。

陶娜：《煤炭资源型城市产业转型研究》，博士学位论文，西安科技大学，2010 年。

田至美：《山地型郊区产业结构演变规律探讨》，《经济地理》2002 年第 2 期。

汪斌：《当代国际区域产业结构整体性演进的理论研究和实证分析》，《浙江大学学报》（人文社会科学版）2001 年第 3 期。

汪斌：《国际区域产业结构分析导论——一个一般理论及其对中国的应用分析》，上海人民出版社 2001 年版。

王德鲁、张米尔：《城市衰退产业转型的模式选择》，《大连理工大学学报》（社会科学版）2003 年第 3 期。

王磊：《近代以来煤炭资源型城市转型研究》，博士学位论文，江西师范大学，2013 年。

王青云：《资源型城市经济转型研究》，中国经济出版社 2003 年版。

王文成、杨树旺：《中国产业转移问题研究：基于产业集聚效应》，《中国经济评论》2004 年第 8 期。

王溪桥：《西安产业结构演进与城市化发展互动研究》，博士学位论文，陕西师范大学，2011年。

王先庆：《产业扩张》，广东经济出版社1998年版。

王先庆：《跨世纪整合：粤港产业升级与产业转移》，《商学论坛》1997年第4期。

王亚飞：《重庆市产业对接长三角的对策分析》，《重庆师范大学学报》（哲学社会科学版）2008年第2期。

王瑛：《"产业对接"困境与西部地区集群战略的运用》，《重庆工商大学学报》（西部论坛）2007年第6期。

王昱、丁四保、陈才、张云逸：《基于原材料产业对接的蒙东地区与东北三省区域合作研究》，《经济问题探索》2008年第6期。

王在华：《矿业城市可持续发展战略研究》，《兰州交通大学学报》（社会科学版）2004年第2期。

王志宏、李成军：《煤矿城市经济转型模式研究》，《中国矿业》2005年第11期。

王著、吴栋：《对煤炭资源型城市产业转型的深层次思考》，《经济经纬》2007年第6期。

魏后凯：《产业转移的发展趋势及其对竞争力的影响》，《福建论坛》（经济社会版）2003年第4期。

魏后凯：《现代区域经济学》，经济管理出版社2006年版。

吴冲：《煤炭资源型城市产业转型研究》，博士学位论文，广西大学，2008年。

吴汉贤、邝国良：《广东产业转移动因及效应研究》，《科技管理研究》2010年第8期。

吴奇修：《资源型城市产业转型研究》，《求索》2005年第6期。

吴诗荣：《我国资源枯竭型城市产业结构特征的初步分析》，《财经政法资讯》2006年第5期。

吴晓军、赵海东：《产业转移与欠发达地区经济发展》，《当代财经》2004年第6期。

吴宇晖、郭静、张嘉昕：《东北煤炭城市产业转型战略中人与自然和谐发展研究》，《东北亚论坛》2006年第4期。

武俊智、上官铁梁、许念：《中小煤炭城市产业结构及其环境影响分析——以山西省古交市为例》，《资源与产业》2007年第2期。

信虎强：《产业对接理论及其在 CAFTA 进程中我国前沿省区的应用》，博士学位论文，广西大学，2008 年。

徐洪水：《东部地区产业转移的模式与动因分析》，《西部金融》2011 年第 5 期。

徐向红、杨占辉、黄波：《山东省承接美国中小企业产业转移的考察研究》，《东岳论丛》2004 年第 3 期。

徐远征、陈洁莲、姚华、毛艳：《广西承接产业转移的科技对策》，《学术论坛》2007 年第 4 期。

严兵：《外商在华直接投资的溢出效应》，中国商务出版社 2006 年版。

杨丹辉：《国际产业转移的动因与趋势》，《河北经贸大学学报》2006 年第 3 期。

姚平：《煤炭城市可持续发展的复杂系统评价与调控研究》，博士学位论文，哈尔滨工程大学，2008 年。

姚平、梁静国、陈培友：《我国煤炭城市分类及其发展对策研究》，《科技管理研究》2008 年第 4 期。

于光、周进生、吴文、董铁柱：《利用区位商模型判断资源型城市产业转型方向》，《中国矿业》2006 年第 11 期。

于志明、孙宋芝：《资源型产业城市发展规律初探》，《经济问题探索》2006 年第 3 期。

余慧倩：《长三角需审慎对待国际产业转移》，《江南论坛》2004 年第 6 期。

余慧倩：《论国际产业转移机制》，《江汉论坛》2007 年第 10 期。

俞滨洋、赵景海：《资源型城市空间可持续发展战略初探——兼论大庆市城市空间重组》，《城市规划》1999 年第 8 期。

俞国琴：《中国地区产业转移》，学林出版社 2006 年版。

郁钟铭、刘俊、况礼澄：《煤炭产业结构的系统动力学模型研究及其应用》，《煤炭学报》1997 年第 3 期。

昝国江、王瑞娟、安树伟：《山西煤炭资源型城市产业转型科技支撑研究》，《山西师范大学学报》（自然科学版）2007 年第 1 期。

张爱美：《吉林省林业产业发展及产业结构调整研究》，博士学位论文，北京林业大学，2008 年。

张安军：《中部地区煤炭城市产业结构演进路径研究》，博士学位论文，南昌大学，2009 年。

张安军、刘耀彬：《国内煤炭城市产业研究文献综述》，《煤炭经济研究》
　　2008 年第 11 期。

张凤武：《煤炭城市发展非煤产业研究》，《中国矿业大学学报》（社会科
　　学版）2003 年第 6 期。

张凤武：《煤炭城市发展接续产业的模式研究》，《辽宁工程技术大学学
　　报》（社会科学版）2004 年第 6 期。

张红梅、蒋中挺：《国内外产业转移相关研究观点述评》，《江西行政学院
　　学报》2009 年第 2 期。

张洪增：《论移植型产业成长模式及其缺陷——兼论对我国产业成长模式
　　的借鉴》，《中共浙江省委党校学报》1999 年第 3 期。

张可云：《区域大战与区域经济关系》，民主与建设出版社 2001 年版。

张立建：《两次国际产业转移本质探讨——基于产品生命周期理论视角》，
　　《统计研究》2009 年第 10 期。

张米尔、孔令伟：《资源型城市产业转型的模式选择》，《西安交通大学学
　　报》（社会科学版）2003 年第 1 期。

张米尔、武春友：《资源型城市产业转型障碍与对策研究》，《经济理论与
　　经济管理》2001 年第 2 期。

张楠：《城市带与长三角经济区的产业对接研究》，博士学位论文，南京
　　师范大学，2011 年。

张璞：《内蒙古产业结构优化研究》，博士学位论文，天津大学，2010 年。

张秀生、陈先勇：《论中国资源型城市产业发展的现状、困境与对策》，
　　《经济评论》2001 年第 6 期。

张绪清：《矿业城市产业定位与转型研究——以六盘水市为例》，《资源与
　　产业》2007 年第 16 期。

赵静、焦华富、宣国富：《基于集群视角的煤炭城市产业转型研究——以
　　安徽淮南市为例》，《地域研究与开发》2006 年第 5 期。

赵随星：《山西煤炭产业可持续发展对策研究》，博士学位论文，山西财
　　经大学，2011 年。

赵霞：《国内外产业转移与武汉城市圈产业对接》，《湖北社会科学》2008
　　年第 5 期。

赵宇空：《我国矿业城市的产业结构分析及对策》，《科技导报》1992 年

第 9 期。

赵卓：《鸡西市产业结构分析及调整》，《黑龙江科技学院学报》2003 年第 1 期。

郑伯红：《资源型城市的可持续发展优化及案例研究》，《云南地理环境研究》1999 年第 1 期。

郑国志：《我国单一资源城市产业转轨模式初探》，《经济纵横》2002 年第 2 期。

郑华章、徐晨阳：《国际产业转移动因、规律及趋势分析》，《河南财政税务高等专科学校学报》2012 年第 4 期。

郑伟：《焦作市产业结构变动与效益综合实证分析》，《河南理工大学学报》（社会科学版）2012 年第 4 期。

郑燕伟：《产业转移理论初探》，《中共浙江省委党校学报》2000 年第 3 期。

中国人民银行乌海市中心支行课题组：《资源型城市承接产业转移促进经济结构转型存在的问题及建议》，《内蒙古金融研究》2011 年第 3 期。

钟昌标：《中国区域产业整合与分工的政策研究》，《数量经济技术经济研究》2003 年第 6 期。

周民良：《煤炭城市产业结构调整的基本思路》，《经济研究参考》2002 年第 11 期。

周卫东：《中兴期煤炭资源型城市产业并行发展模式初探》，《科技风向标》2011 年第 1 期。

周文博：《平顶山可持续发展模式构建》，博士学位论文，兰州大学，2010 年。

朱海英：《平顶山市产业结构与经济增长现状分析》，《黄河科技大学学报》2013 年第 4 期。

朱华友、孟云利、刘海燕：《集群视角下的产业转移的路径、动因及其区域效应》，《社会科学家》2008 年第 7 期。

朱铁臻、程鑫：《试论我国煤炭城市产业结构》，《中国工业经济》1987 年第 5 期。

朱宜林：《我国地区产业转移问题研究综述》，《经济问题探索》2005 年第 9 期。

祝波：《外商直接投资溢出机制：基于创新视角的研究》，经济管理出版社 2007 年版。

庄严：《煤炭资源型城市可持续发展研究》，博士学位论文，哈尔滨工业
　　大学，2006 年。

邹篮、王永庆：《产业转移：东西部合作方式和政策研究》，《特区理论与
　　实践》2000 年第 3 期。